云南省哲学社会科学创新团队成果文库

澜湄合作国家人口转变与经济发展研究

A Study on Population Transformation and
Economic Development of
Lancang-Mekong Cooperation Countries

晏月平　王　楠　著

社会科学文献出版社
SOCIAL SCIENCES ACADEMIC PRESS(CHINA)

云南大学哲学社会科学创新团队（CY2262420230）研究成果

《云南省哲学社会科学创新团队成果文库》编委会

主　任：张瑞才
副主任：王建华　余炳武　邹文红　宋月华
委　员：吴绍斌　李　春　王志勇　陈　勇
　　　　杨远梅　金丽霞　谭启彬　孙峥嵘
编　辑：卢　桦　李晓健　袁卫华

《云南省哲学社会科学创新团队成果文库》编辑说明

《云南省哲学社会科学创新团队成果文库》是云南省哲学社会科学创新团队建设中的一个重要项目。编辑出版《云南省哲学社会科学创新团队成果文库》是落实中央、省委关于加强中国特色新型智库建设意见，充分发挥哲学社会科学优秀成果的示范引领作用，为推进哲学社会科学学科体系、学术观点和科研方法创新，为繁荣发展哲学社会科学服务。

云南省哲学社会科学创新团队 2011 年开始立项建设，在整合研究力量和出人才、出成果方面成效显著，产生了一批有学术分量的基础理论研究和应用研究成果，2016 年云南省社会科学界联合会决定组织编辑出版《云南省哲学社会科学创新团队成果文库》。

《云南省哲学社会科学创新团队成果文库》从 2016 年开始编辑出版，拟用 5 年时间集中推出 100 本云南省哲学社会科学创新团队研究成果。云南省社科联高度重视此项工作，专门成立了评审委员会，遵循科学、公平、公正、公开的原则，对申报的项目进行了资格审查、初评、终评的遴选工作，按照"坚持正确导向，充分体现马克思主义的立场、观点、方法；具有原创性、开拓性、前沿性，对推动经济社会发展和学科建设意义重大；符合学术规范，学风严谨、文风朴实"的标准，遴选出一批创新团队的优秀成果，根据"统一标识、统一封面、统一版式、统一标准"的总体要求，组织出版，以达到整理、总结、展示、交流，推动学术研究，促进云南社会科学学术建设与繁荣发展的目的。

编委会
2017 年 6 月

目 录

第一章　绪论 … 001
第一节　研究背景 … 001
第二节　研究意义和方法 … 005
第三节　研究内容与框架 … 008
第四节　"一带一路"倡议与澜湄合作 … 011

第二章　澜湄合作国家的人口转变前史 … 034
第一节　澜湄合作国家人口转变前史 … 034
第二节　澜湄合作国家人口转变前期经济社会发展状况 … 046

第三章　澜湄合作国家人口转变的启动、演变与影响 … 063
第一节　启动：人口转变及其内外致因 … 063
第二节　演变：动态过程及其演化类型 … 069
第三节　影响：人口转变的社会经济效应 … 077

第四章　澜湄合作国家经济发展状况 … 082
第一节　收入状况 … 082
第二节　三次产业发展状况 … 087
第三节　贸易发展状况 … 091

第五章　澜湄合作国家人口转变进程与发展 …………………… 097
- 第一节　澜湄合作国家人口转变基本状况 ………………… 098
- 第二节　澜湄合作国家人口转变的价值判断 ……………… 125
- 第三节　澜湄合作国家未来人口转变态势 ………………… 153

第六章　澜湄合作国家人口转变与经济协调发展研究 ………… 193
- 第一节　人口与经济发展耦合协调研究 …………………… 193
- 第二节　澜湄合作国家人口效率比较 ……………………… 203
- 第三节　研究结论 …………………………………………… 208

第七章　"一带一路"倡议框架下澜湄合作国家人口经济发展路径 …… 211
- 第一节　人口转变对澜湄合作国家经济发展的支持条件 … 211
- 第二节　促进澜湄合作国家人口与经济发展可行性路径 … 217

第八章　澜湄合作国家一体化进程与实践 ……………………… 227
- 第一节　澜湄合作国家一体化目标选择 …………………… 227
- 第二节　澜湄合作国家一体化政策与实践 ………………… 238

第九章　国内外相关研究综述 …………………………………… 246
- 第一节　人口转变理论研究综述 …………………………… 246
- 第二节　人口经济发展与澜湄合作的相关研究 …………… 265

参考文献 ………………………………………………………… 274

后　记 …………………………………………………………… 282

第一章

绪　论

第一节　研究背景

发源于中国青藏高原唐古拉山的澜沧江-湄公河并不是两条河流，它实际上是一条干流全长4909公里的大河，是东南亚第一大长河，也是中国西南地区的大河之一，是亚洲重要的国际河流，该河流经中国、老挝、缅甸、泰国、柬埔寨和越南，于越南胡志明市流入南海。"澜沧江-湄公河合作"（Lancang-Mekong Cooperation）简称澜湄合作（LMC），是上述湄公河流域6国共同创建的新型且独具特色的次区域合作机制，具有独特的地缘优势，地理区位尤为重要。自古同饮一江水的澜沧江-湄公河流域内的各国人民，更多地感受到了命运紧相连的发展态势，澜湄合作各国牢固的合作基础、先天的合作优势、强烈的合作愿望、巨大的合作潜力，定会形成澜湄合作6个1相加大于6的效应。利用区域优势共谋发展，既能顶住当前外部经济的下行压力，促进自身繁荣，也可以为推进区域和次区域的发展探索新的出路。2018年，澜湄合作国家的总人口达16.35亿人，占世界总人口的21.53%；国土总面积共计1153.6万平方公里，占亚洲总面积的25.9%；国内生产总值合计达13.69万亿美元。[①] 2018年，中国同澜湄合作其他5国的贸易额达2615亿美元，比3年前增长1/3以上；中国对澜湄合作其他5国直接投资存量达322亿美元，比3年前增长近60%；中国同

---

① 相关数据均根据世界银行数据库资料整理、计算所得。

澜湄合作其他5国的人员往来超过4500万人次，每周往来航班达2614架次，约为3年前的3倍。①

"澜湄合作"已成为牵动亚洲乃至全世界发展的重要合作。2014年11月，李克强总理在第17次中国-东盟领导人会议上提出了建立澜沧江-湄公河对话合作机制的构想，倡议建立"澜沧江-湄公河合作"机制，受到了湄公河沿岸5国的积极响应。2016年3月23日，澜湄合作首次领导人会议在海南三亚成功举行，正式启动了"澜沧江-湄公河合作"机制，从而标志着"同饮一江水，命运紧相连"的沿岸6国在共同主导次区域发展、协调推进区域合作升级、携手构建澜湄国家命运共同体方面取得了历史性的重大进展。2017年12月15日和2018年1月10日，第三次澜湄合作外长会议和澜湄合作第二次领导人会议先后在中国云南大理和柬埔寨金边召开，标志着澜湄合作已经从"培育期"进入到"成长期"（卢光盛、罗会琳，2018）。2018年12月17日，澜湄合作第四次外长会议在老挝琅勃拉邦举行，会议通过了《联合新闻公报》，发布了《〈澜湄合作五年行动计划〉2018年度进展报告》、"2018年度澜湄合作专项基金支持项目清单"和6国智库共同撰写的《澜湄流域经济发展带研究报告》，彰显了澜湄合作进程的不断深化和扩展。2019年3月22日，澜湄合作三周年暨2019年"澜湄周"招待会在中国北京举行，外交部部长助理陈晓东表示，中国将继续坚持合作共赢，对接澜湄合作国家各自发展战略，实现流域协同和可持续发展。同年3月26日，澜湄合作三周年暨2019年"澜湄周"招待会在缅甸内比都举行。中国驻缅甸大使洪亮在会上表示，中方愿同包括缅甸在内的湄公河沿岸国家继续共同努力，规划好、设计好、落实好相关合作项目，推动澜湄合作更好地服务于各国发展需求，让澜湄合作为中国与湄公河沿岸国家共建"一带一路"做出更大贡献，共同打造澜湄合作国家命运共同体。从客观现状和各国发展需求出发，经过多方政策沟通，澜湄合作各方共同确认了"3+5合作框架"，经过3年多的不懈努力，澜湄合作国家在以下方面取得了显著成果，在"一带一路"倡议框架下，为继续深入推进澜湄合作奠定了坚实基础。

---

① 《澜湄合作三周年暨2019年"澜湄周"招待会在京举行》，https://baijiahao.baidu.com/s?id=1628792212006870911&wfr=spider&for=pc。

第一，政治安全方面。澜湄合作国家始终保持高层交往，各国领导人通过双边访问或参与国际合作平台会议等方式保持经常性会晤。比如，2017年习近平主席先后对越南和老挝进行了国事访问；2017年4月和2018年8月，缅甸总统廷觉和老挝外长沙伦赛·贡玛西先后对中国进行了正式访问；2019年1月，柬埔寨首相洪森进行了任期内第六次访华。可见，澜湄合作国家的高层对话、政党交流以及官员互访活动日渐频繁。同时，秉持澜湄合作精神，澜湄合作国家在非传统安全事务合作，如打击贩毒、恐怖主义、贩卖人口、网络犯罪及其他跨国犯罪等方面达成了共识，加强了6国边境地区的安全合作和官方交流，并取得了显著成效。

第二，经济和可持续发展方面。一方面，澜湄合作国家在贸易投资、金融等领域展开了深入且广泛的合作。2017年，中越、中泰、中缅、中柬和中老的双边贸易额分别达1213.2亿美元、802.9亿美元、135.4亿美元、57.9亿美元和30.2亿美元，中国已成为越南最大的贸易伙伴和第一大进口来源地，成为柬埔寨第一大贸易伙伴和第一大进口来源地，成为老挝第二大贸易伙伴，也是缅甸第一大贸易伙伴、第一大出口市场和第一大进口来源地。中国凭祥-越南同登跨境经济合作区、中国龙邦-越南茶岭跨境经济合作区、中国东兴-越南芒街跨境经济合作区、中老磨憨-磨丁经济合作区等相继发展起来，有效带动了边境口岸的发展。截至2017年年底，中国对老挝、缅甸、柬埔寨、泰国和越南的直接投资存量分别达66.55亿美元、55.25亿美元、54.49亿美元、53.58亿美元和49.65亿美元。同时，澜湄合作专项基金已经正式启动，澜湄区域的货币流通与贸易便利化、资金融通与项目投资便利化建设等方面内容也在深入讨论中。

另一方面，澜湄合作国家在互联互通、产能合作、水资源、农业与减贫合作等领域也取得了丰硕的成果。联通中国、老挝和泰国3国的昆曼公路已全线开通，中国昆明至中缅边境的瑞丽高速公路也已通车；积极开展泛亚铁路升级建设，2016年中老铁路已全线开工，中越国际铁路广西到河内段已实现通车；积极开展澜沧江-湄公河河道整治、港口升级、河运立法与标准化、地理空间框架建设。同时，中国各大国际机场与湄公河沿岸国家的主要城市已开通多条直飞航线，并将继续推进空间信息交流合作中心建设和区域信息通信技术与应用培训。2017年4月10日，中缅原油管道工程正式投入运营，极大地解决了中国西南地区油品紧张问题，同时促进了中缅两国的经贸关系发展。此外，中资企业投资建设的水电和火电项目在缅甸、柬埔寨和老挝等国相继投产运营，改善了当地居民的生产和生活条件。2016年，中方实施澜沧江应急补水措施，帮助下游国家有效地缓解旱情。

第三，社会人文方面。据不完全统计，中国有逾13万人在越南从事商务和旅游等活动，截至2017年12月底，中国在老挝、柬埔寨、越南、缅甸和泰国的劳务人员分别达19787人、5877人、5843人、4682人和3405人。同时，澜湄合作国家在旅游合作、文化交流等方面也日益频繁。澜湄合作国家联合发布了"2016澜湄国家旅游城市合作备忘录《三亚合作愿景》"，积极开展澜沧江-湄公河大学生友好交流周、妇女论坛、智库论坛、佛教高峰论坛等活动，各国在社会人文领域的合作与交流产生了广泛的影响力，进一步推动了澜湄合作国家间的全方位合作和共同发展。

上述发展成果充分体现了新形势下中国与湄公河沿岸国家开展战略合作的必要性和决策的正确性。但由于历史文化、资源环境和社会发展的差异，澜湄合作国家的人口、经济和社会发展不平衡，尤其是柬埔寨、老挝、缅甸等国的工业化、城市化和信息化水平相对较低，基础设施薄弱，资金缺口较大，贫困发生率较高。在全球经济复苏乏力的背景下，以贸易保护主义、英国脱欧为代表的"逆全球化"思潮涌动，各种多边机制在满足多层次利益诉求的同时，客观上也造成了机制拥堵、相互掣肘（罗圣荣、叶国华，2017）。澜湄合作机制强调构建政府间的多层次宏观政策交流，主张沿岸各国就经济发展战略构想进行充分沟通、共同制定推进区域合作的规划和措施、协商解决合作中遇到的问题、努力突破次区域发展瓶颈、弥补原有合作机制的不足，中国立争将澜湄合作发展成为"一带一路"倡议背景下对外合作的样板和窗口。中国在保持自身经济平稳发展的同时，借助"一带一路"倡议、亚投行、丝路基金、澜湄合作专项基金等平台向澜湄合作其他国家提供发展援助和项目资金支持，实现区域国家和谐共赢、共同发展（刘稚、徐秀良，2017）。

第二节 研究意义和方法

人口与经济的相互作用是区域可持续发展的核心问题。在澜湄合作深入开展的过程中，基于6国深厚久远的地缘关联性，开展经贸交往和文化交流具有重要的现实意义，人口转变是其中最为重要的内容之一，对人口问题的深入研究有助于促进区域经济社会发展、加强区域深入合作。因此，在建立澜湄命运共同体过程中，研究人口与经济的变动与发展有着重要的理论与现实意义。

一 理论意义

澜湄合作国家虽是一水相连，但各国人口转变、人口变动和经济发展呈现截然不同的特征。基于人口经济学和经济发展理论，从人口转变阶段、人口变动现状、经济发展状况、人口与经济协调度、人口效率等方面分析澜湄合作国家人口转变对经济发展的影响，一方面能补充现有相关研究的不足，为今后深入研究"一带一路"倡议实施中的人口与经济问题、经济社会发展路径、合作倡议和区域协调发展等提供新的视角；另一方面也为澜湄合作机制的完善与提升提供更加翔实可靠的理论依据，为今后区域协调发展、深度合作奠定全方位共识。具体而言有以下三点理论意义。

第一，本书从澜湄合作国家的人口结构变化、人口转变阶段、人口变动特征、各国经济发展状况入手，分析自2000年以来澜湄合作国家的人口自然变动、社会变动、人口素质、迁移变动和人类发展状况等相关指标，以及各国经济发展水平、收入状况、经济贸易、三次产业发展与就业状况等相关内容，为后续进行区域人口转变、人口发展变化与经济持续发展研究提供基础性支持。

第二，运用人口学、统计学、经济学等学科的研究方法，科学构建区域人口与经济协调度、人口效率等评价指标体系，综合测算澜湄合作国家人口转变对经济发展的影响力与相关作用，并分析各国在该问题中面临的相关挑战与难题，这有利于全面了解澜湄合作国家人口与经济发展的现实状况及问题。

第三，从人口转变与经济发展、地缘人口发展、地缘政治等相关研究视角出发，基于人口转变对澜湄合作国家经济发展的支持作用，为"一带一路"倡议背景下构建澜湄合作国家命运共同体和中国-东盟命运共同体，实现各国基础设施建设、经贸投资、产业发展以及人员往来等次区域的人口与经济持续健康发展提供可行性参考路径。

二 实践意义

"打造面向和平与发展、繁荣与稳定的澜湄国家命运共同体"，是澜湄合作国家的共同愿景与共同目标，这种"我中有你、你中有我"的深度融合与协调联动式发展已成为澜湄合作的基本共识。在"一带一路"倡议框架背景下，构建澜湄合作国家命运共同体的首要前提就是要充分了解和把握整个次区域的人口与经济环境，分析人口与经济发展中可能存在的相关问题，在此基础上才能构建更为科学合理、务实有效的合作机制，才能有针对性地升级为"3+5+X"合作框架，最终实现全方位、多层次和宽领域的开放合作新格局。

第一，充分了解澜湄合作国家的人口转变状况，为更加深入地进行经贸合作和人员往来开拓广阔空间。2018年，中国与泰国65岁及以上老年人口比重分别达到11.194%和11.828%，两国人口老龄化程度还在不断加深；柬埔寨、缅甸、老挝和越南的少儿人口比重和劳动年龄人口比重呈现不断增长的态势，上述4国的劳动力资源在较长一段时期内十分充足，正处在"人口红利期"，但国家的人口效率整体偏低。研究澜湄合作国家人口转变的阶段性、层次性、差异性和独特性，可以为区域内人口经济的良性发展提供互补性和可能性。

第二，全面掌握澜湄合作国家的经济贸易发展状况有利于协调各国资源和产业发展优势，进一步开拓域内合作新领域。根据澜湄合作国家现阶段的经济发展水平、投资贸易情况、产业结构布局，中国和泰国属于区域内经济发展水平相对较好的中等偏上收入国家，而柬埔寨、缅甸、老挝和越南4国仍属于中等偏下收入国家。掌握6国的经济系统运行状况可有侧重点、有针对性地提出合作方针、合作机制和相关对策，为进一步推进次区域多层次、全方位的合作提供实践基础。

第三，研究澜湄合作国家人口转变对经济发展的影响，有助于明确该次区域内人口要素与经济要素的匹配程度以及各国在人口效率、经济增长方式、人员往来和产业结构调整等方面的优势与劣势，为构建次区域人口与经济协调、可持续发展的路径体系奠定坚实基础。通过最终测算得到的澜湄合作国家的人口与经济发展协调度以及人口效率两大评价指标是衡量次区域人口与经济发展的重要依据，有助于各国针对各自的国情与发展状况，及时进行人口发展战略、产业发展战略等宏观战略的调整；同时，为澜湄合作国家制定科学合理、相互认可又能实现多方共赢的合作机制和相关政策措施提供科学依据。

三 研究方法

文献研究法。在充分搜集国内外相关文献和研究资料的基础上，对已有的研究成果加以归纳、概括、分析和总结，借鉴人口与经济发展相关理论和研究成果，形成本书的基本分析思路与分析框架。

定性分析法。通过对澜湄合作国家2000~2018年的人口与经济发展数据进行描述与统计性分析，总结并归纳澜湄合作国家的人口与经济发展现实状况，以便分析各国在人口经济发展中面临的主要问题。

比较分析法。根据分析人口与经济社会发展相关数据，对澜湄合作国家人口转变和经济发展状况的差异性进行比较分析，为后续比较分析澜湄合作国家人口与经济发展协调度提供参考。

定量分析法。本书运用熵值法和主观评价等方法，对澜湄合作国家的人口系统与经济系统的相关数据进行处理与分析，并计算澜湄合作国家的人口与经济发展协调度和人口效率，为促进区域人口经济社会协调发展提供实用性依据。

第三节 研究内容与框架

一 主要研究内容

首先,本书基于人口与经济发展相关理论,以澜湄合作国家为研究主体,分析自 2000 年以来次区域各国的人口转变、人口变动与经济发展状况。其次,利用熵值法构建人口与经济发展的评价指标体系并确定各序参量的权重,计算 2017 年次区域各国人口与经济发展的综合水平,在此基础上构建耦合协调度模型,并对澜湄合作国家的人口与经济系统协调度进行详细分析。同时,运用劳动生产效率、就业弹性系数以及人口产值弹性系数等一系列人口与经济发展指标,构建人口效率评价体系并分国别进行测算,根据分析结果,比较澜湄合作国家的人口效率高低与经济发展现状。最后,提出人口转变对次区域经济发展的支持作用以及实现区域内人口与经济发展的可行性路径。

根据研究内容将全书分为 9 章,各章主要内容如下。

第一章 绪论。主要介绍选题背景、意义和研究方法,并阐述本书主要研究内容、结构框架、创新点和相关研究之不足,以及地缘人口与人口转变的关系、相关概念,作为次区域经济发展区域,需要从地缘人口、地缘政治与经济角度对澜湄合作国家的人口转变进行理论解释。

第二章 国内外相关研究综述。主要对国内外经典人口转变理论、现代人口转变以及后现代人口转变理论的相关文献、人口与经济发展的相关文献进行梳理和评述,主要包括人口与经济理论、人口与经济协调发展理论、人口效率以及以往澜湄合作机制的相关文献等。

第三章 澜湄合作国家的人口转变前史。主要解释澜湄合作国家人口转变前的经济、社会发展特点和面临的主要问题等。

第四章 澜湄合作国家人口转变的启动、演变与影响。主要对人口转变内外致因、动态过程及演化类型、社会经济效应等进行比较分析。

第五章 澜湄合作国家人口转变进程与发展。主要包括澜湄合作国家人口自然变动、人口社会变动、人口迁移变动以及人类发展状况等相关内容，同时预测至2050年澜湄合作国家人口主要指标的发展。

第六章　澜湄合作国家经济发展状况。主要包括澜湄合作国家的国民收入、产业发展、贸易投资等状况。

第七章　澜湄合作国家人口转变与经济协调发展研究。主要根据相关统计指标，利用熵值法构建人口与经济协调发展的评价体系，并构建耦合协调度模型。同时，利用劳动生产效率、就业弹性系数和人口产值弹性系数等一系列人口与经济发展指标，构建人口效率综合评价体系，通过计算得到人口转变促进经济社会健康发展的相关结论。

第八章　"一带一路"倡议框架下澜湄合作国家人口经济发展路径。主要涉及澜湄合作国家一体化进程中与地缘人口发展的相关解释与说明，以及未来次区域合作发展相关实践。

第九章　澜湄合作国家一体化进程与实践。主要提出人口与经济发展主要路径，在前期研究的基础上归纳、总结人口转变对澜湄合作国家经济发展的影响与作用，并针对澜湄合作国家的人口与经济发展状况、主要问题以及促进人口与经济发展提出相应的可行性建议与发展路径。

二　研究框架与路线

基于"一带一路"倡议的提出与建设实施的进一步深入，次区域澜湄合作国家的合作发展逐渐走向深化。本书从人口经济学和人口发展学的分析视角出发，首先对澜湄合作国家的人口转变和经济发展状况进行描述性分析；其次根据世界银行数据库中的相关数据，利用熵值法构建人口与经济发展的评价指标体系，运用人口与经济发展耦合协调度和人口效率两大指标，综合评价澜湄合作国家的人口与经济发展状况；最后在综合分析相关问题的基础上，总结澜湄合作国家的人口与经济发展状况和特征。本书认为，澜湄合作国家的人口年龄结构逐渐老化、整体人口素质及人口效率普遍偏低、国际人口迁移受限等相关问题已成为现阶段影响区域人口与经济发展的重要因素；而澜湄合作国家贸易投资结构、产业与就业结构的调整，直接影响次区域经济和社会发展；针对人员往来存在的诸多制度约束和相关现实问题，本书从人口、经济和社会等角度多层面、全方位地提出了促进次区域人口与经济发展的可行性路径（见图1-1）。

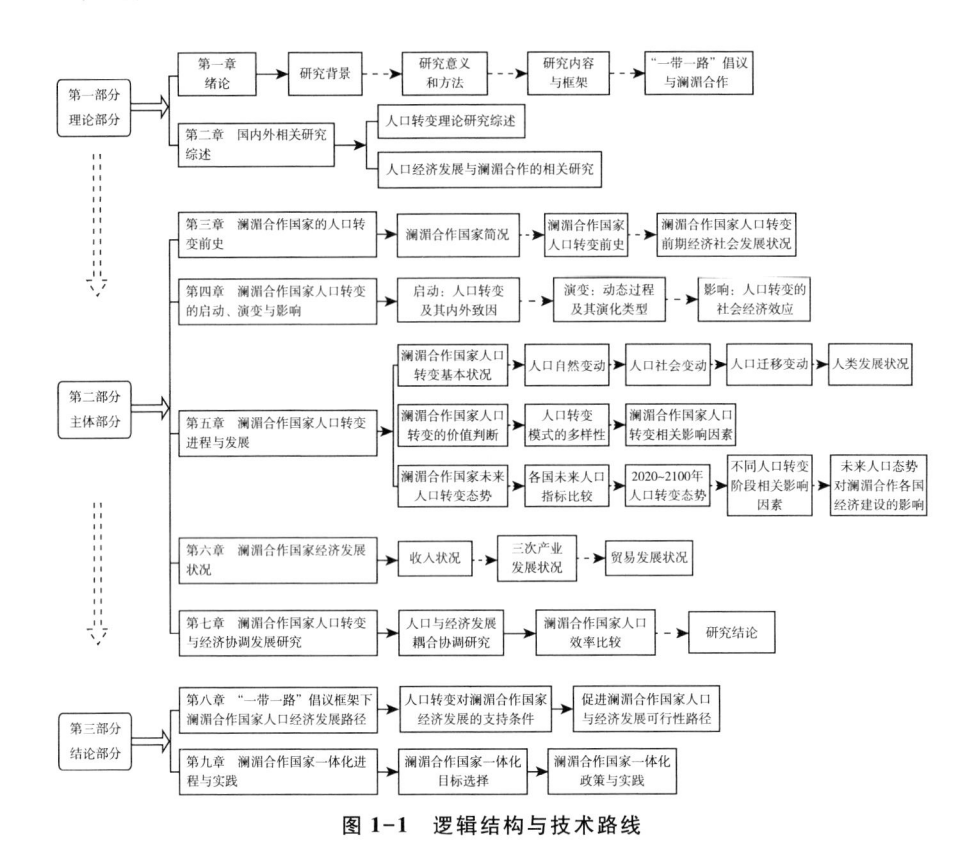

图 1-1 逻辑结构与技术路线

三 研究不足

（一）创新点

第一，选题创新。在澜湄合作机制日臻成熟，积极推进澜湄合作国家命运共同体构建的情况下，借鉴人口与经济发展的相关理论和研究成果，构建人口与经济发展的综合评价体系，弥补澜湄合作国家人口与经济发展相关研究的不足。

第二，理论创新。在描述性分析人口转变与区域经济发展状况的基础上，通过建立人口与经济发展指标评价体系，从宏观层面分析人口与经济发展协调度以及各国人口效率，探讨影响次区域人口与经济发展的相关因素，试图找到澜湄合作国家深入合作的方向和路径。

（二）不足之处

本书主要利用世界银行数据库相关时间序列数据，讨论与分析澜湄合作国家人口转变前期、转变阶段划分以及其经济发展的相关指标，但涉及的指标数量相对有限，书中仅对澜湄合作国家的人口发展与转变状况、人口变动与经济发展状况做出了具体分析，但对社会文化、宗教与习俗等方面的研究较为欠缺。另外，本书所构建的人口效率指标评价体系尚处于探索和尝试阶段，在相关性分析、替代性等方面存在某些不足，这也是作者在后续研究中需要不断改进和完善的地方。

第四节 "一带一路"倡议与澜湄合作

发源于中国青藏高原的澜沧江-湄公河经青海、西藏东南部流入云南境内，经西双版纳的勐腊县出境，进入老挝后改称为湄公河，该河纵贯整个中南半岛，最后经越南胡志明市流入南海。这条素有"东方多瑙河"之称的国际河流犹如一条蜿蜒的纽带，把中国、老挝、缅甸、泰国、柬埔寨与越南6国紧密地连接在一起。

随着中国-东盟自由贸易区建设的推进与"一带一路"倡议实施的进一步深入，同时也伴随澜湄合作发展进程的加快，云南省特有的"内接大陆腹地，外联东南亚诸国"这一区位优势更加彰显于世。在"中国-东盟自由贸易区"建设进程中，澜湄合作国家的地缘关联性对促进相互之间的经贸交往和文化交流具有十分重要的意义，而世居于此的人口是6国地缘关联的一个客观内容，也是加强国际合作、共谋区域发展战略的重要关节点，为此我们认为，从"地缘人口"（geopopulation）[①] 和人口经济学研究

[①] 本书认为，可以把"地缘人口"表达为：在既定国家或地区范围内，与地理区位直接相关的人口状态及其表现形式，尤其是用以解释国际区域合作格局下由经济贸易和社会交往引起的人口互动效应。

的视角去重点关注该区域的人口状况及其变动态势极具意义。

众多研究也认为，人的国际流动较之物资跨越国境的流动更易受到国境（国家）的制约（平野健一郎，1997）。的确，在疆域封闭与制度约束等现实条件下，人口要素的区域作用和影响十分有限，"地缘人口"效应也因受到边境壁垒的阻碍而不能发挥应有的作用。"中国-东盟自由贸易区"的建设和澜湄合作国家合作机制的开发，有利于降低人口跨国迁移流动的门槛，并有助于在各国人口态势、经济环境和文化传统的不同背景下，发挥良性的"地缘人口"效应与实际价值。

为此，本书旨在针对"澜湄合作"内的中国、老挝、缅甸、柬埔寨、泰国与越南6国的相关人口数据进行人口转变的实证观测，并基于人口经济和"地缘人口"的理论分析，阐释"地缘人口"和人口效率的提高在澜湄合作国家合作开发中的内在特征及其应有作用，探讨区域内的人口要素和人口条件对促进域内合作开发和共同发展的作用及影响，研究域内人口转变对经济发展的影响。

一 合作国家人口的静态与动态观察

（一）人口状况的静态观察

人口是社会经济发展的主体。一般而言，"地缘人口"效应的存在与显现源于相互间的经济发展差距、人口现状与变动态势，并最终为区域间人口与劳动力要素的流动、互补与重组提供了客观可能性。为此，这里把理解澜湄合作国家"地缘人口"效应的分析首先放置在对各国人口状态的实证观察上。在澜湄合作框架内，中国与其余5国的人口状况表现出如表1-1所示的基本特征或差异。

表1-1 澜湄合作国家的人口指标对比

人口指标	老挝	缅甸	泰国	柬埔寨	越南	中国
总人口（万人）	706	5371	6943	1625	9554	139538
粗出生率（‰）	23.96	17.70	10.50	22.90	16.98	12.43
粗死亡率（‰）	6.51	8.21	7.56	6.02	6.25	7.11

续表

人口指标	老挝	缅甸	泰国	柬埔寨	越南	中国
总和生育率（个）	2.7	2.2	1.5	2.5	2.0	1.6
女婴儿死亡率（‰）	43.3	22.0	7.3	22.0	14.3	7.4
男婴儿死亡率（‰）	53.7	42.6	9.0	28.1	18.9	8.5
出生预期寿命（岁）	66.0	66.7	77.5	69.3	76.5	76.4
高等院校入学率（%）	15.7	13.9	49.3	13.1	28.3	51.0
5岁以下儿童死亡率（‰）	63.4	48.6	9.5	29.2	20.7	9.3
人口增长率（%）	1.47	0.91	0.25	1.53	1.02	0.56
贫困人口比例（%）	23.4	32.1	8.6	17.7	9.8	3.1
≤14岁人口比例（%）	33.7	26.8	17.3	31.3	23.1	17.7
≥65岁人口比例（%）	4.0	5.7	11.4	4.4	7.2	10.6
年龄中位数（岁）	24.4	29.0	40.1	25.6	32.5	38.4
城市化率（%）	34.4	30.3	49.2	23.0	35.2	58.0
人口密度（人/公里^2）	29.7	81.7	135.1	90.7	308.1	147.7

说明：总人口为2018年的数据。贫困人口比例是按国家贫困线衡量的，老挝和柬埔寨的数据是2012年的，泰国和越南是2016年的，缅甸是2015年的。高等院校入学率数据中，缅甸的数据是2012年的，泰国和越南是2016年的。年龄中位数使用的是《2019年世界人口展望》的预测数据。其余数据均为2017年的。

资料来源：世界银行数据库（World Bank Open Data, https://data.worldbank.org.cn），访问时间为2019年5月2日。

1. 人口总量参差不齐，人口密度高低不等

2018年，中国人口总量以接近14亿人位居区域人口榜首，几乎14倍于越南人口总量，越南人口总量排名第二，泰国第三，缅甸第四，同期柬埔寨处在第五位，老挝人口最少，仅有706万人。人口最多的中国与人口最少的老挝在人口总量上相差悬殊，中国人口总量是老挝的197.6倍。

结合国土面积观测，上述6国的人口密度同样表现出巨大的差距，越南、中国和泰国的人口密度均超过了100人/公里^2，其中越南人口密度最高，超过了300人/公里^2，同期亚洲和世界的平均值分别为121人/公里^{2}和47人/公里^2，表明亚洲地区人口密度较高。越南的人口密度比中国高出了1倍多，中国比泰国每平方公里人数多了近13人。缅甸和柬埔寨两国的人口密度相对较低，老挝最低，每平方公里尚不足30人，是域内唯一低于世界平均值的国家。人口密度最高的越南与最低的老挝相差9.4倍，可见，次区域内的人口地理分布很不均衡。

2. 人口增长极不均衡，生育空间差异显著

柬埔寨和老挝两国人口增长迅猛，人口增长率在 1.5% 上下，这与两国人口的出生率与死亡率直接相关。从表 1-1 中可见，柬埔寨和老挝两国的人口粗出生率均在 20‰ 以上，人口粗死亡率分别为 6.02‰ 和 6.51‰，从而导致了两国人口自然增长率分别高达 16.88‰ 和 17.45‰。这种高出生率又缘于上述两国的高生育率，由表 1-1 可知，两国平均每名育龄妇女生育的孩子数（总和生育率）均等于或超过 2.5 个，高于人口世代更替水平，这表明柬埔寨和老挝两国蕴藏着巨大的人口增长潜力。相比之下，中国与泰国的人口增长率都明显低于柬埔寨和老挝，粗出生率两国均已低于 13‰，粗死亡率分别为 7.11‰、7.56‰，两国的人口自然增长率分别为 5.32‰ 及 2.94‰ 的低水平，总和生育率降到生育"更替水平" 2.1 个以下，这意味着中国和泰国的人口增长空间已经十分有限。缅甸和越南两国粗出生率接近，分别为 17.70‰、16.98‰，粗死亡率分别为 8.21‰ 和 6.25‰，两国的人口自然增长率分别为 9.49‰、10.73‰，数值较接近，缅甸与越南总和生育率分别为 2.2 个、2.0 个，比泰国与中国都高，说明越南、缅甸人口增长潜力较大。

3. 人口生命质量处在三个档次

根据表 1-1，通过观察出生预期寿命指标，泰国、越南和中国基本同处一个档次，均高于同期的世界平均值（72.2 岁）；处在第二档的是柬埔寨，也接近 70 岁；处在第三档的是缅甸和老挝，两国均在 66 岁左右。再观察婴儿死亡率指标，其中泰国和中国的女婴儿死亡率最低，远低于世界同期值 27.2‰，老挝最高，高出世界平均值 16.1 个千分点，其他 3 国基本属于同一层次，与世界平均值基本接近；各国的男婴儿死亡率均高于女婴儿死亡率，男婴儿死亡率的档次排名与女婴儿死亡率的档次排名基本一致，还是老挝最高，达 53.7‰，高于世界平均值（31.4‰）22.3 个千分点，中国与泰国该指标相对较低。相较而言，老挝、缅甸和柬埔寨 3 国的婴儿死亡率指标都明显偏高，泰国、中国该指标较低。因此，中国与泰国的人口生命质量同处于较高档次，越南属于第二档次，而柬埔寨、缅甸和老挝 3 国的人口生命质量则明显偏低，属于第三档次。

4. 人口文化素质差距十分明显，年龄中位数差异大

根据表1-1可知，澜湄合作国家高等院校入学率可划分高、中、低三个档次，中国和泰国分别为51.0%和49.3%，入学率较高；越南居第三位，为28.3%；其余3国不足16%，入学率均偏低。这表明澜湄合作国家人口的受教育水平存在巨大差距，从而直接影响了国家或地区之间的劳动力素质与人力资本存量。另外，6国人口的年龄中位数也是泰国最高，中国次之，分别为40.1岁和38.4岁，均比2000年增长了10岁左右，增长速度较快；老挝和柬埔寨年龄中位数在25岁左右，均比2000年增长了约7岁，属于年轻型人口类型；越南和缅甸属于中间梯队，在30岁左右，均比2000年增长了10岁左右，增长较快。

5. 城市化率差距较大

根据表1-1可知，2017年，中国的城市化率高达58.0%，比世界平均水平高出3.2个百分点，显著高于澜湄合作其余5国的城市化水平。泰国在此指标上也接近50.0%，老挝、缅甸和越南该指标均超过了30.0%，最低的柬埔寨仅为23.0%。由此可见，6国城市化水平差异较大。

6. 人口年龄结构分属两种类型

鉴于人口年龄结构类型划分的国际标准①，结合2017年澜湄合作国家的"少儿人口"（≤14岁人口）比例和"老年人口"（≥65岁人口）比例，可以将澜湄合作国家分为两大类：一是中国和泰国，其少儿人口比例远低于30.0%的界标，老年人口比例显著高于7.0%的界标，具有典型的"老年型"人口结构类型特征；越南，在2017年老年人口比例首次超过7.0%，也正式进入"老年型"人口结构类型。二是缅甸、柬埔寨和老挝，无论是少儿人口比例还是老年人口比例，都还显现为"成年型"人口结构类型特征。虽然缅甸少儿人口比例略低于30.0%的界标，但老年人口比例尚不足7.0%，因此，仍继续处于"成年型"人口结构类型之中（见表1-1）。

国际社会把0~14岁的"少儿人口"与15~64岁的"成年人口"（或

---

① 根据联合国人口类型划分标准：0~14岁少儿人口比重超过40%，且65岁以上老年人口比重小于4%，即为年轻型人口；0~14岁少儿人口比重在30%~40%，65岁以上老年人口比重在4%~7%，即为成年型人口；0~14岁少儿人口比重小于30%，65岁以上老年人口比重超过7%，即为老年型人口。

"劳动适龄人口")之比称为"少儿抚养比",相应地,65岁及以上的"老年人口"与15~64岁的"成年人口"之比则称为"老年抚养比",两者合计为"总人口抚养比"。澜湄合作国家2017年的总人口抚养比从相对较高的柬埔寨(35.7%)和老挝(37.7%)到相对较低的中国(28.3%)与泰国(28.7%)相差近10个百分点,缅甸也高达32.5%,越南为30.3%,表明了年龄结构越"小",总人口抚养比反而越高。不过,由于6国的少儿人口和老年人口构成的总体互补,区域内6国的劳动适龄人口比例除了老挝(63.3%)和柬埔寨(64.3%)稍微低于世界平均水平(65.4%)外,其他国家均超过世界平均水平。

7. 人口聚居最多的城市的人口比重差距大、分布不均

2018年,在人口聚居最多的城市的人口数量占城市人口数量的比重上,世界平均值为16.11%,表1-2显示澜湄合作国家的城市人口聚居与分布也表现出明显的差异。域内国家的城市中,金边人口比重最高,有超过一半的柬埔寨城市人口居住在该特大城市中;其次是缅甸的仰光,聚集了缅甸近1/3的城市人口;同样,曼谷也居住着泰国约1/3的城市人口;万象排在第四,聚居了老挝全国将近1/3的城市人口;胡志明市排在第五,聚居了越南全国近1/4的城市人口;中国总人口数庞大,虽然重庆是中国城市人口聚居最多的城市,其城市人口虽不足中国城市人口的4.09%,但重庆市城市人口总量却高达3404万人,是域内6国城市人数聚集最多的,这表明了区域内人口聚居最多的城市的人口分布极不均衡。

表1-2 2018年澜湄合作国家人口聚居最多的城市及比重

单位:万人,%

城市	重庆	金边	万象	仰光	曼谷	胡志明市
聚居人口	3404	195.2	66.45	515.7	1016	814.5
占城市人口比例	4.09	51.37	26.89	31.4	29.29	23.74

资料来源:世界银行数据库,其中重庆人口数据来自中国国家统计局官网。

综上所述,本书认为,从静态的人口指标看,澜湄合作国家人口状况差异十分明显,而且具有各自典型、突出的人口特征。这一系列差异和特征无不隐含着基于"地缘人口"的客观背景,基于域内合作与发展所产生的相关人口对经济发展的机遇与挑战,值得我们进行深入思考。

(二) 人口的动态观察

人口转变及其效应显现具有渐进性和累积性,可以说,今天的人口状况是由昨天的人口格局所框定,又大体上勾画出未来的人口图景。因此,追溯以往人口变动的历史轨迹有助于我们认识现实人口状况及其所预示的未来人口态势。

1950~2020年,澜湄合作国家的人口规模都持续扩大,增长普遍超过2倍,其中老挝增长最快,达3.1倍,其次是柬埔寨,达2.8倍,泰国与越南均为2.6倍,缅甸也达2.1倍,中国人口增长倍数最小,为1.5倍(见表1-3)。除了中国外,其他5国的人口增长倍数明显高于世界同期2.1倍的平均增长倍数,这说明澜湄合作地区是一个人口规模高速增长的区域。

表1-3 澜湄合作国家的人口规模

单位:万人

国家	1950年	1960年	1970年	1980年	1990年	2000年	2010年	2020年
老挝	176	218	271	320	413	528	625	728
柬埔寨	435	543	694	661	974	1315	1431	1672
缅甸	1783	2160	2685	3371	4052	4754	5060	5441
泰国	1963	2660	3626	4634	5439	6093	6720	6980
越南	2736	3365	4290	5300	6607	7814	8797	9734
中国	55476	67295	82992	98705	114333	126743	137054	141178

说明:2010年、2020年数据来自世界银行数据库网站。
资料来源:历次"中国人口普查资料"及相关年代的《中国统计年鉴》;UN, *World Population Prospects*, The 2002 Revision, Vol. I.

观察人口增长的历史进程会发现,澜湄合作国家的人口普遍呈波动增长的态势(见图1-2)。其一,在1950~1980年的30年里,中国的人口增长率最低;泰国在1950~1970年时增长率最高,此后逐渐下降;越南、老挝和缅甸人口增长率基本保持在2%~3%;柬埔寨在1971~1980年时人口增长率一度降至0以下。1981~1990年,柬埔寨的人口增长率达到了最高点，此后转入下降趋势，同期其他 5 国的人口增长率均有小幅度下降。到 20 世纪末，泰国和中国的人口增长率都处在最低水平。其二，老挝的人口增长波动性也很明显，1971~1980 年一度出现了增长"低谷"，但紧接着又在 1981~1990 年出现反弹。其三，中国、缅甸和越南 3 国的人口增长率的变动幅度较小，基本在小幅波动中呈逐渐走低之势。

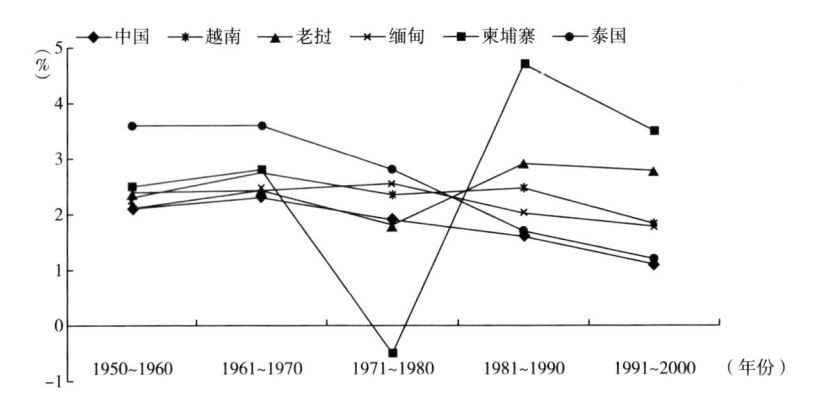

图 1-2　1950~2000 年澜湄合作国家的人口增长率

资料来源：历次"中国人口普查资料"及相关年代的《中国统计年鉴》；UN，*World Population Prospects*。

事实上，上述国家人口规模的持续增长及其增长率的波动变化无不与人口自身的内在因素直接相关，正是这些人口因素及其变动塑造了澜湄合作国家的人口状态。下面从三个人口学因素展开分析。

1. 人口再生产类型

人口再生产是指新一代出生、成长，老一代衰老、死亡的世代更替与自然增减的过程。迄今为止，人类历史上有三种人口再生产类型，即高出生、高死亡、低自然增长的"传统型"人口再生产，低出生、低死亡、低自然增长的"现代型"人口再生产和高出生、低死亡、高自然增长的"过渡型"人口再生产。

如果视出生率和死亡率分别高于 35‰和 15‰为"传统型"人口再生产，那么，当上述两个指标分别低于 20‰和 10‰的时候，就可视之为"现代型"人口再生产。以此为据分析表 1-4 和图 1-3 中的数据，可以看出：第一，1950~2000 年，泰国和中国的人口再生产都发生了历史性的转变，从高出生率、高死亡率、低自然增长率的"传统型"人口再生产转变为低出生率、低死亡率、低自然增长率的"现代型"人口再生产,这是促使泰国和中国的人口增长率在20世纪末相继降到区域内最低水平的一个重要原因。第二,柬埔寨和老挝两国的人口出生率和死亡率虽有明显下降,但直到20世纪末,两国的人口出生率和死亡率依然高于20‰和10‰的界标值,人口再生产始终未摆脱"传统型"特征。两国的人口自然增长率在6国中位列第一、二位,而且其人口自然增长率与增长率的变动轨迹也几乎如出一辙,这正是当代两国人口增长率都居于前列的一个重要原因。第三,越南人口再生产类型的转变比较接近泰国和中国,但从相关指标来看,转变力度明显不够,到20世纪末,越南的人口再生产还是"过渡型"。缅甸的人口再生产类型同样属于"过渡型",其指标变化更类似于柬埔寨和老挝,但转变进程较之更快。总体看,越南和缅甸两国的人口再生产都尚未发生"传统型"向"现代型"的质的飞跃,因此,两国的人口增长率处在区域内的中间水平。

表1-4　20世纪下半叶澜湄合作国家人口出生率与死亡率变动

单位:‰

年份	1950~1955	1956~1960	1961~1965	1966~1970	1971~1975	1976~1980	1981~1985	1986~1990	1991~1995	1996~2000
老挝										
出生率	45.7	45.4	44.9	44.4	44.4	45.1	45.1	44.6	41.3	38.2
死亡率	25.3	22.8	22.7	22.7	22.7	20.7	18.7	18.2	15.8	14.1
柬埔寨										
出生率	45.4	45.2	44.9	43.9	39.9	33.4	58.0	46.5	40.9	36.8
死亡率	23.8	22.1	20.4	19.4	22.5	40.0	15.5	13.5	11.7	10.4
缅甸										
出生率	44.6	42.2	40.8	40.8	40.0	37.9	34.3	31.4	29.9	26.5
死亡率	26.8	21.8	19.5	18.3	16.8	15.7	14.5	13.2	12.2	11.8
泰国										
出生率	44.3	44.2	43.2	39.8	34.5	30.0	25.6	21.9	19.7	18.2
死亡率	14.7	13.0	11.3	9.9	8.6	7.5	6.8	6.4	6.5	6.8

续表

年份	1950~1955	1956~1960	1961~1965	1966~1970	1971~1975	1976~1980	1981~1985	1986~1990	1991~1995	1996~2000
越南										
出生率	42.7	42.5	45.9	42.5	38.9	36.1	33.9	32.5	28.3	21.5
死亡率	23.9	22.9	21.1	18.8	16.6	12.9	11.2	9.3	8.1	7.0
中国										
出生率	43.8	36.1	38.0	36.9	28.6	21.5	21.5	23.7	18.9	15.9
死亡率	25.1	20.7	17.1	10.9	6.3	6.7	7.3	7.5	7.1	6.7

资料来源：历次"中国人口普查资料"及相关年代的《中国统计年鉴》；UN, *World Population Prospects*。

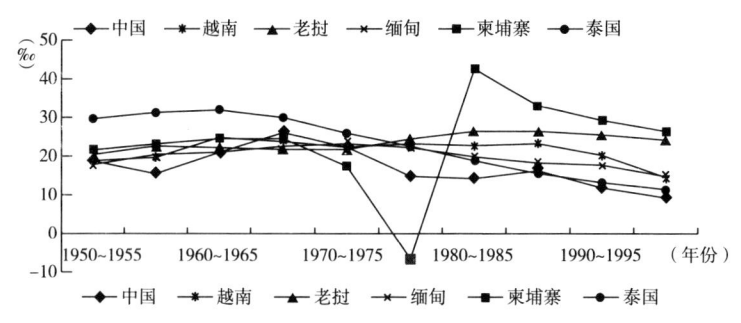

图 1-3 1950~2000 年澜湄合作国家的人口自然增长率

资料来源：历次"中国人口普查资料"及相关年代的《中国统计年鉴》；UN, *World Population Prospects*。

2. 妇女生育模式

生育模式指妇女的生育方式，它通过观测育龄妇女的年龄别生育率来概括某一妇女群的生育水平及其特点。人口统计学把妇女生育年龄早、育龄期长和生育胎次多的生育特征归结为"传统型"生育模式，即所谓"早、密、多"生育模式；与此相反，则可归为"晚、稀、少"的"现代型"生育模式。很显然，"传统型"生育模式对人口增长的促进作用显著大于"现代型"生育模式。

根据妇女年龄别生育率与总和生育率指标的变化可以清晰地看出，在20世纪后半叶，柬埔寨和老挝两国的妇女生育模式具有这样几个特征：老挝 15~19 岁妇女的生育率较高，早育现象突出；20~39 岁 4 个年龄组妇女的生育率都在 100‰以上，尤其是柬埔寨，20~34 岁 3 个年龄组妇女的生育率更高达 200‰ 以上，表明育龄期长、生育胎次多。直到 20 世纪 90 年代初，柬埔寨和老挝两国每位妇女生育的子女数平均都超过 6 个，20 世纪末仍然高达 5 个。因此，上述两国妇女的生育模式具有"早、密、多"的特点，也导致了两国人口长期高速增长的态势。

泰国妇女的生育模式最具有"晚、稀、少"的现代生育模式特征，不仅生育率峰值最低，而且育龄期也最短，妇女年龄别生育率超过 100‰ 的年龄组只有 2 组，总和生育率在 20 世纪末已经下降到"更替水平"以下，使泰国的人口增长率在澜湄合作国家中最低。

相比较而言，1950~2000 年，越南和缅甸两国妇女的生育模式都还处在从"传统型"向"现代型"转变的进程之中。1955~1990 年，缅甸的总生育率基本稳定在 20‰~24‰，1990~2000 年虽略有下降，但较之 1950 年的总生育率仅下降了 3.1 个千分点。越南的变化轨迹与缅甸类似，1950~1995 年间，总生育率基本稳定在 20‰~24‰，到 2000 年时，跌到与缅甸相当的生育水平上，两国均降至更替水平以下。有关资料显示，中国妇女的生育模式在 20 世纪 80 年代以前还具有"早、密、多"的特点，但随着计划生育的开展，妇女生育率下降十分迅速。中国妇女的年龄别生育率表现出生育率峰值高但持续时间短的特征，妇女的生育年龄非常集中，主要分布在 20~29 岁年龄段，生育率峰值一度超过 150‰，但进入 30 岁以后，妇女的生育率迅速下降，并很快与泰国各年龄段的妇女生育率的变化轨迹重合，总和生育率指标在 20 世纪末已经下降到 2.1 个的更替水平，初步显现"晚、稀、少"的"现代型"生育模式特征，这是导致中国人口增长率很低的一个直接原因。

3. 人口年龄构成类型

世界各国或各地区的人口总和是由不同年龄的人口所组成，而人口的年龄构成是人口自然构成的一个基本方面，不同的人口年龄构成往往预示着不同的人口增长潜力。对此，人口统计学上惯用的"人口金字塔"（Population Pyramid）图形最能直观地反映不同人口年龄结构状况下所具有的不同人口变化趋向。

一般来讲，具有"年轻型"年龄结构特征的人口由于拥有较大比例的少儿人口，其年龄金字塔图形呈下宽上窄的结构，随着年龄的上升，成年人口呈依次递减之势，这种类型的人口蕴藏着较大的人口增长潜力，故称"增长型"；相较而言，具有"老年型"年龄结构特征的人口图形类似于纺锤状，两头窄中部宽，这是因为在以往生育高峰期出生的同一批人（cohort）进入了成年期，使成年人口所占比例骤增，同时伴随着生育率的持续下降，其未来人口变化将趋向缩减，又称"缩减型"；而"静止型"人口的金字塔图形基本上呈圆柱状，即各年龄组人口所占比例相差不大，其人口增长基本上维持原状。

据前述已知，中国与澜湄合作其他5国的人口增长率差距大致显现于20世纪70年代末，因此，本书以20世纪80年代初及90年代初的数据来鉴证中国与澜湄合作其他5国之间的人口年龄结构差异及其不同的人口增长潜力（见图1-4）。

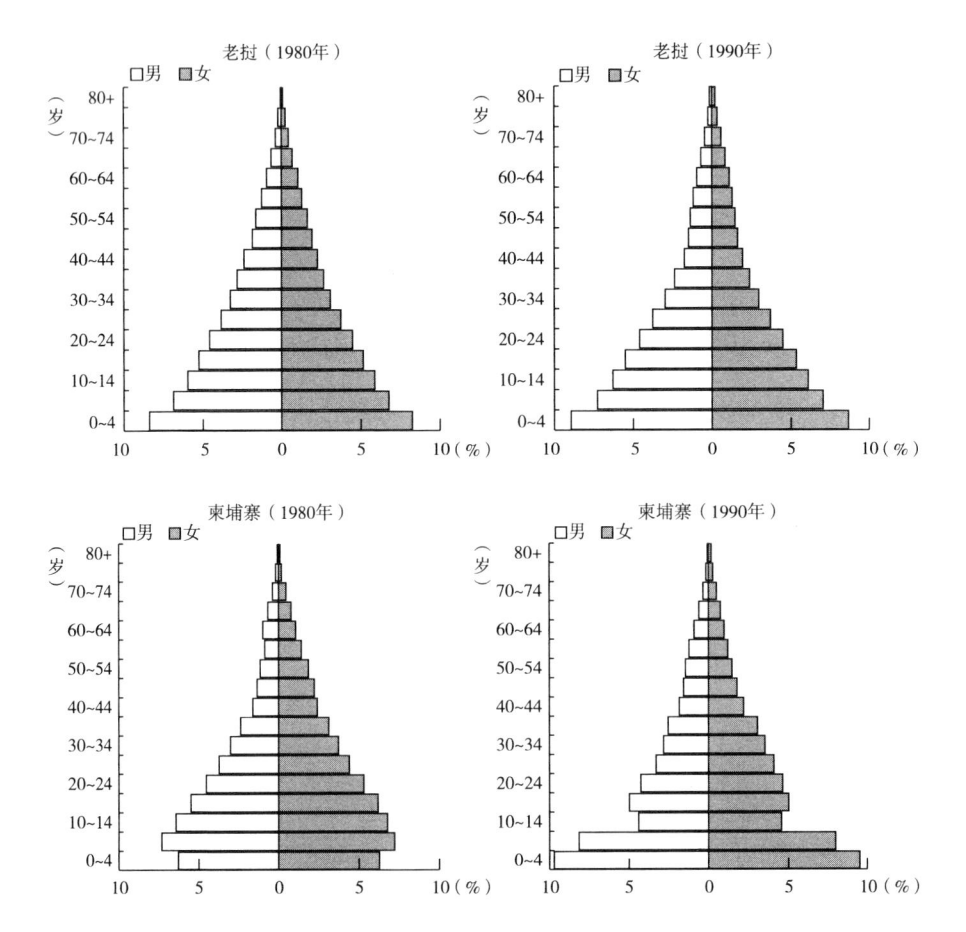

缅甸（1980年）

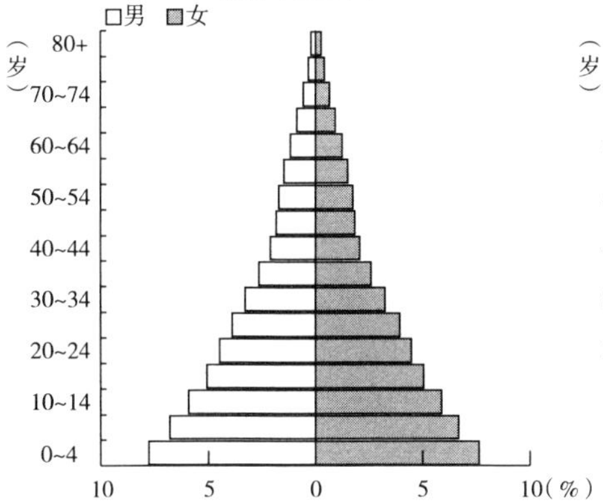

缅甸（1990年）

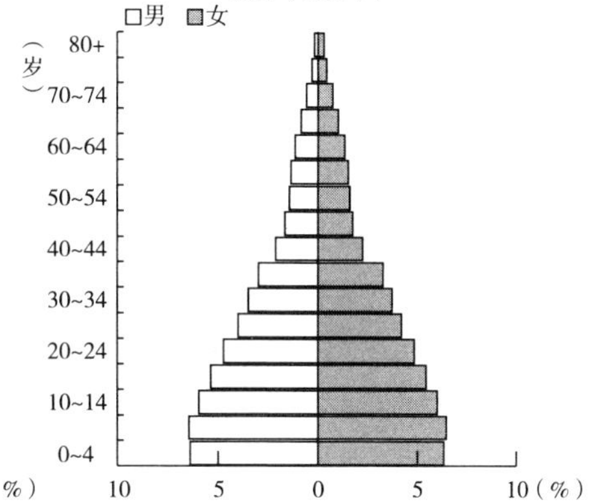

泰国（1980年）

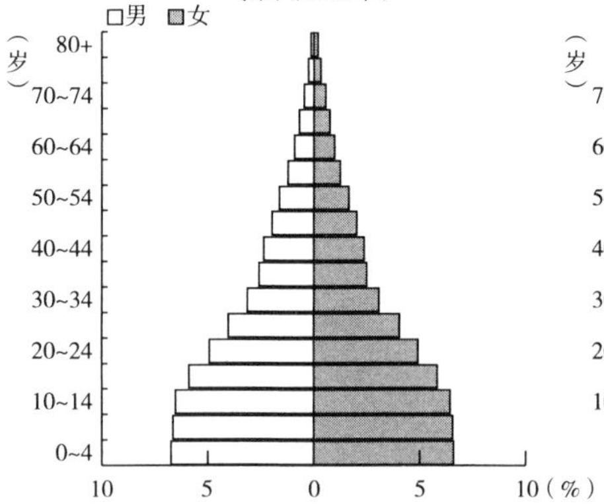

泰国（1990年）

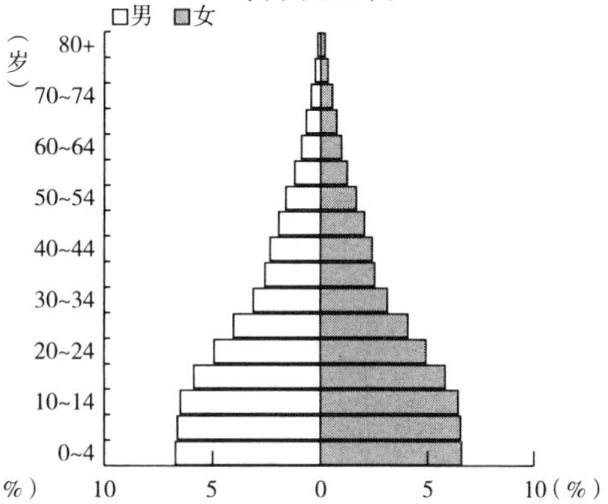

越南（1980年）

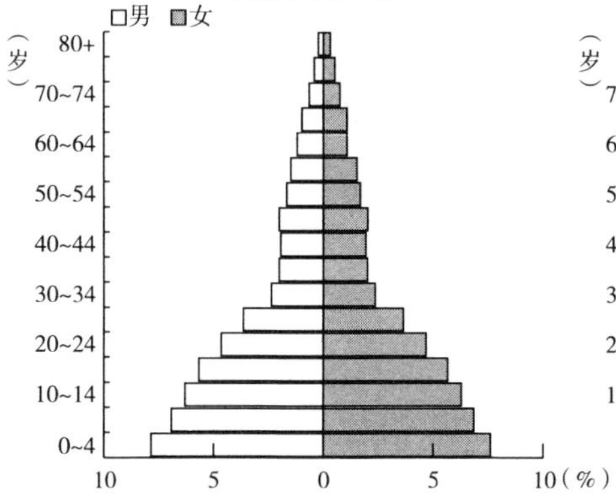

越南（1990年）

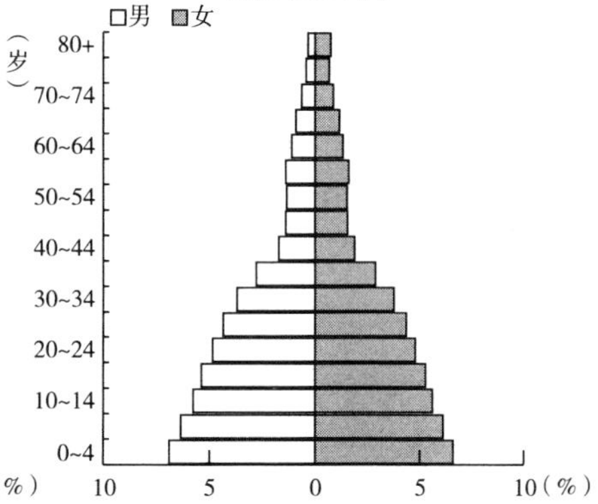

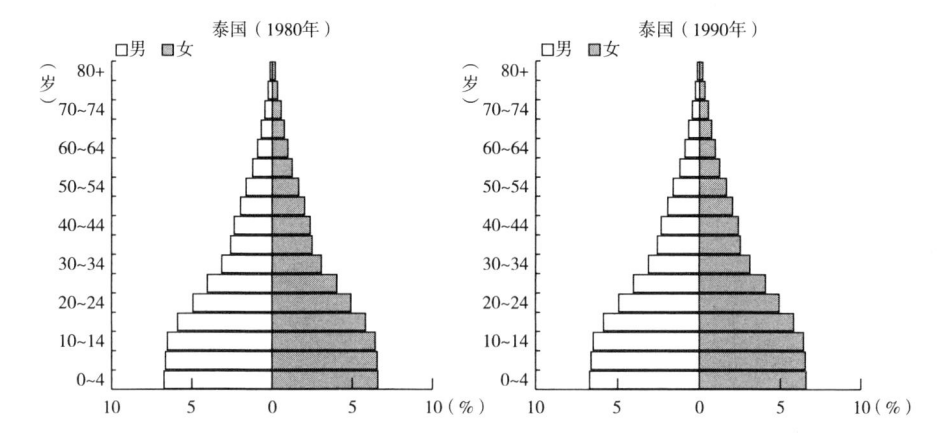

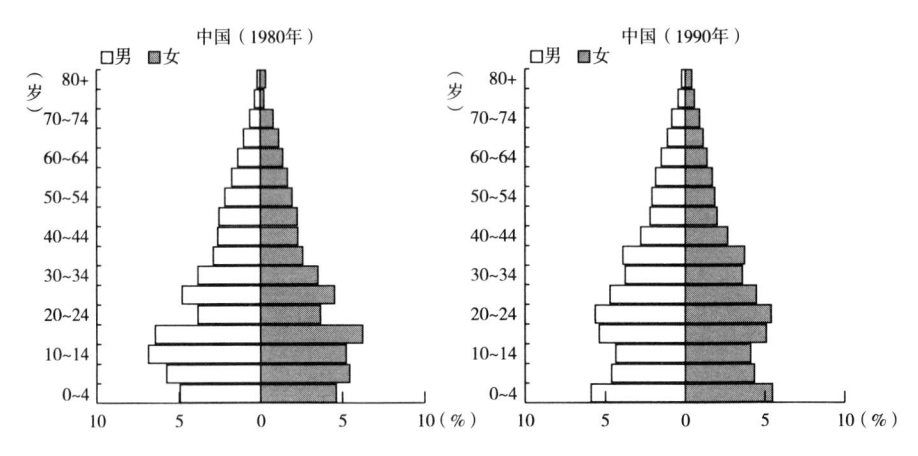

图 1-4　20 世纪 80 年代初及 90 年代初澜湄合作国家人口年龄金字塔

资料来源：UN, *World Population Prospects*, The 2002 Revision, Vol. Ⅱ。

图 1-4 显示，老挝人口年龄的金字塔图形基本保持原状，始终具有"年轻型"的年龄结构特征，其未来人口增长潜力巨大。柬埔寨人口金字塔虽然形状上变化明显，但由于青少年人口规模庞大，未来人口同样蕴藏着巨大的增长潜能。缅甸和泰国人口年龄的金字塔在变化中趋向一致，在 1990 年，两国人口的金字塔形状都向轴心收拢，表明两国人口的增长潜力正在缩小。越南人口年龄的金字塔图形变化显著，随着少儿人口的减少，金字塔从 20 世纪 80 年代初的"增长型"向 90 年代初的"缩减型"转变。中国人口年龄的金字塔图形底部自 20 世纪 80 年代初就开始收缩，到 90 年代初，整个金字塔的形状已初步显现出两头窄中部宽的"纺锤状"，预示着未来中国人口增长的内在动力正在弱化。

二　"一带一路"倡议框架下的澜湄国家合作

（一）澜湄合作的发展历程

2015 年 4 月 6 日　首次澜湄对话合作外交高官会在北京举行，正式启动澜湄对话合作筹备工作进程。各方围绕澜湄对话合作机制工作目标、方向、重点合作领域进行了初步讨论，同意删除机制名称中的"对话"，改为"澜湄合作"。

2015年7月23日　澜湄合作首次外交工作组会在泰国曼谷举行。

2015年8月21日　澜湄合作第二次高官会在泰国清莱举行，中国外交部副部长刘振民和泰国外交部副常秘诺帕敦共同主持。会议就澜湄合作概念文件达成一致，同意重点在政治安全、经济和可持续发展、社会人文领域开展交流合作。

2015年11月12日　澜湄合作首次外长会在云南景洪举行。中国外交部部长王毅、泰国外长敦、柬埔寨副首相兼外交国际合作大臣贺南洪、老挝副总理兼外长通伦、缅甸外长吴温纳貌伦、越南副总理兼外长范平明共同出席。会议发表了联合新闻公报、审议通过了澜湄合作概念文件，同意研究并尽早实施一批早期收获项目，为澜湄合作首次领导人会议奠定基础。

2016年1月29日　澜湄合作第二次外交工作组会在云南昆明举行，就领导人会议有关安排和成果设计等进行了初步讨论。

2016年2月23~24日　澜湄合作第三次外交工作组会和第三次高官会在海南三亚举行。

2016年3月23日　澜湄合作首次领导人会议在海南三亚成功举行。中国国务院总理李克强与泰国总理巴育共同主持会议，柬埔寨首相洪森、老挝总理通邢、缅甸副总统赛茂康和越南副总理范平明出席。会议发表了《三亚宣言》和《澜湄国家产能合作联合声明》，通过了45个早期收获项目联合清单，确立了"3+5合作框架"，标志着澜湄合作机制正式启动。

2016年6月14日　澜湄国家互联互通合作联合工作组首次会议在云南昆明举行，标志着工作组正式成立。

2016年6月23日　澜湄国家减贫合作联合工作组在广西桂林举行，标志着工作组正式成立。

2016年9月13日　澜湄国家产能合作联合工作组首次会议在广西南宁举行，标志着工作组正式成立。

2016年10月10~13日　第二次澜沧江—湄公河综合执法安全合作中心筹建磋商会在中国云南举行。

2016年11月9~11日　澜湄合作第四次外交工作组会在北京召开。

2016年12月22~23日　澜湄合作第二次外长会、第四次高官会、第五次外交工作组会、首次外交与优先领域联合工作组联席会议在柬埔寨暹粒举行。第二次外长会上，各方回顾梳理首次领导人会议成果落实进展，商讨澜湄合作机制下一步进展，并审议通过了《澜湄合作第二次外长会联合新闻公报》《首次领导人会议成果落实进展表》《优先领域联合工作组筹建原则》等3份重要成果文件。

2017年2月27日　澜湄水资源合作联合工作组第一次会议在北京举行。会议审议通过了《澜湄水资源合作联合工作组概念文件》，讨论通过了《2017年澜湄水资源合作工作计划》，并签署了《会议纪要》。

2017年3月　老挝成立澜湄合作国家秘书处。

2017年3月10日　中国外交部举行澜湄合作中国秘书处成立仪式，王毅部长出席并致辞，刘振民副部长主持，中方有关部委、省区市外事主管部门负责人及湄公河五国驻华使节、国际组织代表等中外嘉宾约200余人出席。王毅部长在成立仪式上隆重推介秘书处微信公众号。

2017年3月23日　中国外交部长王毅在外交部网站和《参考消息》发表署名文章《大力推进澜湄合作构建澜湄国家命运共同体》，纪念澜沧江-湄公河合作启动1周年。

2017年3月31日　澜湄合作启动一周年纪念暨回顾与展望研讨会在云南大学举行。

2017年5月2日　泰国通报成立澜湄合作临时国家秘书处。

2017年5月7日　缅甸通报成立澜湄合作国家协调机构。

2017年5月22~29日　"2017澜湄大学生友好运动会暨第三届南亚东南亚国家大学生文化体育交流周活动"在昆明举办，来自湄公河五国及印度、印尼、新加坡、孟加拉和中国的23个高校代表队共800余人参加。

2017年5月29日　越南通报指定越外交部综合经济司作为澜湄合作越南协调机构。

2017年6月12日　"2017澜湄合作系列活动开幕式"和澜湄合作中国秘书处云南联络办公室揭牌仪式在昆明举行。

2017年6月13日　澜湄国家互联互通联合工作组司局级会议（第二次会议）在云南昆明举行。

2017年6月23日　柬埔寨通报正式成立澜湄合作国家秘书处。

2017年7月13日　澜湄国家经济技术展览会在澜湄合作共同主席国柬埔寨首都金边举行。中国驻柬埔寨使馆临时代办檀勍生、中国国际贸易促进委员会副会长张伟，云南省政府党组成员高树勋以及柬埔寨商业国务秘书春达拉等柬埔寨、老挝、泰国、越南工商会领导人、澜湄国家企业家代表等出席了开幕式。2017年澜湄国家经济技术展览会是澜湄合作首次领导人会议早收项目之一。

2017年7月26日　澜湄合作跨境经济合作联合工作组第一次会议在云南昆明举行。澜湄国家六方代表签署了《会议纪要》，柬、中、老、泰等签署《工作组职责范围》，缅、越表示回国履行内部手续后签署。

2017年7月26日　澜湄合作减贫合作联合工作组第二次会议在柬埔寨暹粒举行，就工作组《一般性原则》和五年行动计划等进行了讨论。

2017年7月29日　首届"澜沧江-湄公河青年创新创业训练营"开营仪式在青海西宁举行。该训练营为期8天，系在复旦大学、广西财经学院等高校联合发起的"澜沧江-湄公河之约"流域治理与发展青年创新大赛的基础上举办，来自广西财经学院、柬埔寨皇家金边大学、老挝国立大学、缅甸仰光大学、泰国宋卡王子大学、泰国兰实大学、越南河内社科人文大学、越南外交学院的35名青年学生参加。

2017年8月21日　澜沧江-湄公河水资源合作城乡供水规划与管理培训班在北京开班。该活动由水利部主办，澜湄水资源合作中心、长江勘测规划设计研究院联合承办，来自湄公河五国的27名官员、专家以及孟加拉国的3名官员参加培训。

2017年9月11日　澜沧江-湄公河合作农业联合工作组第一次会议在广西南宁举行，澜湄六国农业主管部门代表与会。会议就工作组概念文件及下步合作规划等交流了意见，并通过了会议纪要。此次会议标志着农业联合工作组成立，至此澜湄合作首次领导人会议确定的六个优先领域联合工作组全部成立并投入实质运作。

2017年9月14日　澜沧江-湄公河国家产能合作联合工作组第二次会议在广西南宁举行，国家发改委外资司及湄公河五国产能主管部门代表与会。会议重点讨论了工作组《概念文件》和下步工作规划。

2017年9月24日　澜沧江-湄公河文化论坛在浙江宁波成功举行，澜湄六国文化部长出席。该活动是第十五届亚洲艺术节重要组成部分，也是澜湄合作第二次外长会中方倡议项目之一。论坛通过了《澜湄文化合作宁波宣言》，还配套举行了"澜沧江-湄公河文化行"发车仪式。

2017年9月中下旬　全球湄公河研究中心（中国中心）及全球湄公河研究中心成立仪式先后在北京和柬埔寨金边举行，外交部亚洲司副司长黄溪连和柬前副首相诺罗敦西里武亲王等分别出席。全球湄公河研究中心是澜湄合作第二次外长会中方倡议项目之一，旨在促进澜湄六国合作与交流，为澜湄合作提供智力支撑。

2017年9月29日　澜沧江-湄公河合作第六次外交联合工作组会在云南大理举行。会议由中国外交部亚洲司副司长黄溪连和柬埔寨外交与国际合作部国际合作总司副总司长辛维烈共同主持，老挝、缅甸、泰国、越南外交部有关官员出席。各方就澜湄合作未来方向、第三次外长会筹备工作等进行了讨论，并达成了许多共识。

2017年10月10日　澜沧江-湄公河合作柬埔寨国家秘书处在金边正式成立。柬国务兼外交与国际合作部大臣布拉索昆、柬政府顾问、澜湄事务高官索西帕纳、中国驻柬大使熊波、中国外交部亚洲司参赞毛宁和其他湄公河国家驻柬使节出席了成立仪式。至此，澜湄六国全部建立国家秘书处或协调机构。

2017年10月28日　澜湄合作第五次高官会在云南昆明举行。会议由澜湄合作中方代理高官、外交部亚洲司司长肖千与柬埔寨高官、柬政府顾问索西帕纳共同主持，老挝、缅甸、泰国、越南高官或高官代表与会。会议重点就澜湄合作进展、未来发展规划和下阶段系列重要会议筹备工作交换意见。

2017年11月5~13日　澜沧江-湄公河外交官能力提升研修班在北京和云南举行，参访中方相关部门、企业和高校并进行交流活动。该项目是澜湄合作首次领导人会议确定的45个早期收获项目之一，由外交学院承办。

2017年11月15日　澜沧江-湄公河环境合作圆桌对话系列会议在北京举行，环境保护部国际合作司司长郭敬、副司长宋小智以及湄公河国家环境部门和驻华使馆代表、相关国际组织、企业、媒体代表等百余人出席。

2017年11月24日 "2017澜湄次区域国家商品博览会暨澜湄合作滇池论坛"在昆明开幕。柬埔寨商务部国务秘书春达拉、老中合作委员会副主席肯通西苏翁、中国国际经济交流中心常务副理事长、执行局主任张晓强等出席。论坛吸引了来自澜湄6国政府、企业、媒体、学界等共700余人参与。

2017年12月14~16日 澜湄合作第三次外长会在云南大理举行，应王毅外长邀请，柬埔寨国务兼外交国际合作部大臣布拉索昆、老挝外长沙伦赛贡玛西、缅甸国际合作部部长觉丁、泰国外长敦帕马威奈、越南副总理兼外长范平明出席会议，王毅外长和柬埔寨国务兼外交国际合作部大臣布拉索昆共同主持会议。

（二）"一带一路"倡议框架下的澜湄国家合作展望

2017年5月，"一带一路"国际合作高峰论坛在中国北京召开，习近平主席及来自29个国家和地区的国家元首和政府首脑、联合国秘书长、130多个国家的代表参加了论坛。论坛总结过去、规划未来，形成了广泛深入的共识。习近平主席在讲话中指出，2013年以来，"一带一路"从无到有、由点及面，进度和成果超出预期；100多个国家和国际组织共同参与，联合国大会、联合国安理会、湄公河次区域合作等组织的有关决议或文件都纳入或体现了"一带一路"倡议内容。在各参与方共同努力下，互联互通网络逐步成型、贸易投资大幅度增长、重点合作项目稳步实施、中老铁路建设等取得积极进展。亚洲基础设施投资银行（AIIB）和丝路基金的成立为金融合作提供了有力的支撑，缅甸电站等项目获得了贷款支持。本次国际合作高峰论坛中国与多个国家签署了经贸合作协议，达成270项成果，其中包括中国商务部与柬埔寨运输部在基础设施领域的合作协议。会议同意于2019年举行第二届"一带一路"国际合作高峰论坛。2017年1~10月，中国对"一带一路"53个国家投资112亿美元，投资金额占中国全部对外投资金额的13%，比2016年同期增加4.8个百分点。与沿线61个国家和地区新签对外工程的承包额达1021亿美元，同比增长21%。

"一带一路"合作能在短短4年取得这样的成果，是因为坚持共商共建共享、合作共赢的理念，是多国参与的"交响乐"。倡议来自中国，但成果惠及世界。澜湄合作这一事业必将为地区和全球发展不断做出新的、更大的贡献。

2017年10月，习近平总书记在党的十九大报告中指出，中国已进入新时代，中国将坚持和平发展道路，推动人类命运共同体建设，推动建设开放型世界经济。要以"一带一路"倡议为重点，坚持"引进来"与"走出去"并重，遵循共商共建共享原则，形成开放新格局。党的十九大之后，习近平主席和李克强总理先后出访并参加了APEC会议和中国-东盟领导人会议，对越南、老挝和菲律宾进行了访问，这充分显示了中国领导人高度重视与亚太及东盟国家的合作。习近平主席在与越南领导人会谈时强调，中国开启了进一步走向世界、发展更高层次开放型经济的新征程，要深入推进"一带一路"倡议，增添共同发展的新动力；越南政府对习近平主席的到访表示欢迎并支持"一带一路"倡议，要落实好共建"一带一路"和"两廊一圈"合作文件。习近平主席在访问老挝时发表的两国政府联合声明中提出，中国支持老挝当好2018年澜湄合作共同主席国，加快中国"一带一路"倡议同老挝"变陆锁国为陆联国"战略的对接。李克强总理在与柬埔寨首相洪森会谈时充分肯定了澜湄合作机制的重要作用。这些都充分体现了中国对与东盟加强合作、发挥澜湄合作积极作用的重视，澜湄合作与"一带一路"的密切联系，日益成为"一带一路"的重要部分，进一步显示了理念互通、繁荣共享、责任共担的光明前景。

2017年1~10月，中国与东盟的进出口贸易额达2.8万亿元，同比增长18.5%，比中国外贸增速（15.9%）高2.6个百分点，其中从东盟进口约1.4万亿元，同比增长26.2%，比中国进口增速（21.5%）高4.7个百分点，发展势头令人欣喜。2019年6月4~5日，澜湄水资源合作联合工作组2019年第一次特别会议在中国云南省昆明市召开，柬埔寨、老挝、缅甸、泰国和越南联合工作组组长应邀率团参会，澜湄水资源合作中心代表参会。各方充分肯定了澜湄水资源合作取得的积极进展，共同制定了《澜湄水资源合作五年行动计划（2018~2022）》，讨论了2019年各方拟申请澜湄合作专项基金项目清单、澜湄水资源合作部长级圆桌会议初步方案，签署了《澜湄水资源合作联合工作组 2019 年第一次特别会议纪要》和《关于在澜湄水资源合作联合工作组下中方向其他五个成员国提供澜沧江汛期水文资料的谅解备忘录》。

澜湄合作秉持"同饮一江水，命运紧相连"的精神，具有地缘相近、人文相亲、经济互补性强、发展前景广的优势，是促进次区域发展与繁荣、建立互利互惠与合作共赢的澜湄国家命运共同体的重要平台。

三　基于"地缘人口"观的认识与思考

澜湄合作各国的人口情势是内生的，受制于各自不同的既成人口格局、经济条件和文化传统等因素。但我们看到：一方面在共同地缘基础上的人口变化（跨境民族的形成、通婚以及较为频繁的跨境人口迁移流动等）具有一定相互关联性，且历史久远；另一方面，历史上沿袭下来的"地缘人口"作用机制仍然局限于传统领域，即主要在邻国边境地区形成较频繁的通婚互市和流动，"地缘人口"效用的影响范围较为有限。可以预期，在构建"中国－东盟自由贸易区"的进程中，澜湄合作各国的"地缘人口"将在新的国际合作环境下发挥新的效用。我们也应看到，作为澜湄合作国际合作体制整体有机部分的"地缘人口"虽有积极效用的发挥，但也必将面临诸多问题。

澜湄合作国家的人口格局与发展态势存在较大差异，特别是各国现实的劳动力资源特性以及未来的人力资源开发潜力存在着的较大差异，这种现象是会引致无序的人口跨境转移，还是会建构起积极的人口资源与劳动力资源在"区域"内高效配置的基础，均是需要深入研究的重要问题。通过本书的初步分析，我们认为有效的国际合作机制推动了澜湄合作国家人口资源与劳动力要素的均衡化趋势。以此为据，本书认为，澜湄合作下必然出现人口跨境迁移流动的加速和扩大，这将是我们应该积极面对的事实。

首先，国与国在开放人口的格局下，高人口密度会不会形成对毗邻国家的人口挤压效应？如果存在这种效应，按照压力强度从强到弱依序释放，人口挤压效应较强的国家为越南、中国、泰国，而老挝、缅甸和柬埔寨的人口密度较低，还不会形成有效的人口挤压效应。按照区域内差异人口增长的特性，未来人口密度仍将继续提高，但是中国与泰国的人口增长速率已经减缓，生育水平已经降至更替水平以下，由人口自然增长引致的人口密度提高将会随人口转变的最终完成而走到尽头。但老挝、柬埔寨和缅甸的人口增长率尚高，特别是前两个国家的总和生育率均达到 2.5 个，人口密度将因此而继续提高。除了越南的人口密度已经达到较高程度外，其他国家或地区的人口密度在可预知的未来尚不会形成较大的人口挤压态势。

其次，从人口转变的实现程度看，中国与泰国基本处于同一水平，达到了低位均衡。按照"人口视窗"（population window）的观点，中国与泰国处于收获人口红利的阶段。"人口视窗"是人口转变所带来的积极人口年龄结构的经济效应，包括低抚养比、高储蓄率、高劳动资源储备等，由此形成的人口经济活力将有助于推动澜湄合作国家良性的"地缘人口"效应的形成。从目前人口发展的态势看，中国和泰国也因人口转变的逐步成熟而先行到达人口峰值规模。对应于可喜的经济发展形势，中国和泰国未来最有可能基于财富、资本和现代产业的高度集聚而成为跨境人口和劳动力集聚地，从而产生显著的人力资本富集效应。当然，人口情势具有复杂性和不确定性，中国与泰国的人口城市化水平都不高，未来都面临较为沉重的城乡劳动力转移压力，推动劳务输出为两国的战略和政策取向。可以预期，澜湄合作下的国际人口流动不会像物质、信息、技术等生产要素的国际流动一样相对便利与通畅，跨境门槛的设置将受相互间的国际关系构架、国内发展趋势与政策的约束，以及政治、文化、民族、宗教，以及艾滋病、毒品等特殊领域的限制和影响。新现实主义理论的主要代表吉尔平认为："在过去，土地与资本是最具有民族主义、感情色彩的生产要素，而今在发达国家，劳动力（劳动）已经成为三种生产要素中最倾向民族主义和保护主义的了"（金喜在、孔德威，2003）。与"物流"的开放性相悖，国际人口流动存在日趋收紧的政策动向，而且也越来越成为国际经济合作的瓶颈。

因此，"地缘人口"效应既是一种客观存在，在不同的国际关系下存在着不同的作用效应，同时又是极为复杂的影响因素，其正面效用的发挥需要国家政策积极引导和国家间的相互合作，涉及复杂的国家边境管理问题。在"自由贸易区"构架下，降低人口跨国迁移流动的门槛将有利于澜湄合作实现基于相互合作与交流目标下的"地缘人口"效应。澜湄合作国家之间的人口态势不同，人口压力模式以及释放的通道各异，在澜湄合作范围内实现人口与劳动力要素的跨国流动的需求也不同，与物质要求流动的态势比较，人口与劳动力要素的跨国流动障碍较难突破，积极的"地缘人口"效应较难实现。

目前，"地缘人口"状况以及其客观背景已经存在，而动力因素有待培植，价值取向需要积极引导。从西方发达国家的经验看，人口转变后期存在着大范围发生"人口赤字"的必然趋势，良性"地缘人口"的观点是否可以成为实现国与国之间"人口替代"的新视角，特别是在"一带一路"倡议等国际合作构架下，国家之间的人口资源、人力资本发展潜力可否实现优势互补，可否在"人"这一要素的国际流动上真正突破瓶颈，有待我们深入研究。

第二章

澜湄合作国家的人口转变前史

第一节 澜湄合作国家人口转变前史

人口状况对一个国家或地区的人口发展和社会经济产生着重要影响。一个国家人口数量和结构特征是一切人口现象和人口发展过程的基础，是人口问题的重要组成部分。根据联合国《世界人口展望》（*World Population Prospects*，2018）公布的数据，本节对澜湄合作国家的人口转变前史进行描述性判断，分析中国、泰国、老挝、越南、缅甸、柬埔寨6个国家1950年的人口数量和结构特征。同时，分析澜湄合作国家的人口类型、分布特征、增长类型、家庭规模、职业结构等，探讨其人口转变的特征和原因。

一般而言，发展中国家人口转变是从第二次世界大战期间开始的，但是，鉴于联合国的《世界人口展望》是权威的世界人口数据来源，而它多个版本的数据都是从1950年开始，由此，本书将1950年定为发展中国家的人口转变起点，称为前人口转变时期。

一 澜湄合作国家前人口转变时期的增长类型

人口转变是指传统人口再生产类型（即高出生率、高死亡率和低自然增长率）向现代人口再生产类型（即低出生率、低死亡率和低自然增长率）的过渡，即人口再生产模式由高水平的人口均衡向低水平的人口均衡的转变。人口再生产过程是：高死亡率、高出生率、低人口自然增长率→低死亡率、高出生率、高人口自然增长率→低死亡率、低出生率、低人口自然增长率。这样的模式描述了人口再生产类型从传统模式向现代模式过渡的趋势，反映了社会经济现代化过程与人口再生产的内在联系。1934年，法国人口学家兰迪（A. Landy）在《人口革命》一书中第一次提出人口再生产类型随生产力发展的历史阶段而转变的"三个序列"，第一序列即原始阶段，典型特点是极高出生率、极高死亡率和极低自然增长率；第二序列即中间过渡阶段，特点是高出生率、高死亡率和低自然增长率；第三序列即现代阶段，特点是低出生率持续、低死亡率和低自然增长率。1944年，美国人口学家发展了兰迪的理论，第一次提出了"人口转变"，并将其三序列划分为三个阶段：即"高低高"阶段，过渡阶段，"低低低"阶段。第二次世界大战后，全球局势稳定，工业迅速发展。但是，澜湄合作国家经济发展和社会状况差异较大。

当用国家概念考察某一阶段某国的人口增减时，常用四个最基本的要素进行考察分析：一是这个时期开始时的出生率和死亡率；二是死亡率的下降速度；三是国家政策；四是移民的数量。

生产力的发展、生活水平的提高、医疗手段的进步等对死亡率的下降均有所贡献，但生活水平的提高对死亡率的下降起着实质性的作用。人民生活水平的提高是一个广义的概念，包括食品的改善、教育水平的提高和医疗卫生条件的进步，本质上仍然得益于社会生产力的提高。死亡率的下降更重要地取决于社会、经济和政治条件。人口的收入水平直接影响着死亡率状况。丰富的食品、保暖的衣服和温暖的住房条件对改善死亡率有广泛的影响。

（一）中国

新中国成立后，中国人口再生产模式发生了巨大变化，中国人口变化经历了从自然增殖到自觉控制生育的过程。20世纪50年代初，中国人口死亡率开始明显下降，很快降至10‰以下，实现了第一阶段的人口转变。可以说，中国的前人口转变模式呈现出"高死亡率-高出生率-低人口增长率"模式,是典型的传统人口增长模式。

20世纪50~60年代,中国人口出生率一直维持在35‰之上,人口数量迅速增长。该时期中国人口增长的主要原因:一是由于中国距离高死亡率的时代太近,对高死亡率特别是有关婴幼儿的高死亡率依然保留着记忆;二是中国生产力水平不高,农业的商品化程度不高,半自然经济占主导地位,男性劳动力依然作为家庭的重要资源;三是政府鼓励多育。

(二) 泰国

第二次世界大战以后,与其他摆脱殖民统治的发展中国家一样,泰国急切地希望改造其殖民地的社会经济结构,发展独立的民族经济。泰国等东盟国家制定了优先发展进口替代工业的经济发展战略,以此带动整个国民经济的发展,由此作为工业化产物的城市化也随之迈开了发展的步伐。

另外,泰国的城市化进程起步晚、起点低,但它的城市化进程却以惊人的速度发展着。1950年,泰国的城市人口为220万人,城市化率只有10.43%。到1960年,泰国的城市人口为341万人,城市化率也只有12.51%。自1961年泰国开始走上发展进口替代工业的道路后,该国城市化进程明显加快。

人口转变前期,泰国人口增长模式呈现出典型的高出生率、低死亡率与高自然增长率的人口转变过渡阶段特征。

(三) 越南

长期以来,越南与中国山水相连,关系密切,在越南2000多年的历史长河中,约有一半的时间处于中国封建王朝的统治之下,越南的平均人口密度是世界平均人口密度的2倍。深受中国文化的影响,尤其在越南农村,"多子多福与养儿防老"等生育文化与思想十分普遍而且根深蒂固,导致生儿育女基本无节制,1950年,越南总和生育率为5.75个(见表2-1),有6个孩子的大家庭很普遍。另外,育龄妇女人口(15~49岁)比重也很高,达52.5%,表明该国生育潜力很大,预示着生育高峰期的出现。因此,在越南人口转变前期,呈现典型的高出生率、高死亡率以及低自然增长率的传统增长模式特征。

（四）缅甸

缅甸较长时间处于英国的殖民统治之下，直到 1948 年 1 月 4 日，缅甸成为独立的主权国家。这个国家虽然已经独立了半个多世纪，但直到今天，依旧不是一个统一的多民族国家。该国从来没有在政治、经济、文化和军事上实现过大一统，缅甸中央王朝对少数民族亲和力一直较弱。从 20 世纪 50 年代开始，在缅甸北部广大而边远的亚热带山区，存在着形形色色的割据武装，至今仍处于半独立状态。1950 年，该国人口呈现典型的高出生率、高死亡率与低自然增长率的传统人口增长模式特征。

（五）老挝

老挝历史悠久，公元 14 世纪时建立的澜沧王国是当时东南亚最繁荣的国家之一。1779 年至 19 世纪中叶逐步被暹罗（今泰国）征服，1893 年沦为法国保护国，1940 年被日本占领，1945 年 8 月老挝人民进行了武装起义，成立了伊沙拉阵线，同年 10 月 12 日，老挝宣布独立，成立了伊沙拉政府，1946 年法国卷土重来，伊沙拉政府解体。1950 年，老挝爱国力量重建伊沙拉阵线，成立了以苏发努冯亲王为总理的寮国抗战政府。1954 年 7 月法国被迫签署日内瓦协议从老挝撤军。在老挝人口转变前期，该国人口呈现出典型的高出生率、高死亡率以及低自然增长率的传统人口增长模式特征。

（六）柬埔寨

柬埔寨国土面积较小，建国于公元前 1 世纪，其中 9～14 世纪的吴哥王朝为鼎盛时期，但是在近代史上，该国也是一个多灾多难的国家，先后经历了日本殖民、法国殖民以及红色高棉时期。特别是在 1975～1979 年间的红色高棉时期，由于大屠杀和饥饿，全国人口锐减差不多 1/3。20 世纪 70 年代开始，长期的战争致全国经济混乱，人口死亡率增高。在该国人口转变前期，同样呈现典型的高出生率、高死亡率以及低自然增长率的传统人口增长模式特征。

总之，在 20 世纪 50 年代的整个中南半岛地区，人口死亡率出现了较快的下降，由于出生率较高，该地区人口增长率加速特征十分明显。

二 澜湄合作国家人口转变前期的人口结构及特征

人口是社会经济发展的主体。把澜湄合作国家人口转变的前史分析放置在对各国的人口状态的时点观察上，可以客观分析该区域这一时期的人口结构变迁过程及典型特征。

表 2-1 1950 年澜湄合作国家的相关人口指标比较

人口指标	越南	柬埔寨	泰国	中国	老挝	缅甸
总人口（万人）	2736	434	1962	54495	166	1715
男性（千人）	13610	2173	9845	283104	821	8507
女性（千人）	13757	2173	9781	261847	845	8651
性别比	98.9	100	100.7	108.1	97.1	98.3
0~4 岁人口比重（%）	12.4	16.7	16.4	13.7	16.3	14
5~14 岁人口比重（%）	19.4	25.5	25.7	19.9	24.1	20.2
15~24 岁人口比重（%）	18.9	19.4	20.1	18.3	19.7	19.8
60 岁及以上人口比重（%）	7	4.5	5	7.5	3.9	5.7
≥65 岁人口比重（%）	4.2	2.7	3.2	4.5	2.1	3.4
≥80 岁人口比重（%）	0.3	0.2	0.4	0.3	0.1	0.3
15~49 岁育龄妇女比重（%）	52.5	47.4	47.2	50.3	49.9	52.6
中位年龄（岁）	24.6	18.7	18.6	23.9	19.8	22.9
人口密度（人/平方公里）	83	24	40	57	7	25
出生预期寿命（岁）	40.4	39.4	52	40.8	42.4	36.4
年人口变化（千人）	537	99	627	10655	44	355
年出生人口（千人）	1225	208	938	25468	82	855
年死亡人口（千人）	687	109	311	14547	38	500
人口增长率（%）	1.87	2.15	2.96	1.87	2.5	1.97
粗出生率（‰）	42.7	45.4	44.3	43.8	46.1	47.4
粗死亡率（‰）	23.9	23.8	14.7	25	21.1	27.7
总和生育率（个）	5.75	6.29	6.4	6.22	6.1	6.0
净再生产率（个）	1.69	1.85	2.41	1.85	1.94	1.66
婴儿死亡率（‰）	158	165	111	195	167	181

说明：性别比为每 100 个女性中的男性。

资料来源：世界银行数据库，*World Population Prospects*，2009。

据表2-1的数据，澜湄合作6国人口转变前期的人口状况表现出以下特征。

（一）人口总量参差不齐

1950年，中国人口总量为54495万人，位居区域6个国家之首，是域内人口最少国家老挝（166万人）的328倍，是位于第二的越南（2736万人）的19.9倍；人口总量处于第三位和第四位的泰国与缅甸，两国人口总量比较接近，分别为1962万人和1715万人；人口总量第五位的是柬埔寨，为434万人，仅是中国人口总量的1/125，是越南人口的1/6；老挝人口总量位于6国之末，与处于第五位的柬埔寨人口相比，也只是该国总人口的2/5。可见，区域内各国总人口规模在20世纪50年代起就很悬殊，差距较大。

（二）人口密度差距明显

结合国土面积观测，6国的人口密度同样表现出十分明显的差距。越南人口总量虽然位居域内第二，但密度却位居榜首，1950年，该国人口密度为83人/平方公里，同期亚洲和世界的平均水平分别为61人/平方公里、56人/平方公里，越南人口密度比亚洲同期平均水平高22人，比世界平均水平多27人；中国的人口密度位列域内第二，为57人/平方公里，比同期亚洲平均值少了4人，但与世界同期平均值接近；泰国的人口密度排在域内第三，为40人/平方公里；其余3个国家的人口密度均较低，柬埔寨和缅甸十分接近，分别为24人/平方公里、25人/平方公里。域内老挝的人口密度最低，1950年仅为7人/平方公里，与亚洲和世界同期平均值相差悬殊。可以看出，澜湄合作国家的人口地理分布极不均衡，人口密度最高的越南比最低的老挝同期值高出10多倍。

（三）人口增长潜力巨大

1950年，柬埔寨、老挝和泰国三国的人口自然增长率都很高，均超过20.0‰，其中柬埔寨为21.6‰、老挝为25.0‰、泰国高达29.6‰，这与上述三国的人口出生率和死亡率密切相关。从表2-1可见，澜湄合作国家的粗出生率均高达42.0‰以上，粗死亡率除了泰国为14.7‰，其他5国该值均超过20‰，这直接导致域内各国这一时期人口自然增长率均处于高位运行阶段。高人口增长率又源于诸国的高总和生育率，1950年，澜湄合作国家的总和生育率除越南（5.75个）外，其他5国均超过了5.9个，这表明在人口转变起始期，域内6国都毫无例外地具有巨大的人口增长潜力。

（四）人口生命质量较低

从表2-1中的出生预期寿命一栏可以看出，6国相关数值均较低，仅泰国稍高，1950年仅为52岁，其余5国都在40岁左右，最低的缅甸为36.4岁，可见该时期人口生命质量很低。当然，该时期全世界的出生预期寿命指标都不高，世界平均水平为46.6岁，亚洲为41.2岁。但是与发达国家相比，差距十分巨大，1950年，发达国家的出生预期寿命达66岁。这也表明60多年前，发达国家与欠发达国家之间的差距不仅体现在经济发展方面，还体现在人口生命质量方面。

（五）人口性别比反差强烈

1950年，中国的人口性别比高达108.1，与澜湄合作其他5国形成了强烈的反差，其他5国的人口性别比均在97~101，其中，泰国和柬埔寨男女性别比例保持均衡状态，越南、缅甸、老挝3国的性别比偏低，1950年分别为98.9、98.3和97.1，与中国"男多女少"的状况相反，这3国的女性人口相对略多于男性。

（六）人口年龄结构分属两种类型

按照联合国制定的人口年龄结构类型划分标准，1950年，澜湄合作国家的人口结构可分为年轻型和成年型两大类，其中中国、越南和缅甸3国属成年型人口国家，其他3国属年轻型人口国家。

从人口年龄结构来看，1950年越南、中国和缅甸3国0~14岁的人口比重在 31%~35%，属于典型的成年型社会；柬埔寨、泰国和老挝 3 国 0~14 岁人口比重在 40%~43%，属于典型的年轻型社会。

另外，从老年人口（≥65 岁）指标来看，越南和中国老年人口比重均在 4% 以上，符合成年型人口结构特征；缅甸、柬埔寨、泰国和老挝 4 国该值均低于 4%，符合年轻型人口结构特征。

从年龄中位数来看，越南、中国和缅甸 3 国均超过了 20 岁，以该指标判断也属成年型人口社会；柬埔寨、泰国和老挝 3 国该值低于 20 岁，属年轻型人口社会。从多项人口指标综合来看，基本符合上述两类人口结构划分标准。

把人口年龄结构制金字塔后可更直观地进行比较分析。从各年龄段人口比重看，1950 年中国的少儿人口（0~14 岁）比重为 33.6%，青年人口（15~24 岁）比重为 18.3%，劳动年龄人口（15~64 岁）比重为 61.9%，老年人口（65 岁及以上）占 4.5%（见图 2-1）。同时，少儿人口和青年人口组女性人口比重均明显低于同年龄组男性，性别失衡明显。中国人口金字塔呈现增长态势旺盛的正三角形结构，不过三角形的底部面积相对较小，说明少儿人口比重相对较低。

图 2-1 1950 年中国人口年龄金字塔

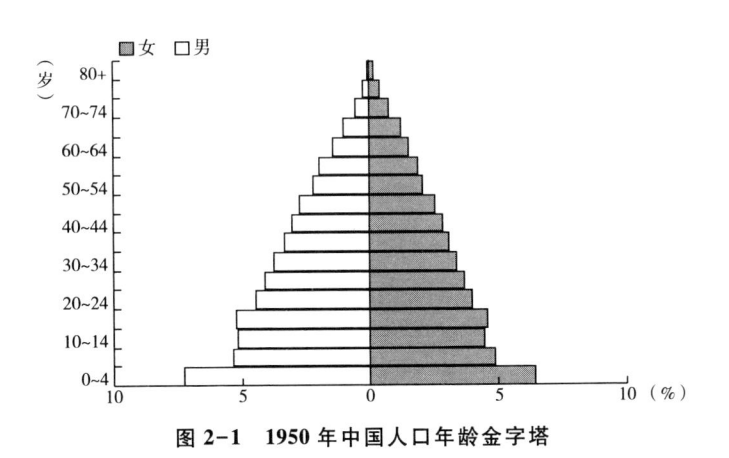

图 2-2 为柬埔寨 1950 年的分性别人口年龄金字塔。从各年龄段人口比重来看，1950 年柬埔寨的少儿人口（0~14 岁）比重为 42.2%，青年人口（15~24 岁）比重为 19.4%，劳动年龄人口（15~64 岁）比重为 55.1%，老年人口（65 岁及以上）仅占 2.7%。同时，各年龄组男女性

别分布均衡。可以看出，柬埔寨人口金字塔呈现典型的三角形状态，人口增长态势迅速。

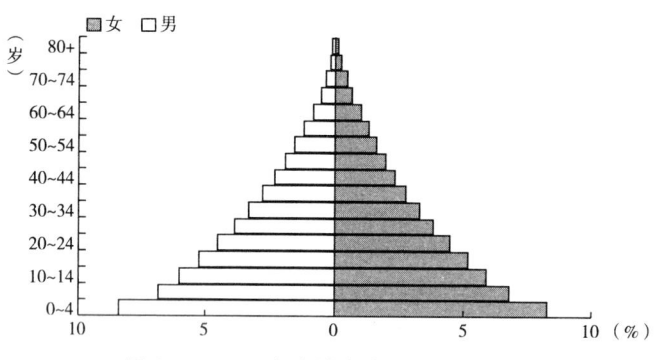

图 2-2　1950 年柬埔寨人口年龄金字塔

图 2-3 为越南 1950 年分性别的人口年龄金字塔。从各年龄段人口比重来看，1950 年越南的少儿人口（0~14 岁）比重为 31.8%，青年人口（15~24 岁）比重为 18.9%，劳动年龄人口（15~64 岁）比重为 64.0%，老年人口（65 岁及以上）占 4.2%。同时，除 70 岁以上高龄老年组外，其余各年龄组男女性别分布均衡。与中国人口结构特征一样，越南年龄金字塔也是上尖下宽的增长型，由于少儿人口比重相较域内其他国家较低，说明越南人口增长态势相对较缓。

图 2-3　1950 年越南人口年龄金字塔

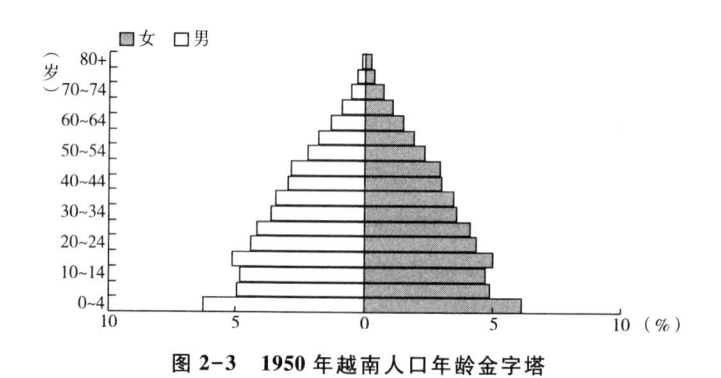

图 2-4 为泰国 1950 年的分性别人口年龄金字塔。从各年龄段的人口比重看，1950 年泰国的少儿人口（0~14 岁）比重为 42.1%，青年人口

（15～24岁）比重为20.1%，劳动年龄人口（15～64岁）比重为54.7%，老年人口（65岁及以上）占3.2%。同时，除20～30岁年龄组女性人口比重略低与男性外，泰国其他年龄组男女两性分布基本均衡。可以看出，泰国人口年龄金字塔与柬埔寨类似，也是典型的上尖下宽型，预示着未来人口规模增长较快。

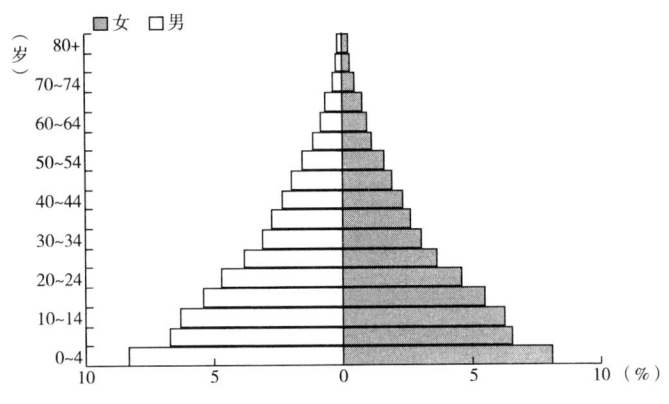

图 2-4 1950 年泰国人口年龄金字塔

图 2-5 为老挝 1950 年的分性别人口年龄金字塔。从各年龄段的人口比重看，1950 年老挝少儿人口（0～14 岁）比重为 40.4%，青年人口（15～24 岁）比重为 19.7%，劳动年龄人口（15～64 岁）占总人口比重为

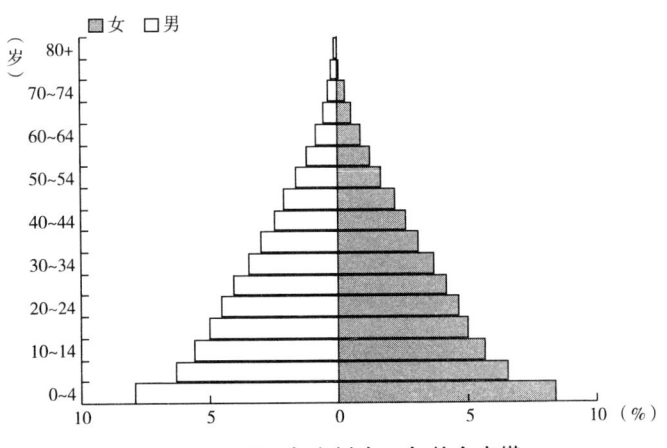

图 2-5 1950 年老挝人口年龄金字塔

57.5%，老年人口（65岁及以上）占总人口比重为2.1%。同时，老挝0~4岁年龄组女性人口比重略高于男性，男女两性总体保持较为均衡的状态。可以看出，老挝人口年龄金字塔也是典型的上尖下宽类型，且由于该国底部人口比例较高，说明其人口增长态势旺盛。

图2-6为缅甸1950年的分性别人口年龄金字塔。从各年龄段的人口比重看，1950年缅甸的少儿人口（0~14岁）比重为34.2%，青年人口（15~24岁）比重为19.8%，劳动年龄人口（15~64岁）比重为62.4%，老年人口（65岁及以上）占总人口比重为3.4%。同时，各年龄组男女两性分布基本保持均衡。可以看出，缅甸人口年龄金字塔与中国、越南一样，虽然也是上尖下宽，但由于三角形底部面积（0~14岁年龄组）较窄，即少儿人口比重相对较低，故缅甸人口增速也较缓。

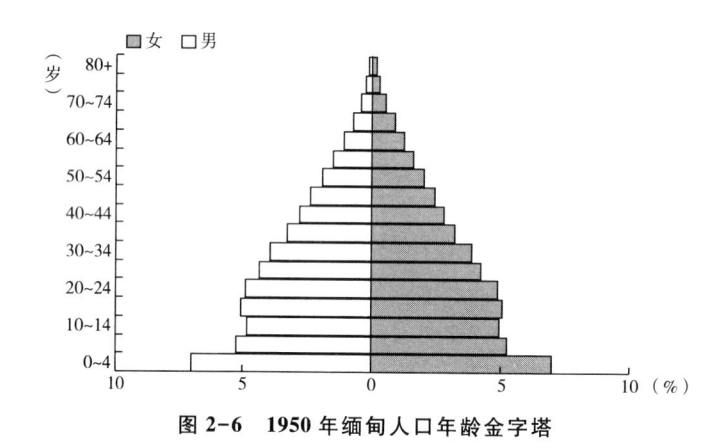

图2-6　1950年缅甸人口年龄金字塔

三　澜湄合作国家的人口文化素质状况及制约因素

人口文化素质是人口总体接受文化教育的程度和全民所具有的文化素养水平，它是衡量一个国家或地区人口文明程度、人口素质高低的重要指标，受到该国或该地区经济、社会发展水平的制约。人口文化素质的高低，对经济社会发展有着巨大影响，同时对该国或地区人口的转变进程有着一定影响。

新中国成立之初，中国总人口中超过80%的人是文盲，即成人识字率仅 20%，到 1964 年，根据全国第二次人口普查统计数据，中国人口文盲率虽然下降很快，但依然高达 33.6%，其中接受大专及以上教育的人口比重仅为 0.8%。当时，中国人口出生率偏高，加上当时经济社会发展相对滞后、医疗科技水平较为落后，人口死亡率较高，于是中国人口呈现出"高、高、低"的典型特征。另根据世界银行数据库统计数据，1982 年，中国成人女性识字率也仅为 51.1%，即在改革开放初期，中国仍有超过近一半的成年女性不识字。1995 年，中国平均的成人识字率为 81.5%，其中男性成人识字率为 89.9%，女性成人识字率为 72.7%，女性人口文化素质较男性依然偏低。

1980 年，泰国成人男性识字率为 92.2%，女性也已达到 83.9%；1995 年，泰国全国人口中成人识字率为 93.8%，其中男性成人识字率为 93.7%，女性成人识字率为 91.6%。2010 年，泰国男性识字率达到峰值 96.4%，不过 2015 年男性识字率又下降至 94.7%。另外，泰国人口经济发展地区差异十分明显，比如该国东北部地区人口约占全国人口的 1/3，是泰国传统农业区，经济发展长期滞后，工业化基础薄弱，工业部门缺乏大量的外资流入，潜力巨大的旅游业也尚待开发，基础设施相对落后，城镇化率较低，这里是泰国最贫穷的地区，人口文化素质也比较低。

1995 年，老挝成人男性识字率为 73.5%，女性为 47.9%，有超过一半的成人女性不识字，男性识字率远高于女性。2000 年，老挝全国人口中成人识字率为 69.6%，其中男性成人识字率为 81.4%，女性成人识字率仅为 58.5%；2015 年，成人男性识字率达到 89.9%，成人女性提高至 79.4%，也就是，老挝女性成人识字率提升速度较快，但依然有 20.6% 的成人女性不识字，老挝需继续加大教育投入，不断提高女性人口文化素质。

1979 年，越南成人男性识字率达 90.4%，女性识字率为 78.1%，相对域内其他国家，越南人口文化素质相对较高。1995 年，越南全国人口中成人识字率为 93.7%，其中男性成人识字率为 96.5%，女性成人识字率为 91.2%；2018 年，越南成人男性识字率已达到 96.5%，女性也达到 93.6%。

1983 年，缅甸成人男性识字率为 85.8%，女性为 71.6%；1999 年，缅甸全国人口中成人识字率为 83.1%，其中男性成人识字率为 88.7%，女性成人识字率为 77.7%；2016 年，缅甸成人男性识字率为 80.0%，女性为

71.8%，缅甸属于域内人口识字率比重较低的国家，需不断提高人口文化素质。

1990年，柬埔寨全国人口成人识字率为35%，其中男性成人识字率仅为48%，女性成人识字率只有22%。1998年，男性识字率提高至79.5%，同期女性上升至56.9%。2015年男性上升至86.5%，女性也上升至75.0%，与域内其他国家相比，柬埔寨的女性文化素质相对较低，需逐步提高女性受教育层次。

可以看出，澜湄合作国家的人口文化素质差距较大，男性识字率普遍高于女性。以15岁及以上成人可以读写指标考量，20世纪90年代的澜湄合作国家中成人识字率可划分高、中、低三个档次，其中泰国和越南两国总人口识字率最高，分别为93.8%和93.7%；中国和缅甸居中，识字率分别为81.5%和83.1%；老挝和柬埔寨两国最低，分别只有57%和35%。这表明，澜湄合作国家中的人口受教育水平存在巨大差距，而这种差距直接影响到国家或地区的劳动力素质水平，影响国际人口迁移流动。导致域内国家人口文化素质状况发展缓慢的因素主要涉及管理体制因素、运行机制因素、组织制度因素、培养制度因素四个方面。实际上，人口文化素质的差异也将直接影响该国人口转变的进程与人口变动发展的方向。

第二节 澜湄合作国家人口转变前期经济社会发展状况

根据人口转变理论，随着经济发展和医疗生活条件的改善，世界人口增长大体经历了高出生率与高死亡率并存、死亡率下降，出生率仍维持在较高水平，以及出生率与死亡率均下降的三个发展阶段。人口转变理论是一种联系社会经济发展，以人口发展过程及其演变的主要阶段为研究对象的人口理论。人类历史上由生产力革命引起的人口再生产类型由低级向高级的发展，亦即人口再生产类型的转变。人类历史上有三种人口再生产类型：原始型、传统型和现代型，它们分别与生产力发展的不同阶段相适应。以高出生率、高死亡率、极低的人口自然增长率为特征的原始人口再生产类型，与采集、狩猎的占有经济时代特征高度相适应；以高出生率、低死亡率、较低的人口自然增长率为特征的传统人口再生产类型，与以手工劳动为基础的农业生产经济时代相适应；以低出生率、低死亡率、低人口自然增长率为特征的现代人口再生产类型，与现代科学技术为基础的社会化大生产经济相适应。

一 中国人口转变前期经济社会发展状况及特征

中国是社会政策控制的人口转变模式，主要表现就是社会生产力在客观上还没有发展到使群众的生育观念和生育意愿自发转变的程度，是国家通过制定各种政策、措施来控制人口增长，政策干预促成了中国人口的快速转变。其过程首先是由新中国成立前的高出生率、高死亡率、低增长率模式，转变为新中国成立以后呈现的高出生率、低死亡率、高增长率模式。自 20 世纪 70 年代以来，随着中国计划生育政策的有效实行，中国的人口转变进而迈向低出生率、低死亡率、低增长率的发展阶段。在此期间，人口转变进程中的社会政策控制因素表现得尤为明显。实际上，1969 年，中国的人口出生率高达 34.2‰。

（一）转变时间短

首先，从人口死亡率来看，新中国成立以后，死亡率下降较快，1949 年，人口死亡率高达 20.0‰，到 1965 年已降至 9.5‰（三年自然灾害期间的 1960 年，该数值曾回升到 25.43‰）。此后，死亡率平稳下降。1972 年，死亡率为 7.61‰。截至 1997 年，死亡率已降至 6.51‰。

其次，从世界各国人口转变的具体情况看，出生率的下降总是滞后于死亡率的下降，中国也不例外。学术界一般以出生率显著下降至 30‰以下作为人口转变开始的标志，按照该标准，中国出生率开始转变的时间应为 1972 年，该年出生率降至了 29.77‰，刚好低于 30‰。此后，随着时间的推移与计划生育政策的实施，出生率迅速下降，到 1997 年已降至 16.57‰。

最后，从生育水平来看，中国的总和生育率在 20 世纪 70 年代以前一直徘徊在 6.0 个，20 世纪 70 年代以后才开始迅速下降，1970～1982 年，总和生育率由 5.8 个降至 2.2 个，到 1992 年又进一步降至 2.0 个（低于更替水平 2.1 个），此后便稳定在 2.0 个以下。与之相适应，人口自然增长率在 1970 年时还高达 25.83‰，1980 年已降至 11.87‰。由于年龄结构等因素的影响，中国人口自然增长率在 20 世纪 80 年代中期后，虽然略有回升，但总趋势趋于下降，1998 年已降至 9.53‰。而西方发达国家的人口转变都需至少上百年的时间，例如丹麦，其人口转变始于 1870 年，到 1930 年才达到"三低"阶段，历时达 150 年。

（二）地区发展不平衡

人口转变同社会经济发展密切相关，其转变过程必然会受到社会、经济发展等因素的影响。由于地区经济发展水平、民族文化观念、风俗习惯和人口政策实施力度的差异，中国各地人口转变状况也呈现出明显的差异性。按照人口自然变动情况，可将全国各地区人口转变分为三类：第一类是经济发展较快、计划生育工作开展得较好、出生率基本上未超过 12‰ 的地区。结合该地区人口的具体变动状况，又可把它细分为三个主要区域：一类是上海市，早期已呈现人口负增长；二是北京市和天津市，出生率均低于 10‰，人口自然增长率均低于 3.5‰；三是江苏、辽宁、吉林、浙江、山东、黑龙江和福建七省，人口出生率和自然增长率均略高于上述前两个区域，但出生率仍低于 12‰，低于全国平均值。第二类指经济发展水平差异较大、计划生育政策实施力度处于中间或偏下水平的地区，主要包括山西、内蒙古、江西、安徽、河北、河南、湖南、湖北、广东、广西、重庆、四川、甘肃等省市和自治区，人口出生率均在 18‰ 以下，自然增长率均在 11‰ 以下。第三类多为少数民族地区，自然条件与社会发展环境较落后，经济发展较慢，计划生育工作难度也较大。第三类地区主要包括云南、贵州、西藏、青海、宁夏、海南、新疆等省和自治区，上述地区人口出生率均高于 18‰，自然增长率也稳定在 12‰ 以上。

（三）政策干预性强

中国在如此短的时间内就实现了人口再生产类型的转变，除了社会经济发展因素外,还有一个重要的原因就是人口政策变动。出生率的下降受社会、经济、文化、政策、就业、收入水平及城市化等多元因素影响,这些因素直接改变人们的生育观和生育意愿,最终决定人们生育子女的数量。如前所述,中国生育水平的迅速下降主要是在人口政策的严格控制下实现的。也就是说,在中国人口转变的过程中,人口控制是降低人口增长、促进人口生育率下降不可替代的要素。严格来讲,中国生育率迅速下降,既有政策因素,也有社会、经济发展的共同作用。尽管两者的相对作用很难计算,但无论是西方学者还是中国学者都认为,中国生育率下降的主导因素是计划生育政策的实施,其影响力大致占65%。显然,计划生育政策及其执行构成了人口控制的主体,政府倡导的生育意愿、生育政策和执行手段,始终是引导中国人口走势的根本原因。中国的人口转变是在社会自觉干预下进行的,严格的计划生育政策是促进中国人口迅速转变的重要原因。

(四) 不稳定性

从统计上看,中国育龄妇女的总和生育率虽然已降到更替水平以下,但应该清醒地认识到,中国的人口转变并不是完全依靠社会经济的发展而实现的自发转变,而是在社会和经济发展水平都不高的条件下,由政府主导并在短期内实现的,其人口转变在前,经济转变在后;生育率转变在前,生育观转变在后。在低生育水平背后仍然有强大的反弹势能,可以说,任何外部环境的变化都可能引发生育水平的波动,从这个意义上讲,中国的人口转变具有明显的不稳定性,具体表现为以下三个方面。

1. 育龄妇女生育潜力较大

由于人口增长惯性作用,中国育龄妇女总量在未来一段时间里还将继续增长。从结构上看,2010年前,20~29岁生育旺盛期的育龄妇女占全部育龄妇女的比重一直保持在25%以上,维持在1亿人左右的水平。可见,在中国生育率下降的背后还积聚着一股庞大的生育势能,育龄妇女人口具有巨大的生育潜力,也预示着中国人口增长的持续性。

2. 人们的生育观念还未彻底转变

众所周知,生育观的转变与社会经济发展的程度密切相关,在生育观没有转变的条件下,生育水平虽在外力的制约下迅速下降,但在外力削弱后就会出现生育反弹,中国20世纪80年代的生育率水平的提高也证明了上述观点。

3. 社会经济发展水平不高

经济发展是基础,中国生育水平早已降到更替水平以下,但通过经济快速发展,生育第二、第三个孩子的边际效益仍相当明显。特别是在很多农村偏远地区,由于缺少健全的养老保障体系,养儿防老仍是这些地区追求多生多育的动力。

实际上,目前,某些地区或者某类人群高于政策水平要求的生育数量,以及某类群体强烈的性别偏好的存在,或许是对当前经济条件下中国人口转变的不稳定性的一种反映。由此可见,中国人口转变还具有明显的不稳定性。

二 泰国人口转变前期经济社会发展状况及特征

1932~1992年,泰国共发生了19次军事政变,先后组建了48届政府,此后,2006年9月19日、2014年5月22日也相继发动政变。可以说,泰国近代史是一部军事政变史。泰国政治权力频繁更迭,军事政变成为泰国的政治常态。但随着国家现代化进程的推进,战后泰国的民主化进程也在明显加快。1932年6月24日,泰国军方发动的政变是一次历史转折点,结束了近700年的君主专制统治,建立了君主立宪制国家。1948年第二次上台的执政党发动政变推翻了自由民主政府,泰国政治进入新的专制时期。1957年9月陆军司令又发动了一次不流血的政变,推翻了前政府,废除了宪法,开始了泰国军人集团全面控制的"沙立时代"。1932~1992年,泰国一直由军人独裁政府统治。进入20世纪70年代,泰国国内形势发生了重大变化,随着经济的高速发展,新兴经济集团要求民主,废除军人专制的呼声高涨,于是又一次出现了政变,即历史上著名的"十·一四"事件,该事件结束了自沙立以来的泰国军人独裁时代,标志着泰国政治由军人专制统治向议会民主制转变的开始。此后近10年的时间,军人和职业政客交替掌握泰国政权,民主政治的发展虽然举步维艰,但还是在不断前进。

从经济发展来看，泰国曾经是典型的落后农业国，尤其在第二次世界大战前，该国80%以上的人口从事农业生产，工业发展尤为落后。20世纪50年代起，泰国大力发展民族经济，实施工业多样化和农业多样化生产与经营的方针。此外，到1960年，泰国鼓励工业投资，多管齐下的方式促使经济较快发展，进入70年代，泰国以发展进口替代工业为主转向以发展出口工业为主。1992年3月至2006年9月，泰国民主政治进入相对稳定和健康的发展时期。

20世纪80年代是泰国经济高速增长的10年。尽管80年代前期情况不佳，由于受世界资本主义经济危机和初级产品价格下跌的影响，GDP增长率曾一度下降到5.0%左右，但80年代后期经济状况转好，泰国GDP以年均7.6%的高速增长。尤其在1988~1990年，泰国GDP增长率连续3年都超过10%，这是泰国经济发展史上前所未有的。1991年以后，泰国控制经济"过热"，但仍保持了年均8%的增长率。

20世纪80年代，泰国经济不仅实现了高速增长，还在产业结构调整上获得发展，国际竞争力也得到了增强。1984年是泰国产业结构发生重大变化的一年，该年制造业产值超过农业，成为生产部门的主导产业。1985年，工业制成品的出口又首次超过农产品出口，标志着泰国的进出口贸易结构也开始发生重大变化。到1992年，制造业在GDP中的比重已上升至26.1%，农业则下降为16.0%；工业制成品的出口在出口总额中所占比重达到76%，其中电器和集成电路出口达33亿美元、计算机及配件出口达22亿美元、服装出口34亿美元、宝石和首饰出口达15亿美元，都高于头号创汇农产品大米的出口收入14亿美元，而在20世纪60年代到80年代前期，大米一直是泰国最主要的出口产品，在大多数年份都是出口创汇最多的产品。

泰国在1982~1991年相继实施了第四个、第五个五年计划，努力发展东部沿海地区的重工业，经济在该时期保持了高速增长，这与政局的稳定是分不开的。有"政坛常青树"之称的炳·廷素拉暖在担任总理的8年间，泰国政局一直很稳定。这成为泰国国内经济发展的基础和基本条件，该结论已有泰国和其他国家发展的历史所证实。

1980~1993年是泰国当代史上经济迅速发展、政治发生深刻变化的14年。在这14年中，泰国经济获得了持续、高速增长，人均GDP从1980年的1404美元提高到1993年的3083美元，在东南亚国家中已仅次于文莱、新加坡和马来西亚，而在东南亚人口超4000万的诸国（包括印尼、菲律宾、越南、缅甸）中已居于第一位，也远高于中国同期值（1993年为377美元）。

（一）经济发展建立在稳定的宏观经济环境上

在泰国经济发展过程中，银行业功不可没，泰国银行组织了强有力的经济分析局，运用现代化手段对宏观经济的各个方面（包括国内生产、市场商品销售与价格、货币供应、财政收支、国际股票、债券情况等）进行全方位而且是全程的监测和分析，并及时向财政部和总理汇报。银行严格控制基础货币，使基础货币的增长同经济增长保持相近的比例，不会轻易出现通货膨胀；同时，及时调整利率，并使中央银行的货币政策与国家产业政策结合，在稳定币值、稳定物价、稳定泰铢兑美元的汇率以及促进经济发展等方面起到了重要的作用。有学者认为，在经济增长的同时又保持宏观经济的稳定，只有少数几个国家能够与泰国相媲美。可以说，泰国经济的稳定，首先归功于该国成功的金融政策。

（二）既保持经济政策的稳定性，又能把握时机及时调整

泰国政府的基本经济政策，诸如对外开放，以市场作为资源配置的基础，政府鼓励私营经济但并不干预私营经济的业务，积极吸引外资，鼓励出口，鼓励到曼谷以外的地区开发新的工业区，促进高科技产业的发展，促进工农业协调发展等，加上稳健的金融政策，对泰国经济的稳定与发展功不可没。另外，在几乎整个20世纪80年代，泰国经济能取得稳定的高速增长，不仅在于上述政策的稳定性，而且还在于泰国政府和部门能根据世界经济、世界市场环境的变化，及时对本国经济政策做出相应的调整。其中，及时调整产业结构、促进新型加工业的发展是其经济政策调整、稳定经济发展的一个重要方面。

泰国产业结构的发展以20世纪60~70年代为第一个阶段。当时以民

营资本主义为基础,发展了纺织、造纸、食品加工、制糖、水泥、玻璃、汽车装配等工业,使工业比重不断上升,并从20世纪70年代中期开始由进口替代转向促进出口。但在这一时期,泰国工业仍以劳动密集型和资源密集型为主。到了20世纪80年代中期,日本和"亚洲四小龙"由于货币升值等因素的影响,被迫放弃了一些轻工、电子产品的生产和市场。不过,泰国工业经过了20多年的发展,其工业结构、工业体系已经成长起来,并已具备在世界市场上参与竞争的实力。比如泰国能成为东盟最大的电器生产商之一并享有良好的声誉,部分原因就是低廉的劳动成本以及强大的生产制造能力。

在经济稳定的基础上,泰国及时抓住时机,利用本国廉价劳动力及享有对美贸易特惠等优势,及时对产业结构进行调整,进一步促进了泰国出口型加工与制造工业的发展。到了20世纪80年代后期,泰国政府重新大规模投资东海岸开发区,同时又提出了"南部海岸开发计划",重点发展石油化工、电子电器工业产业。在一系列调整过程中,泰国的产业结构从劳动和资源密集型开始逐步转向技术和资本密集型。工业领域的扩大和制成品生产的迅速发展,促进了整个国民经济的繁荣,并促使其向一个更高的阶段发展。

(三) 政府在市场经济中发挥宏观调节和指导作用

泰国是实行市场经济的发展中国家,虽有一些国营企业控制了国民经济的要害部门,但整个经济以私营为主。一般来说,在经济活动中起决定性作用的是价值规律,企业主、商人、农民有权决定他们的生产和交易等经济活动,政府并不实施干预。但是,泰国政府也并不是全部采取自由的市场经济政策,该国经济发展以建立稳定的宏观经济环境作为基本原则。20世纪80~90年代,泰国宏观经济环境保持稳定,泰铢兑美元的汇率一直相对稳定,年度物价上涨率一直在4%~6%。可以说,这种稳定的发展状况在发展中国家里是不多见的,泰国政府的金融政策在其中起到了重要的作用。政府一直重视对宏观经济的指导和调控,其主要手段就是制定和实施经济发展计划、财政、金融、外资等各方面的政策。另外,泰国的社会经济发展计划是由政府、经济专家和企业界共同商订的,虽然没有强制性，但却具有较高的导向作用。

同时，与经济和社会发展计划以导向性为主不同，泰国政府的经济政策和法令都具有强制性，这对于促进其社会经济的发展、消除经济发展中的不利因素起着更为直接的作用。泰国政府的财政金融政策在稳定宏观经济方面所起的作用就是一个典型例子。

（四）重视农业发展，促使农业保持较高增长率

20世纪80年代以来，在促进出口加工业的同时，泰国政府仍然十分重视农业生产的发展。比如，1981年专门成立了农村开发委员会，由农业合作部、内政部、卫生部和工业部成员组成，专门负责制订和实施农村发展战略，以促进农业经济的全面发展。同时，泰国政府采取了加强农业基础设施建设、增加农业信贷、促进农业科技研究、推广农业科技成果、继续调整和优化农业结构、发展农产品加工业、加强贫困地区的开发等具体措施，并取得了良好的效果。1980~1992年，橡胶、咖啡、棕榈油等重要农产品的产量都增加了一倍以上。进入20世纪90年代，尽管农业在泰国国民经济中所占比重有所下降，但农业的绝对生产值仍有较大的增加，农业生产的地区专业化和规模也日益明显（如泰国中部平原地区以种植稻谷为主；南部为橡胶、棕油和咖啡的重要产地；中部的夜功河流域发展甘蔗生产；东北地区着重发展玉米、木薯、原麻生产），农业的多样化和外向化进一步得到了发展。1992年，泰国生产了2008万吨大米、143万吨橡胶、350万吨玉米、220万吨木薯、4800万吨甘蔗。天然橡胶的产量和出口量都居世界第一位，玉米、木薯和蔗糖的出口量在亚洲名列前茅，农产品出口总值超过60亿美元。20世纪90年代，泰国已成为东南亚农业大国、亚洲主要的农产品出口国、世界主要的粮食出口国。可以说，从20世纪80年代起，泰国农业生产继续稳定发展，对社会经济的稳定、加强工业的发展起到了有力的保障作用。农业所积累的资金和外汇为经济的全面发展和现代化进程做出了很大的贡献。

泰国经济的模式可以称为"以农业为基础的发展模式"，它不同于地域范围狭小、主要依靠出口加工工业的"亚洲四小龙"发展模式，这对于地域范围较广、农业人口较多的发展中国家具有重要的借鉴意义。

三 老挝人口转变前期经济社会发展状况及特征

老挝由于长期遭受封建制度的统治和帝国主义的侵略与控制，经济社会发展滞后，是一个贫穷落后的农业国家。该国工业基础十分薄弱，没有重工业、没有现代化的基础设施，连高速公路都比较少，交通运输业相对落后，电信业等现代信息技术业也不发达，经济发展主要依赖于外国投资。由于老挝工农业生产几乎很难满足国内需求，每年都需要从国外进口大量商品。

自19世纪60年代起法国向老挝渗透，1885年法国在琅勃拉邦设立领事馆，1893年以武力胁迫老挝政府签订《法暹曼谷条约》，把老挝并入法属印度支那联邦。法国对老挝的统治以掠夺和剥削为主要目的，比如初期主要采取霸占土地、征收捐税等形式。第二次世界大战爆发后，法国开始在老挝兴办一些工矿企业，开辟种植园等。在法国的统治下，老挝的封建制度被完整地保留了下来，殖民剥削和封建剥削使老挝各族人民的生活异常艰难。1940年9月，日军占领印度支那，法国仍保有其殖民机构和军队。1945年3月9日，日军以武力解除法军武装夺取了殖民政权。老挝爱国人士在泰国建立抗日的"伊沙拉"组织寮国自由阵线。不久，日本宣布投降，老挝抗战组织领导人民在各地夺取政权，并于10月12日宣布老挝独立。1949年7月19日在巴黎签订的《法老协定》规定老挝为法兰西联邦内的独立国。与此同时老挝各阶层人民展开了抗法斗争，1950年，各地爱国力量举行全国代表大会，建立新的"伊沙拉"组织，即老挝民族统一战线，简称巴特寮，成立以苏发努冯亲王为总理的民族解放政府。1953年1月12日，法国被迫承认老挝为独立国家。1953年3月22日老挝建立人民党。也就是说，从19世纪60年代法国势力渗透老挝开始，法国对老挝持续了近100年的殖民统治，老挝人民深受剥削和压迫，这段时期，老挝经济社会发展基本陷入停滞甚至是倒退。

1956年1月"伊沙拉"战线改组并扩大为老挝爱国战线，20世纪50年代中期以后，老挝形成了三派政治力量的对峙，三派势力的存在致使老挝长时间陷入内战，政府多次更迭。1975年12月老挝实施革命之后，建立了人民民主政权，实行社会主义经济制度，老挝在历经多年的闭关自守和经济发展停滞后，1986年才提出改革开放，努力发展自己本民族经济。

20世纪80~90年代，老挝是澜湄合作6国中GDP总值相对较低的国家，1984年，老挝GDP为17.57亿元，1990年下降至8.66亿元，也是世界最贫困的国家之一，而且目前该国与东南亚其他国家的人均GDP差距仍在扩大。自1996年中期以来，老挝改革工作已经放缓，经济因此受到影响。从1997年年中到1999年年底，受亚洲金融危机的严重影响和自然灾害的袭击，老挝经济面临严峻的困难，由于老挝经济在很大程度上依赖与泰国的贸易，因此从1997年开始的地区金融危机进一步影响了老挝的发展。从1997年6月到1999年6月，老挝经济发展十分缓慢，并在1999年9月出现大幅波动，甚至达到了危机点。1997年，该国GDP为17.47亿美元，1999年为14.54亿美元，一度衰落至20世纪80年代的经济水平。

进入21世纪，老挝政府提出"以经济发展为中心，增强经济实力"。2000年，老挝制定国民经济和社会发展规划，实行市场经济机制，同时政府积极推行经济改革新政策，鼓励外商投资，开展国际合作等，以不断提升经济发展潜力，促进本国经济发展。有了上述相关举措，该国GDP持续攀升，2000年，GDP基本与20世纪80年代中期水平相当，为17.31亿美元，2003年突破20亿美元大关，此后逐年稳步增长，2006年突破30亿美元，2007年突破40亿美元，2018年已达181.31亿美元。同时老挝人均GDP增长率也出现快速增长，除了2007年、2009年以外，2000~2014年的人均GDP增长率均超过6%，人口增长也远高于世界同期平均值。2015~2017年该国年人均GDP增长率也都超过5%。

四 越南人口转变前期经济社会发展状况及特征

越南也是一个典型的农业国家，农业是其经济发展的支柱产业，但该国农业起点较低，整个国家没有大的工业区，小手工工业在该国发挥着举足轻重的作用。1945年前，越南全国水稻平均产量每公顷只有13~15公担，粮食生产严重不足，无法满足国内粮食需要，甚至出现了1945年农村饥荒导致饿死200万人的场景，这也是20世纪中叶该国人口大规模减少的主要原因。自1945年8月开始的越南革命以及9年的抗法战争耗费了大量的人力、物力，农业与其他产业一样，因缺乏有效投资而发展十分缓慢。1954年，国内恢复和平，越南政府主张进行土地改革，加大对水利农田等基础设施的投资，该国农业逐渐有了起色。1955~1957年经济恢复后，越南农业得到了较快发展，与1939年相比，播种面积扩大了23.5%，粮食产量增加了57%，水稻产量增加了30.8%，人均粮食达到303公斤，比1939年提高了43.6%，这时越南的北方甚至还有粮食出口。正因为农业经济的发展，使得这一时期越南人口出现了较快增长。1958~1975年，北方农业受合作社生产组织模式的直接影响，农村土地和生产资料迅速实现了集体化。集体生产虽然在某些方面可以集中力量发挥重要作用，比如修建水利设施、建设交通等基础设施以及建设新农村等，但由于劳动力和土地没有与最终产品实现挂钩，最终没有形成规模化的生产发展。1976~1980年，应该是越南通过实施集体化、计划制和集中管理模式促进该国农业发展的顶峰时期，1981~1986年，越南无论从农业管理制度还是从经济管理发展方式，基本实现了从集中到自主、从集体到家庭户的转变。

1986年以前，由于战争以及生产的不稳定性，越南实行供给制，商品无法实现流通，商贸、劳务与人员交流几乎无法展开。自1986年开始，越南实行革新开放，实施全方位的经济改革路线，全力恢复经济生产，把商贸、劳务活动推向市场，双价值及义务性收购制被废除，定量分配制度也被取消，采取了单一价格政策，该国农业发展也由此进入了新的发展阶段，消费者可以按自己的要求自由买卖商品，流通分配中的不平衡现象随之消失，于是越南国内市场开始发生巨大变化。政府实施革新开放的内容主要包括重组效力低下的国有企业、放宽贸易限制、搞活中小企业、吸引外商投资等，以求在市场改革和社会稳定之间寻找到平衡点，实现由计划经济向宏观调控的市场经济顺利过渡。1993~1997年，越南GDP平均每年增长9%左右。1997年的亚洲金融危机暴露了越南经济中存在的问题。1997年GDP增长率为8.5%，1998年降至4%，并在1999年略微上升至4.8%。外国直接投资急剧下降，从1996年的83亿美元降至1999年的约16亿美元。与此同时，越南当局放慢了实施振兴经济和创造更具竞争力的出口导向型产业所需的结构改革的速度。

五 缅甸人口转变前期经济社会发展状况及特征

1044年,缅甸形成统一国家以后,经历了蒲甘、东坞和贡榜三个封建王朝。1824~1885年间,英国先后发动了3次侵缅战争并最终占领了缅甸,1886年,英国将缅甸划为英属印度的一个省。1937年,缅甸脱离英属印度,直接受英国总督统治。1942年日军占领缅甸。1945年全国总起义,缅甸光复。后英国又重新控制缅甸。1947年10月英国被迫公布《缅甸独立法案》。1948年1月4日,缅甸脱离英联邦宣布独立,建立缅甸联邦,1974年1月改称缅甸联邦社会主义共和国。

缅甸是世界上最不发达的国家之一,其独立后的经济建设之路充满了艰难与曲折。该国拥有丰富的自然资源与良好的发展条件,比如柚木、宝石与油气资源等自然资源极为丰富,可耕地面积有近27800万亩,但缅甸在20世纪中期以来经济发展过程历经挫折,甚至有些时期处于停滞状态,从1948年缅甸独立至今,其经济发展历程大致可以分为以下几个阶段。

(一) 1948~1962年:吴努领导的"自由同盟"执政时期

由于遭受第二次世界大战和独立后较长时间内战(1948~1952年)的破坏,20世纪50年代的缅甸依旧是亚洲人口大国中最贫穷、最落后的一个国家,该时期国内人均年收入不足50美元。由于缅甸曾长期沦为英国殖民地,形成了围绕稻米种植和加工的比较成熟的产业链。独立后的缅甸经济基础十分薄弱,1948年制定的《缅甸经济发展两年计划》也由于内战的原因而没能实施。1952年"国家繁荣会议"通过了由美国KTA公司帮助其制订的《国家繁荣计划》,其核心是"八年计划",理论基础是"大米出口将获得足够收入,可以为庞大的工业化计划提供资金。"但由于1954年以后国际大米价格开始暴跌,而当时缅甸的经济十分依赖外贸,主要是大米出口,价格暴跌使得上述计划在1956年便无法实施。缅甸随后在1956年、1961年又相继颁布了一系列政策。吴努政府奉行积极的中立外交政策,从美、中、苏等国家都获得了一定外援,截止到1960年,缅甸共获得了大约5亿美元的贷款和援助。1948~1962年,吴努执政时期的缅甸年人均 GDP 增长率约为 4.5%，经济发展比较平稳，在发展中国家中属于中等水平，但仍处于恢复期。1961~1962 年，最重要的产品"稻谷、柚木、石油产量分别相当于战前的 90.6%、58.7%、55.4%"。① 可以说，吴努政府所制定的经济计划几乎都以失败而告终，比如政局的稳定和经济的恢复等艰巨工作基本都没能完成，缅甸独立之初的 10 多年宝贵时间，没能为日后该国经济社会发展提供一个良好的、坚实的基础和正确的发展轨道。

（二）1962~1988 年："缅甸式社会主义"时期

1962 年初，以吴奈温为首的军人集团领导军队发动了政变，推翻了吴努政府，夺取了政权，建立了以吴奈温为首的新政府，组成"缅甸联邦委员会"（后成立缅甸社会主义纲领党），形成了一党专政、军人统治的政治体制，宣布缅甸开始实施社会主义制度。

吴奈温执政纲领《缅甸的社会主义道路》中提出"必须将国家生产基本手段国有化"的思想，并建立一整套计划经济体制。1963 年对工商业领域的英国人的外资企业甚至印度人、华人和缅甸人的中小企业都进行了大规模的快速国有化，"国家在未进行国有化的领域也明显地加强了统制或限制，相对应地在农村实行土地改革，建立了一套小农经营模式由国家直接控制"。这种计划经济体制中，政府侧重支持国营生产部门，但国有企业开工率不断下降，农业领域的长期低收购价格政策导致了农业生产长期不景气。对于缅甸的现代化生产方式来说，对外贸易仍然是它敏感的生命线，吴奈温政府对外实行"自力更生、严守中立"的闭关自守政策，1962~1972 年，缅甸对外贸易额从 4.84 亿美元急剧下降到 2.17 亿美元，封闭的对外政策"没有把推动力灌注到国民经济发展中去"，对外资不重视使缅甸没能赶上这一时期的国际工业化浪潮。1973 年，缅甸通过了《二十年长期计划》，再加上 70 年代中期以来封闭的政策有所松动，开始大量吸收外资，缅甸经济有所好转，"然而政府预算支出实际上是靠外援支持的"。到 1985 年，缅甸外债偿还率超过 50%，大量债务又给缅甸经济造成了沉重负担，80 年代中期以后，长期的大米出口不振导致外汇减少，进口

---

① 周荆展：《缅甸 1948 年以来经济发展的历程、特点及启示》，《云南省社会主义学院学报》2014 年第 2 期。

工业品随之削减。工业原料的奇缺引起物价上涨和通货膨胀,走私和黑市猖獗,人民生活水平进一步降低,"到1987年,缅甸被联合国列为世界上最贫穷的10个国家之一,年人均收入200美元,人均寿命59岁"。1988年,吴奈温集团和缅甸社会主义道路在逐渐积累的不满和愤怒中被民众终结。① 总体来看,吴奈温社会主义理论中的经济发展,主张把农业、工业、运输、交通等重要生产资料实现国有化,把社会生产资料划归国家、合作社和集体所有。

(三)1988年至今:经济改革与对外开放时期

1988年,以苏貌将军为首的新军人集团"国家恢复法律与秩序委员会"(1997年改组为国家和平与发展委员会,简称"和发委")夺取了政权,果断地废除了吴奈温实施的缅甸社会主义计划经济体制,颁布了《外国投资法》,开始向市场经济转向。1993年,缅甸在《国家基本政纲》中规定国家实行市场经济制度。缅甸政府开放了边境贸易,允许外国投资,"一向贫困落后的缅甸终于赶上了外国投资亚洲的热潮"。缅甸政府鼓励私营经济发展并允许私人开设金融机构,改善了由于国营企业的低效导致的国内经济缺乏活力和发展缓慢的问题。

1988年起至20世纪90年代中期,缅甸经济发展较为迅速,但在东南亚金融危机时期,尽管政府也采取并加大了改革力度和经济刺激政策,但由于该国经济结构发展不均衡,经济政策、资源与技术等的限制,农业问题没有得到足够重视和解决,武装冲突时有发生等原因,经济发展进程一度减缓。1988年上台的军人政府被美国为首的西方国家进行为期20多年的制裁,这对缅甸的对外贸易造成了重大打击。迄今为止,缅甸仍然是一个贫穷的亚洲国家,大多数人的生活水平在过去10年中没有得到有效改善。

六 柬埔寨人口转变前期经济社会发展状况及特征

柬埔寨在历史上被称为扶南,扶南在古时候是秦、汉的属国,旧称高

---

① 周荆展:《缅甸1948年以来经济发展的历程、特点及启示》,《云南省社会主义学院学报》2014年第2期。

棉。柬埔寨是个历史悠久的文明古国，早在公元 1 世纪就建立了统一的王国。柬埔寨经济以农业为主，工业基础薄弱，是世界上最不发达的国家之一。柬埔寨经济现代化起步晚、发展慢，而其启动的时间恰恰是柬埔寨建国初期，比世界经济现代化进程晚了 200 余年，但时至今日柬埔寨经济现代化已实现追赶并取得了较快发展。

1950 年，柬埔寨处于传统农业经济时代，农业增加值占 GDP 比重为 57%。1960 年，柬埔寨从事农业的劳动力比重高达 82%，第二、三产业从业人员合计仅占 18%，到 1970 年，农业就业人口比重减少至 76%。[①] 20 世纪 50~60 年代，柬埔寨农业增加值比重从 57% 提高到 87%，农业获得了快速发展，在国民经济中的地位十分重要。1950~1973 年，柬埔寨 GDP 年均增长率为 4.44%，同期的人均 GDP 增长率为 1.98%；1973~1998 年，年人均 GDP 增长率为 1.06%，较前期下降了 0.92 个百分点。另外，柬埔寨从独立到 20 世纪 60~70 年代，经济发展主要依靠农业，而工业和服务业发展相对滞后，产业转型率偏低。尤其是在 60 年代后期，受外部势力的干涉、外来援助的相继取消以及国内政治斗争等因素的影响，柬埔寨经济整体呈现下滑趋势，同期的农业劳动力比重也在下降。

20 世纪 70 年代以后，经过多年坚实的宏观经济调整，柬埔寨经济得到了较快发展。但受区域经济危机、民间暴力和政治内斗等因素的影响，柬埔寨的人均 GDP 值从 1970 年的 684 美元下降到 1975 年的 605 美元，下降了 79 美元。1975 年后人均 GDP 又不断上升，到 1980 年达到 878 美元，1985 年为 1021 美元，1990 年为 945 美元，其中 1975~1980 年人均 GDP 增长较快，1985~1990 年人均 GDP 又不断下降，1990 年之后柬埔寨人均 GDP 又不断增长。[②] 1985~1990 年柬埔寨人均 GDP 出现下降，主要是受越南入侵，再加上"柬埔寨问题"的出现，民柬和金边政权的斗争冲突加剧等因素影响。同时，该时期柬埔寨人口不断增长，也是导致其人均 GDP 出现下降的原因之一。1990 年后柬埔寨 GDP 的高速增长又带动了人均 GDP 的增长。

随后，由于外国投资减少和旅游业收入下滑，加上 1998 年主要农作物

---

① 陈浩：《柬埔寨独立初期经济现代化研究》，《合作经济与科技》2019 年第 4 期。
② 陈浩：《柬埔寨经济现代化进程研究》，云南师范大学硕士学位论文，2019。

遭遇干旱，柬埔寨经济在1997~1998年间又出现大幅放缓。1999年，经济改革取得了一定进展，GDP增长率恢复至4%。1998年，柬埔寨逐渐确立对外开放政策，经济改革也初见成效，经济快速复苏，固定资产投资逐年增加，外部资本对柬埔寨投资趋于活跃。进入21世纪，根据世界银行数据库统计数据，柬埔寨人均GDP增长率的峰值出现在2005年，达11.49%，远高于世界同期平均值。此后又逐年下降，受2008年全球金融危机的影响，2009年经济呈现负增长，为-1.40%，2010年起逐渐缓慢上升，最近几年基本稳定在4%~5%的增长率，2019年达7.05%。应该说，只要该国政治局势持续稳定，未来柬埔寨经济持续增长可期。

第三章

澜湄合作国家人口转变的启动、演变与影响

第一节 启动：人口转变及其内外致因

一 人口转变启动观察

西方人口转变理论认为：（1）人口转变包括死亡率（CDR）转变与出生率（CBR）转变，它们既相对独立又相互影响，并且总是以死亡率下降为先导，以出生率降至接近甚而低于死亡率水平而结束；（2）出生率和死亡率由传统社会的高水平向现代社会的低水平转化，是任何一个社会或迟或早都必然要经历的人口转变过程，这一人口转变过程可按照一定的人口统计指标及其相应的社会经济特征划归不同的转变阶段；（3）经验表明，在人口转变进程中，出生率与死亡率的下降并不一定同步，两者存在"时滞"（Time Lag）效应，即出生率的下降通常比死亡率的下降滞后数十年甚至上百年的时间，其间必将引发人口数量的急剧膨胀，即所谓的"转变增长阶段"（Transitional Growth Stage），但在人口转变接近尾声时，出生率与死亡率都相继降到较低的水平并趋于相对稳定，这时人口将会呈现"零增长"甚至"负增长"，进而形成所谓的"静止人口"（Stationary Population）或"稳定人口"（Stable Population）；（4）人口转变的根本动因在于其所依存的社会经济背景，是生产力的发展、科学技术的进步和现代化的实现促

成了人口转变。

鉴于人口转变的启动是在既定的社会经济条件下发生的,伴随各国社会经济从农业产业主导向工业产业主导的演进,其人口出生率和死亡率都会相继下降,但是这种下降的时间和力度会因国家不同而存在差异。

如前所述,本书对澜湄合作国家人口转变启动时间的考察只能追溯到20世纪50年代初期。因此,这里将观察基点定于1950~1955年(见表3-1)。基于横截面的时点观察可见,澜湄合作6国的人口规模虽然相差巨大,但当时人口出生率都非常接近,处在42.7‰~45.7‰,同期世界平均值为37.5‰,表明在20世纪50年代初期,澜湄合作各国出生率尚处在人口转变的高位阶段。通过观察表3-1中6国人口的死亡率指标,发现除了泰国的人口死亡率比同期世界平均值低以外,其他5个国家都明显高于19.7‰的同期世界平均值,处在23.8‰~26.8‰。

表3-1 1950~1955年澜湄合作国家人口指标

人口指标	中国	柬埔寨	缅甸	泰国	越南	老挝	世界平均值
总人口(万人)	55476	435	1783	1963	2737	176	251950
人口增长率(%)	1.87	2.15	1.79	2.96	1.87	2.05	1.79
出生率(‰)	43.8	45.4	44.6	44.3	42.7	45.7	37.5
死亡率(‰)	25.0	23.8	26.8	14.7	23.9	25.3	19.7
总和生育率(个)	6.22	6.29	6.00	6.40	5.75	6.15	5.01

资料来源:UN, *World Population Prospects*。

就出生率和死亡率指标来看,20世纪中叶,澜湄合作6国的人口转变都还处在高位静止状态,但出生率与死亡率的互动结果最终归结为人口增长率,即只要人口增长率处在一定水平,就预示着人口转变的开启或结束。参照科尔对人口转变的指标值,将人口增长率大于1%视为人口转变的启动,那么澜湄合作6国在20世纪50年代就已经进入人口转变的"前现代阶段",只是6国人口转变的程度不同,其中泰国人口增长率为

2.96%。泰国人口增长率和总和生育率不仅在澜湄合作 6 国中列居最高位，而且也明显高于同期世界平均值。据此可以推断，泰国人口转变在 20 世纪中叶就已经处在人口转变中期阶段，人口转变的启动时间完全可能提前一二十年。其他 5 国人口增长率虽然都低于泰国，但都高于 1% 的人口转变启动值；虽然 5 国的人口死亡率在 23.8‰~26.8‰ 的高位徘徊，但已经明显低于科尔人口转变"前现代阶段"33.7‰ 的指标值。据此我们认为，20 世纪 50 年代初期，澜湄合作国家均已经进入人口转变启动的初期阶段，甚至泰国已经处于中期阶段。

二　人口转变的内因考察

马克思的两种生产原理揭示了人口与经济之间的辩证关系，也就是说，人口转变的内在关系是由经济发展水平所主导的。从根本上说，在人口转变初期阶段，生产力发展水平与人口出生率的高低成正比，与人口死亡率的高低成反比。伴随经济发展，一方面，由于公共卫生与医疗条件的改善、营养状况的提高，人们的体质得到明显增强，死亡风险降低，死亡率也随之下降；另一方面，生殖健康服务和妇幼保健工作的改善、受教育水平以及生活必需品购买率的提高，为生育和养育子女提供了物质和技术保障，这在一定程度上促进了生育水平的提高，但此时人口增长率上升还较为缓慢。

进入人口转变中期阶段，劳动生产力的进一步提高促使人们生育观念发生转变，在死亡率继续走低的同时，出生率也开始下降。由于出生率与死亡率下降的"时滞"效应，导致人口增长在这一阶段较为显著，呈现人口膨胀态势。

到了人口转变后期阶段，经济发展水平的不断提高促使死亡率逐渐下降并持续稳定在较低水平，而生育观念的转变、生活质量的进一步提高，也促使出生率进一步下降，人口增长率亦随之下降。

根据人类发展指数（HDI）指标监测，在 20 世纪末，澜湄合作 6 国的经济社会发展状况如表 3-2 所示。

表 3-2　1999 年澜湄合作国家经济社会发展指标

指标	中国	柬埔寨	缅甸	泰国	越南	老挝
出生预期寿命（岁）	70.2	56.4	56	69.9	67.8	53.1
15 岁及以上人口识字率（%）	83.5	68.2	84.4	95.3	93.1	47.3
综合毛入学率（%）	73	62	55	60	67	58
人均 GDP（美元）	3617	1361	1027	6132	1860	1471
人类发展指数	0.718	0.541	0.551	0.757	0.682	0.476
人类发展指数在世界的位次	87	122	118	66	101	131

资料来源：联合国开发计划署：《2001 年人类发展报告》，中国财政经济出版社，2001，第 140~141 页。

1999 年，泰国和中国进入了"中等人口发展水平"国家前 100 名的行列，两国人类发展指数分别列居世界第 66 位和第 87 位。泰国该时期的人均 GDP 显著高于中国，两国出生预期寿命数值相近。从受教育状况来看，泰国 15 岁及以上人口识字率比中国高，但综合毛入学率比中国低。中国在经济发展水平相对滞后的情况下，通过实施九年义务教育制度提高人口受教育程度，提高民众健康意识，从而推动社会发展和人口转变进程。

越南人类发展指数世界排名位次处在澜湄合作国家中第三位，缅甸位于第四位。根据指标值界定，上述两国属于"中等人口发展水平"国家。从指标值上看，柬埔寨的情况比较复杂，但总体与老挝的数值指标相近。老挝处在"低人口发展水平"国家行列，在世界排名中位于第 131 位。由此可见，1999 年有关人类发展指数的各项指标在澜湄合作各国中显示出了较大差距。例如，出生预期寿命最高的是中国（70.2 岁），最低的是老挝（53.1 岁）；15 岁及以上人口识字率最高的是泰国（95.3%），最低的是老挝（47.3%）；综合毛入学率最高的是中国（73%），最低的是缅甸（55%）；人均 GDP 最高的是泰国，中国次之，其他 4 国的人均 GDP 均不足 2000 美元，各国差距较大。

与人类发展指数相对应，澜湄合作 6 国的人口转变进程与国家经济、社会发展状况表现出高度的相关性。中国和泰国的人口转变处在"先进"层次，人口转变进程顺利；越南和缅甸人口转变处于"中间"层次，两国人均 GDP 相对较低；老挝和柬埔寨的人口转变相对滞后，尤其老挝，其人口转变在 20 世纪下半叶呈现十分缓慢的演进态势，到 20 世纪末期，老挝人口增长率仍高达 2%以上，柬埔寨的人口转变则在 20 世纪 70 年代后期呈现大幅度波动。

三 人口转变的外因考察

影响人口转变的外在因素很多，但最直接的影响来自人口政策的推行。尤其是欠发达国家制定与实施的家庭计划政策（Family Planning Policy），极大地遏制了人口过快增长的势头。当然，家庭计划政策的制定与实施取决于政府对本国人口态势的看法。在 20 世纪中叶以前，澜湄合作各国都还处在封建制度或殖民统治时期，难以对本国人口形成宏观的认识与把握。二战结束后，亚洲国家相继独立，经济社会的发展改善了生存环境，进而推动了人口增长，各国对本国人口有了宏观的了解。20 世纪 70 年代，澜湄合作国家政府对本国人口发展的态度折射出其政策取向（见表 3-3）。

表 3-3　20 世纪 70 年代中期澜湄合作国家政府对本国人口发展的态度

项目	中国	柬埔寨	缅甸	泰国	越南	老挝
对本国人口增长的看法	过快	过慢	适度	过快	过快	过慢
对本国人口增长的政策	降低	提升	不干预	降低	降低	提升
对本国生育水平的评价	太高	过低	适度	太高	太高	适度
对本国生育水平的政策	较低	提升	不干预	较低	较低	维持
对本国避孕节育的态度	很支持	限制	不支持	很支持	很支持	限制

资料来源：UN, *World Population Policies*。

在 20 世纪 70 年代中期，泰国、中国和越南三国政府都认为本国人口增长过快、生育水平太高，因此都主张控制人口增长，降低生育水平，强力支持避孕节育。这一政策支持在泰国和中国都付诸实施，并且得到了有效地贯彻与执行，因而抑制了两国人口过快增长的势头；越南政府没有强力推行计划生育政策，因此，越南的生育水平虽然在下降，但仍明显高于同期的泰国和中国，其人口增长率在20世纪70年代基本维持原状（见表3-3）。

相对而言，柬埔寨和老挝两国政府都认为本国人口增长过慢；柬埔寨政府还认为本国生育水平过低，老挝政府则认为生育水平适度。因此，柬埔寨政府希望提升生育水平，以促进人口增长；老挝政府则主张维持现行生育水平。缅甸政府认为本国人口增长和生育水平适度，并采取既不干预也不倡导的"中立"人口政策。因此，本书认为，缅甸人口增长率和生育水平双双走低的原因只能从人口政策以外寻找相关答案（见表3-3）。

相比较而言，泰国和中国分别通过推行家庭计划政策和计划生育政策成功遏制了人口增长，其成效为国际社会所公认。

联合国人口司曾在20世纪90年代确立了一个新的家庭计划评估纲要，根据现代避孕普及率（Modern Contraceptive Prevalence）把发展中国家的家庭计划状况划分为五个阶段：即"萌芽阶段"（避孕普及率低于8%），"推行阶段"（避孕普及率为8%~15%），"增长阶段"（避孕普及率为16%~34%），"巩固阶段"（避孕普及率为35%~50%），"成熟阶段"（避孕普及率高于50%）。[1] 根据这一评估标准，泰国被认为是推行家庭计划政策的成功范例。在20世纪50年代，泰国每位妇女平均生育6.4个子女，1963~1970年，泰国政府意识到人口过快增长对国家发展的阻碍，所以大力推行家庭计划政策，避孕普及率上升并超过8%；在随后的20年间，泰国避孕普及率不断上升，到20世纪80年代末期，已经有超过2/3的泰国妇女采取了现代避孕措施，并且女性绝育成为最流行的避孕方式。1984年，泰国绝育女性人数占已婚妇女人数的23%。每位妇女平均生育子女数已经处在2.1个的更替水平。家庭计划政策在泰国的实施可谓卓有成效，成为促进泰国人口转变的一个重要因素。

在中国，自20世纪70年代推行计划生育政策以来，出生率下降在相当程度上源于生育控制政策的全面实施。正是因为在大致相当的经济社会背景下，中国通过全面推行计划生育政策，才得以及时而有效地控

---

[1] *Five Levels of Family Planning Progress*：*Lessons from Thailand*，Asia-Pacific Population & Policy，September，1991，No. 18.

制人口的快速增长。有研究表明，中国在 1972~2008 年，剔除经济社会发展的影响，单纯由于计划生育的作用，中国少生了 4.58 亿人。① 这种外在政策的导入，被国家人口和计划生育委员会前主任张维庆称为"中国生育率转变的驱动器和加速器"②。鉴于中国的人口转变具有"显著超前于经济社会发展的特点"，尤其"在 20 世纪 70~90 年代，政府严格的生育政策、高效的制度安排和有力的行政组织是生育率下降的决定性因素"③，因此可以认为，强有力的计划生育政策是推动中国人口转变的重要外因。

第二节 演变：动态过程及其演化类型

一 人口转变演进过程

人口转变本身表现为一个动态演化过程。根据库兹涅茨的人口经济增长长波理论，人口增长长波呈现明显的周期性波动，生育率高峰带来的"婴儿潮"促使人口激增，在人口增长进程中形成"波峰"后转而走低；随着生育率下降，出生人口持续减少，形成人口增长"波谷"；再过 20 年，当"婴儿潮"时的出生人口成长到婚育年龄阶段，就有可能带来新一轮的人口生育高峰，但新一轮的人口变动幅度不太可能按照原来的变动轨迹演化，人口变动的强弱程度取决于所处的时代背景。

20 世纪中叶，随着第二次世界大战的结束，各国纷纷进入战后重建阶段，在生产生活逐渐恢复的基础上，出生人口持续增加，死亡人口显著下降，由此在 20 世纪 60~70 年代形成世界范围的人口增长"浪潮"。20 世纪 70 年代以后，经济社会的进一步发展和计划生育政策的推行，对人口增长起到了有效的遏制作用，此时各国人口转变进程与力度也开始出现分化，一些发达国家的人口转变已经进入完成阶段，而欠发达国家的人口转

---

① 陶涛、杨凡：《计划生育政策的人口效应》，《人口研究》2011 年第 1 期。
② 张维庆：《中国特色的人口转变道路》，《人口研究》2011 年第 5 期。
③ 张维庆：《中国特色的人口转变道路》，《人口研究》2011 年第 5 期。

变普遍处在中期阶段甚至初始阶段。

表 3-4 为 20 世纪下半叶澜湄合作 6 国的人口相关数据，可以看出人口转变最早启动的是泰国，启动时间应该可以追溯到 20 世纪 50 年代之前，其死亡率在 50 年代初期就已经低于 15‰，至 80 年代末下降至 6‰ 以下，然后有一定程度的回升。泰国出生率的下降比死亡率的下降滞后大约 10 年，从 20 世纪 60 年代超过 40‰ 的水平下降到 90 年代的 20‰ 以下。基于泰国出生率与死亡率转变的互动结果，泰国人口增长率呈现先小幅上升，后持续下降的演变过程，20 世纪末期降至 10‰ 以下。整个下降过程非常平滑，中间没有出现反复，具有西方发达国家人口转变的典型特征。就指标观察可以看出，在 20 世纪末，泰国人口死亡率已经处在低位，并逐渐回升，如果出生率继续下降，将使人口增长率趋向零增长，因此可认为，泰国人口转变在该期间已基本接近尾声。

表 3-4 20 世纪下半叶澜湄合作国家人口出生率与死亡率变动

单位：‰

年份	1950~1955	1955~1960	1960~1965	1965~1970	1970~1975	1975~1980	1980~1985	1985~1990	1990~1995	1995~2000
中国										
出生率	43.8	36.1	38.0	36.9	28.6	21.5	21.5	23.7	18.9	15.9
死亡率	25.1	20.7	17.1	10.9	6.3	6.7	7.3	7.5	7.1	6.7
柬埔寨										
出生率	45.4	45.2	44.9	43.9	39.9	33.4	52.2	45.7	41.0	32.0
死亡率	23.8	22.1	20.4	19.4	22.5	40.0	15.8	13.3	11.7	10.4
缅甸										
出生率	47.4	44.2	41.7	39.9	39.1	35.6	33.4	28.9	25.2	22.2
死亡率	27.7	22.8	19.9	16.7	14.4	12.4	11.2	10.8	10.3	10.1
泰国										
出生率	43.6	43.8	42.9	39.6	34.2	28.9	24.6	20.8	18.8	16.5
死亡率	14.9	13.9	12.5	10.8	9.1	7.6	6.2	5.9	6.8	7.8

续表

年份	1950~1955	1955~1960	1960~1965	1965~1970	1970~1975	1975~1980	1980~1985	1985~1990	1990~1995	1995~2000
越南										
出生率	42.7	45.5	45.9	42.5	38.9	36.1	33.9	32.5	28.3	21.5
死亡率	23.9	22.9	21.1	18.8	16.6	12.9	11.0	9.0	6.8	5.7
老挝										
出生率	46.1	43.6	42.7	42.6	43.0	41.7	42.4	42.3	39.9	36.5
死亡率	21.1	20.1	19.3	18.7	18.1	17.1	16.2	14.4	11.8	9.7

资料来源：UN, *World Population Prospects*, The 2008 Revision, Vol. I ST/ESA/SER. A/222。

与泰国相比较，中国的人口转变则表现出一波三折的演进过程，其导因主要来自出生率的波动。中国的人口出生率从20世纪50年代初已经开始下降，但在20世纪60年代初期和80年代后期曾经出现了两次明显的回升，尽管中国的人口死亡率自70年代开始已降至10‰以下，但由于出生率的波动致使人口增长率也呈现振荡下行的转变过程。需要强调的是，在20世纪末，中国的人口出生率、死亡率和人口增长率均与泰国趋同，这预示着中国人口转变也在该时期即将进入完成阶段。

越南和缅甸的人口转变基本上表现出大致相同的变动轨迹，两国人口增长率自20世纪50年代以来双双上升，都相继从2%以下跃升到接近2.5%的水平，缅甸自80年代初期开始下降，越南自80年代后期开始下降，到20世纪末期仍均超过1%。据此判断，越南和缅甸的人口转变都还处在中期转变阶段，随着两国人口出生率的进一步下降，未来人口增长率应该有一定的下降空间。

老挝的人口转变进程极为缓慢，在1950~2000年的半个世纪中，该国人口死亡率的下降比较明显，从21.1‰下降到9.7‰，但出生率下降十分缓慢，仅从46.1‰下降到36.5‰，且在70年代初和80年代初还略有回升。因此，老挝人口增长率始终在2.5%左右徘徊，可以说，在20世纪后半叶，老挝人口增长率不仅没有下降，而且还有所上升。这预示着，老挝的人口转变还处在从初期向中期演进的过程中。

柬埔寨的人口转变情况在澜湄合作国家中最为特殊，20世纪下半叶，柬埔寨的人口出生率和死亡率均表现出较大幅度的波动。柬埔寨人口增长率在20世纪70年代急剧下降，甚至出现负增长，但80年代又陡然暴升，因此可以说，在20世纪的后半个多世纪里，柬埔寨人口转变处在非常时期，我们也很难判定该国人口转变所处的演进阶段。不过到20世纪末期，柬埔寨的人口出生率、死亡率和人口增长率三指标与老挝比较接近，据此可以认为，柬埔寨的人口转变也基本上处在从初期向中期演进的过程中。

二 人口转变演化类型

归纳上文，可将澜湄合作国家的人口转变大致划分为三类：一是人口转变即将完成的泰国和中国，二是仍然处在人口转变中期阶段的越南和缅甸，三是尚未脱离人口转变初期阶段的老挝和柬埔寨。对此，还可以从以下三方面得到进一步确认。

（一）人口再生产类型

人口再生产是指新一代的出生、成长，老一代的衰老、死亡这一人口的世代更替与自然增减过程。迄今为止，人类历史上有三种人口再生产类型：高出生率、高死亡率、低增长率的"传统型"人口再生产；低出生率、低死亡率、低增长率的"现代型"人口再生产；高出生率、低死亡率、高增长率的"过渡型"人口再生产。

以指标为据，若视出生率和死亡率分别高于35‰和15‰，称为"传统型"人口再生产，那么，当上述两项指标分别低于20‰和10‰的时候，就可称为"现代型"人口再生产。由此可以看出，在20世纪的后半个世纪里，泰国和中国的人口再生产都发生了历史性转变，从高出生率、高死亡率、低增长率的"传统型"人口再生产转变为低出生率、低死亡率、低增长率的"现代型"人口再生产，这也是泰国和中国两国人口增长率在20世纪末期相继进入澜湄合作国家低水平的一个重要标志。

20世纪下半叶，老挝和柬埔寨两国人口出生率和死亡率虽有下降，但直到20世纪末期，人口再生产始终未摆脱"传统型"人口再生产特征。

越南人口再生产类型的转变比较接近泰国和中国的运动轨迹，但从相关指标观察，越南人口转变力度明显不够，到 20 世纪末期，越南人口再生产类型依然处在"过渡型"阶段。

缅甸的人口再生产类型同样也处在"过渡型"阶段，其指标变化更类似于柬埔寨和老挝两国的变化特征，但缅甸人口转变进程比柬埔寨和老挝两国更快一些。从总体看，越南和缅甸两国的人口再生产都尚未发生从"传统型"向"现代型"的质的转变。两国人口增长率处在澜湄合作国家的中间水平。

（二）妇女生育模式

生育模式即指妇女的生育方式，它通过观测育龄妇女的年龄别生育率来概括某一妇女群的生育水平及其特点。人口统计学通常把妇女生育年龄早、育龄期长和生育胎次多的生育特征归结为传统生育模式，即所谓"早、密、多"生育模式；与此相反，则可归为"晚、稀、少"的现代生育模式。很显然，传统生育模式对人口增长的促进作用显著大于现代生育模式。

根据妇女年龄别生育率和总和生育率指标变化，20 世纪 90 年代，柬埔寨和老挝两国妇女生育模式具有以下几个典型特征：一是 15~19 岁妇女生育率较高，表明早育现象突出；二是 20~34 岁妇女生育率达 200‰以上，表明育龄"高峰"期长；三是生育胎次多，20 世纪 90 年代初，平均每位妇女生育的子女数都超过 6 个，20 世纪末期该指标仍然高达 5 个。因此，柬埔寨、老挝两国妇女的生育模式呈现出典型的"早、密、多"特点，这也是导致两国人口长期高速增长的主要原因。

泰国妇女生育模式在澜湄合作国家中最具有"晚、稀、少"的现代生育模式特征。泰国不仅生育"峰值"最低，而且育龄期也最短，妇女年龄别生育率超过 100‰的年龄组只有两组（20~24 岁和 25~29 岁），总和生育率在 20 世纪末期就已经下降到"更替水平"以下。这使得泰国人口增长率在澜湄合作国家中是最低的。

相比较而言，越南和缅甸两国妇女的生育模式均处在从传统生育模式向现代生育模式转变的进程之中，生育峰值虽然较低，但 30~39 岁的妇女生育率仍处于较高的水平。

据有关资料观察，中国妇女生育模式在20世纪80年代以前还具有"早、密、多"的特点，但随着计划生育政策的全面开展，妇女生育率下降十分迅速。中国妇女年龄别生育率表现出生育峰值相对较高，但持续时间明显较短的特征，妇女生育年龄非常集中，生育峰值出现在20~24岁年龄段，接近200‰，随后的25~29岁组为156‰，30~34岁组迅速下降为55‰，35~39岁组生育率已经下降到19‰。

中国妇女总和生育率在1982年时高达2.56个，但随着35岁及以上妇女生育率的迅速下降，总和生育率指标在20世纪末期下降到2.1个的"更替水平"（2000年发布的中国人口总和生育率为1.22个，中国人口学会会长翟振武教授认为应为1.46个），初步显现"晚、稀、少"的现代生育模式特征。这无疑是中国人口增长率迅速走低的一个直接原因。

（三）人口年龄构成类型

人口的年龄构成是人口自然构成的一个基本方面，不同的人口年龄构成预示着不同的人口增长潜力。对此，人口统计学上惯用"人口金字塔"来展现一个国家或地区的人口结构特征，该图形能最直观地反映不同人口年龄结构状况下所具有的人口变化趋向。

一般来讲，具有年轻型年龄结构特征的人口，由于拥有较大比例的少儿人口和较小比例的老年人口，其图形呈现下宽上窄结构，随着年龄的上升成年人口依次呈递减，这种类型蕴藏着较大的人口增长潜力，又称为增长型人口结构；相较而言，具有老年型年龄结构特征的人口，其图形类似纺锤状，即两头窄中部宽，这一般是因为以往生育高峰期出生的同一批人进入了成年期，使成年人口所占比例骤增，同时伴随着生育率的持续下降，其未来人口变化将趋向缩减，又称缩减型人口结构；而静止型年龄结构特征，其图形基本上呈现柱状形态，即除了高龄组人口外，各年龄组人口所占比例相差不大，其人口增长基本上维持原状。

据前述已知，中国与澜湄合作其他5国的人口增长率差距的拉大，大致显现于20世纪70年代末，因此，本书选择1990年和2000年的数据来鉴证中国与澜湄合作其他 5 国之间的人口年龄结构差异及其代表的不同人口增长潜力（见图 3-1）。

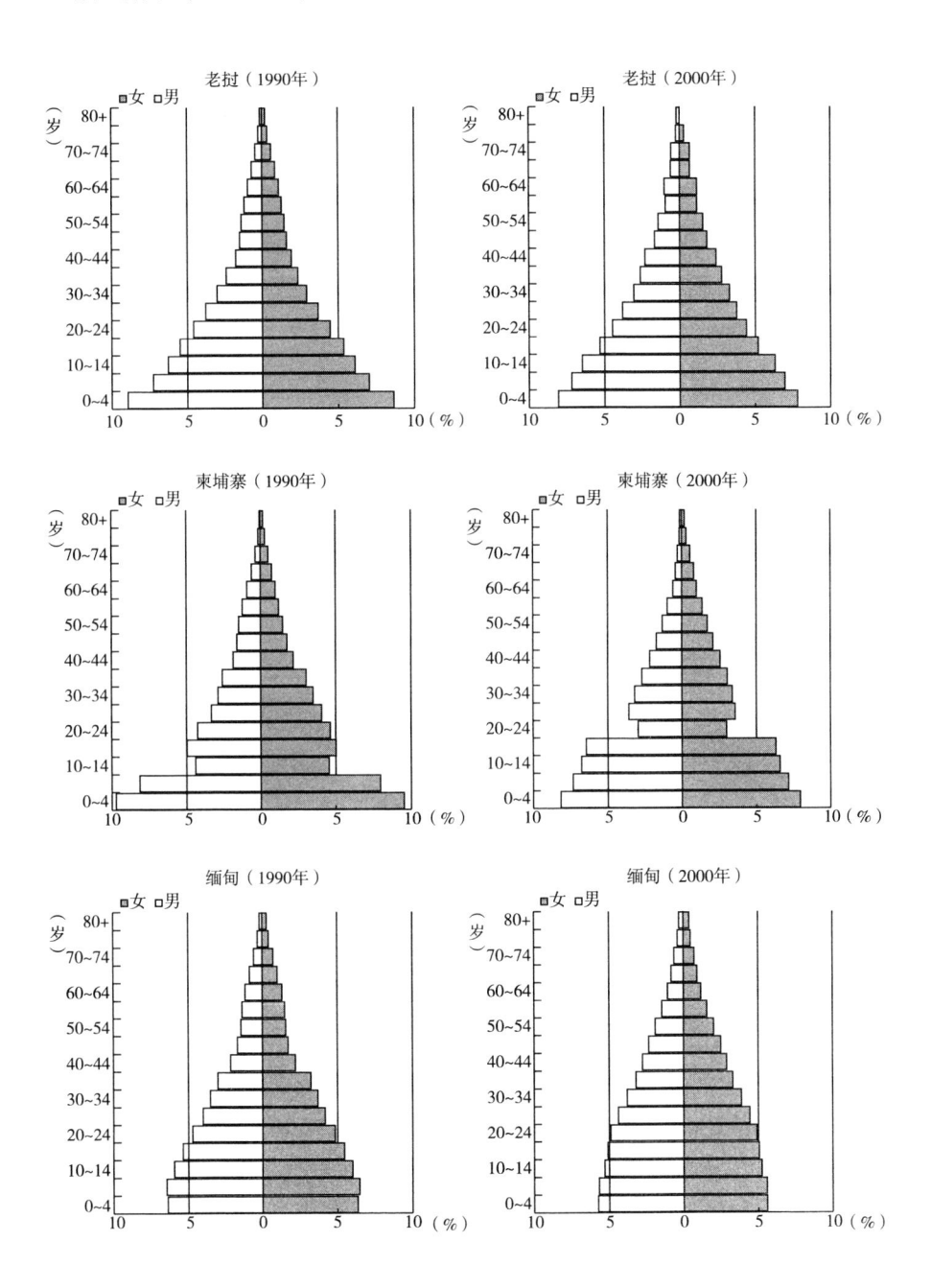

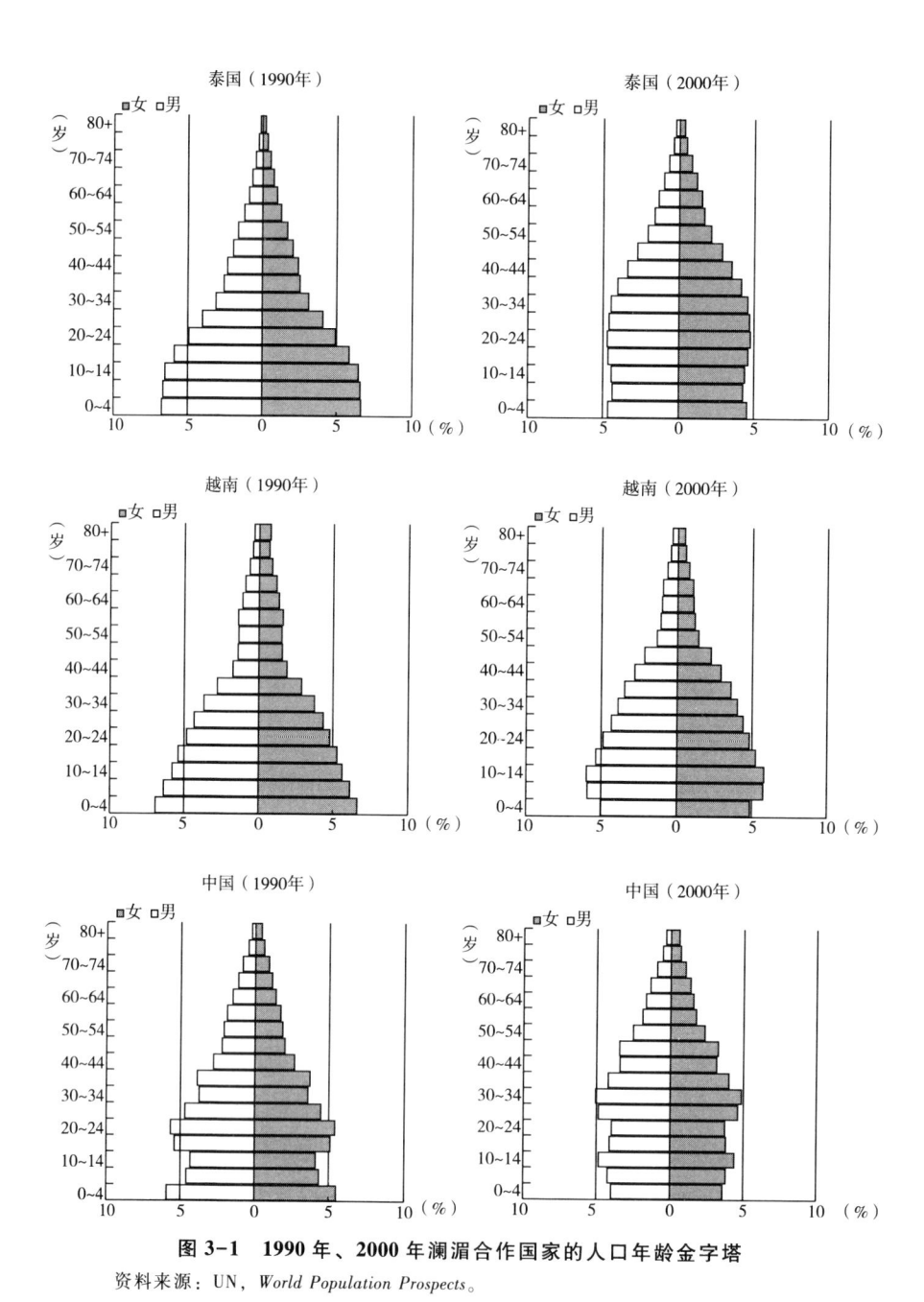

图 3-1　1990 年、2000 年澜湄合作国家的人口年龄金字塔

资料来源：UN，*World Population Prospects*。

在 20 世纪最后的 10 年里，老挝人口年龄结构图形基本保持原状，始终具有年轻型年龄结构特征，其未来人口增长潜力巨大。

1990~2000年，柬埔寨的人口年龄结构形态变化差异十分明显。1990年，10~14岁年龄段人口呈收缩迹象，说明在1975~1989年生育率锐减，除此之外其他年龄结构变化较为平缓。到2000年，该国20~24岁组人口比重急剧减少，致使人口年龄结构腰部呈现巨大的"凹口"，20岁以下的青少年人口则急剧膨胀，预示着柬埔寨蕴藏着巨大的人口增长潜力。

缅甸和泰国人口年龄结构图形在变化中趋向一致。2000年，两国的人口年龄结构图形都向轴心收拢，尤其泰国人口年龄结构图形变动明显，从增长型逐渐向静止型转变，少儿年龄组人口比重不断降低，金字塔底部显著收缩。两国人口增长潜力呈逐渐缩小之势。

越南人口年龄结构图形变化较为显著，10年间人口年龄结构发生了明显变化。伴随少儿人口的减少，人口年龄结构图形底部开始收缩，越南人口年龄结构从20世纪90年代初期的增长型向世纪更替之际的缩减型转变。

中国人口年龄结构图形底部自20世纪90年代初就开始收缩，到20世纪末期，整个人口年龄结构图形初步显现两头窄中部宽的"纺锤状"特征，也预示着未来中国人口增长的内在动力正在弱化。

第三节　影响：人口转变的社会经济效应

一　人口转变带来的"人口红利"

人口红利（Population Bonus；Demographic Gift/Dividend）可以简单地理解为一种有利于经济增长的人口年龄结构。在人口转变进程中，可具体表现在两方面：一方面，劳动适龄人口持续增长、比重提高；另一方面，少儿人口和老年人口规模缩减、比重下降，这样的人口年龄结构使得劳动力供给较为充足，同时人口社会抚养负担相对较轻，从而呈现一种"有利可图"的人口年龄结构。人口红利是人口转变特定阶段凸现出来的一种富有生产性的年龄结构优势，这样的人口年龄结构包含着有利于经济增长的人口机会，它能为加速经济增长提供有利的人口条件。因此，人口红利不是来自人口的数量规模，而是源自人口的年龄结构，只有在年轻型人口向老年型人口转变进程中,才有可能产生有利于经济增长的人口机会或人口条件。

对人口红利现象的观测,需要相关指标加以定量确认。陈友华教授提出的两个指标阈值,一是人口总抚养比低于1/2(50%);二是15~64岁劳动年龄人口比例超过2/3(66.7%)。① 在人口转变进程中,当这两个条件同时得到满足时,就可视为进入了人口红利期。

根据测算,中国的人口红利期将持续大约40余年,具体表现为:(1)人口红利显现期。1990年,中国15~64岁劳动年龄人口比例达到66.7%,总抚养比下降到50%,人口机会窗口开启,进入人口红利时期。(2)人口红利兴盛期。2000年,中国劳动年龄人口比例上升到70.1%,并且在21世纪的前30年间,这一比例基本保持在70%左右,总抚养比徘徊在37%~45%。(3)人口红利退出期。预计到2033年中国劳动年龄人口比例将下降到66.3%,总抚养比回升到50.9%,预示着人口机会窗口届时将关闭,中国人口红利期结束。

国家的经济兴衰与人口因素密切相关。人口转变孕育人口红利,人口红利作为推动经济增长的一个重要因素已得到印证。例如,日本的经济发展奇迹,"亚洲四小龙"的崛起,几乎都是得益于人口红利。改革开放以来中国经济的腾飞,同样离不开人口红利的贡献,甚至被视为"造就中国经济奇迹最重要的因素之一"。相关研究指出,1978~1998年,年均增长率为9.5%的GDP中,劳动力数量增长的贡献为24%。中国人口总抚养比每下降1个百分点,就促使经济增长速度提高0.115个百分点。1982~2000年,总抚养比的下降推动中国人均GDP增长速度上升了2.3个百分点,对同期人均GDP增长的贡献率约为25%。②

需要指出的是,中国人口红利的收获很不充分。这是因为,一方面,中国的人口转变不同于西方发达国家,带有"压缩"和"超前"两个十分显著的特征;另一方面,中国二元体制以及二元经济的存在,严重阻隔了农村剩余劳动力的城乡转移路径,加大了人口转移成本,由此导致了可望而不可即的人口红利"空账"。可见,中国人口红利对经济增长的贡献主

---

① 陈友华:《人口红利与人口负债:数量界定、经验观察与理论思考》,《人口研究》2005年第6期。
② 蔡昉、王德文:《中国经济增长可持续性与劳动贡献》,《经济研究》1999年第10期。

要表现在人口抚养方面,而充裕的劳动力资源未能发挥其应有的作用,在某些方面反而成为制约中国经济社会发展的包袱。这一结论带给我们的启示是,人口红利的形成只是表明了劳动力要素的存在,但如果不能与劳动资料相结合,人口红利不仅不能如期兑现,反而有可能变成经济增长的人口负担。

表 3-5 澜湄合作国家人口红利显现与消退时期比较

项目	中国	柬埔寨	缅甸	泰国	越南	老挝
人口红利显现起始年	1990	2030	2000	1995	2010	2040
人口红利消退终止年	2035	—	2040	2035	2040	—
人口红利持续期(年)	45	—	40	40	30	—

说明:数据预测到2050年,柬埔寨、老挝两国到2050年未见人口红利消退,故无法体现其消退终止年。

资料来源:UN, *World Population Prospects*。

根据表3-5的预测数据,泰国人口转变进程中呈现的人口红利期与中国情况大致相同。泰国1995年进入人口红利期,比中国大约晚5年,人口红利持续期比中国短5年,几乎与中国同步在2035年结束。

缅甸人口红利期起始于2000年,大约结束于2040年。越南人口红利期比缅甸还要晚10年,但消退期同样出现在2040年,因此该国人口红利期持续时间较短,是目前预测到的澜湄合作国家中人口红利期最短的国家。

鉴于人口转变的相对滞后,处在人口转变初期阶段的柬埔寨和老挝,其人口红利的"机会之窗"尚未开启,按照预测数据,两国人口红利的起始时间大约分别出现在2030年、2040年,故表中未体现两国人口红利结束期与持续年限。

二 人口转变促进区域人口流动

人口转变不仅影响人口年龄结构,同时还影响人口的迁移与流动,由于人口年龄结构的城乡差异和区域差异,客观上为人口流动提供了"势差"。按照发展经济学的观点,人口流动具有明显的趋利性。在区域之间,那些完成人口转变的国家必将面临劳动力供给的减少,从而推动工资上涨,产品成本提高,劳动密集型产品的竞争力下降。鉴于上述情况,这些国家就有可能从尚未完成人口转变的周边国家吸引劳动力,以保持自身的市场竞争力。

从地缘人口学视角看,还是应该承认澜湄合作国家因人口转变进程的不一致而形成人口结构上的差异。一方面,澜湄合作国家之间的人口流动将成为各国发展的共同愿望;另一方面,国家内部城乡之间的人口流动也会随着经济社会发展的需要而不断发展。

三 人口转变改善生存质量

人口转变对人们的各种福利产生了巨大而深远的影响,其中对不同群体的福利产生的影响是不同的,比如一些群体的福利得到了较大改善,另一些群体的福利也许停滞不前,甚至对于某些群体来说还不如转变之前。人口转变既改变了宏观社会环境、家庭层次的人口年龄和性别结构,同时也改变了家庭供养老年人的能力与实力。在人口转变进程中,老年人或许是获利最少的群体。可以说,无论是社会、家庭还是个人层次的人群,均不同程度受到人口转变带来的相关影响。

研究认为,在人口转变进程中,追求"健康长寿"是人类社会的共同愿望,在正常的经济社会发展态势下,科技进步和生活质量的提高都会降低死亡率。死亡率的下降不仅表现为人口寿命的延长,而且也体现在人类身心体魄的增强。

人口转变主要体现在总和生育率的下降,低生育率伴随子女数量的减少,有时意味着家庭中劳动力数量的减少与缺失,尤其在中国较长时间实行严格的计划生育政策背景下,这一现象可能更为明显,而人均寿命的延长和成年子女的频繁流动,更意味着家庭中老年人口数量和比例的不断增加,导致大量留守老年人以及空巢家庭的出现。依据人的自然属性和社会属性,老年人更需要有日常的照料与陪伴,也需要有更多的经济照顾与支持,需要有更多的人文关怀与精神抚慰。但是,在人口转变后期或完成期,甚至是后人口转变期,依赖子女或家庭其他成员养老的方式已变得越来越不现实。

可见，人口转变不一定给老年人带来更多的社会与经济福利，老年人生存质量的提高或达到理想的生活状态，不仅需要依靠家庭成员对传统养老方式、养老模式等做出相应的调整，还需要政府建立健全完善的养老制度，提供完善的个体与社区层次的社会化养老服务。在人口转变时期以及后人口转变期，整合家庭和社会化养老功能，提高老年人生活质量是各国普遍面临的重要议题。无论是老龄化问题还是人口转变所带来的相关人口问题，各国都将面对，只是各国进入上述时期的时间先后顺序不一样而已。

第四章

澜湄合作国家经济发展状况

澜湄合作机制建立以来，区域内各国在经济交往和人员往来方面有显著的进步，不仅区域综合实力和国际影响力得到加强，而且区域内各国经济水平、贸易投资等也获得了较快发展。本书基于人口经济学研究视角，根据研究需要，在详细筛选可获取数据资料基础上，运用国民收入、产业发展和贸易状况等具体指标，分析澜湄合作各国的经济发展状况。

第一节 收入状况

一 收入类型

根据世界银行 2000~2019 年按人均国民总收入（GNI）上限值划分国家收入类型的标准①，澜湄合作国家的人均 GNI 变化呈现以下特征。

---

① 世界银行相关年份划分发展阶段的人均 GNI：2000 年，收入低于 756 美元，为低收入国家；收入在 756~2995 美元，为中等偏下收入国家；收入在 2996~9265 美元，为中等偏上收入国家；收入超过 9265 美元，为高收入国家。2005 年，收入低于 876 美元，为低收入国家；收入在 876~3465 美元，为中等偏下收入国家；收入在 3466~10725 美元，为中等偏上收入国家；收入超过 10725 美元，为高收入国家。2010 年，收入低于 1006 美元，为低收入国家；收入在 1006~3975 美元，为中等偏下收入国家；收入在 3976~12275 美元，为中等偏上收入国家；收入超过 12275 美元，为高收入国家。2015 年，收入低于 1036 美元，为低收入国家；收入在 1036~4125 美元，为中等偏下收入国家；收入在 4126~12735 美元，为中等偏上收入国家；收入超过 12735 美元，为高收入国家。文中 2017 年的国家收入类型划分标准，参照世界银行 2019 年 7 月 1 日起实行的最新人均 GNI：收入低于 1036 美元，为低收入国家；收入在 1036~4045 美元，为中等偏下收入国家；收入在 4046~12535 美元，为中等偏上收入国家；收入高于 12535 美元，为高收入国家。

第一，人均 GNI 增长及对应国家收入类型的变化。2000~2017 年澜湄合作国家收入水平不断提高，国家收入类型均相应发生改变，但人均 GNI 水平始终低于世界水平，区域内各国经济发展状况整体较为落后。2000 年，泰国、中国、越南、柬埔寨、老挝的人均 GNI 分别占同期世界水平的 36.16%、17.17%、7.49%、5.48%、5.11%，泰国和中国同期属于中等偏下收入国家行列，柬埔寨、老挝和越南属于低收入国家行列。2015 年相比 2000 年，世界人均 GNI 净增长了 5120 美元。澜湄合作国家的人均 GNI 增长幅度也较大，其中，中国、泰国、老挝、越南、缅甸和柬埔寨同期的人均 GNI 分别净增长了 7010 美元、3730 美元、1720 美元、1540 美元、1070 美元和 760 美元（见表 6-1）。在此过程中，中国和泰国相继进入了中等偏上收入国家行列，越南、柬埔寨、老挝和缅甸也相继脱离低收入国家行列，澜湄区域内所有国家均已进入中等收入阶段。

第二，收入类型转变节点。2010 年越南人均 GNI 达到 1250 美元，进入中等偏下收入国家行列。2010 年中国和泰国人均 GNI 分别达到 4340 美元和 4580 美元，均由中等偏下收入国家行列迈进中等偏上收入国家行列（见表 4-1）。2015 年柬埔寨和缅甸人均 GNI 均突破 1000 美元，进入中等偏下收入国家行列。2015 年老挝人均 GNI 达到 2000 美元，进入中等偏下收入国家行列。

表 4-1 澜湄合作国家人均 GNI

单位：美元

国别	2000 年		2005 年		2010 年		2015 年		2017 年	
	人均 GNI	类型	人均 GNI	类型	人均 GNI	类型	人均 GNI	类型	人均 GNI	类型
世界	5475	—	7337	—	9380	—	10595	—	11527	—
中国	940	中等偏下	1760	中等偏下	4340	中等偏上	7950	中等偏上	10390	中等偏上
柬埔寨	300	低收入	460	低收入	750	低收入	1060	中等偏下	1530	中等偏下
老挝	280	低收入	460	低收入	1000	低收入	2000	中等偏下	2490	中等偏下
缅甸	120	低收入	270	低收入	860	低收入	1190	中等偏下	1360	中等偏下
泰国	1980	中等偏下	2790	中等偏下	4580	中等偏上	5710	中等偏上	7260	中等偏上
越南	410	低收入	630	低收入	1250	中等偏下	1950	中等偏下	2590	中等偏下

说明：2000 年缅甸数据缺失，用 2001 年数据替代。
数据来源：世界银行数据库。

第三，2017 年，在全球经济增速放缓的大环境下，世界人均 GNI 较 2015 年提高了 932 美元，仍高于澜湄合作各国同期水平。其中，区域内中等偏上收入国家依然是中国和泰国，人均 GNI 分别比世界平均水平低了 1137 美元和 4267 美元。中等偏下收入国家有老挝、越南、柬埔寨和缅甸，上述 4 国人均 GNI 分别只占同期世界平均值的 21.6%、22.5%、13.3% 和 11.8%。澜湄合作国家人均 GNI 发展状况不容乐观，与世界平均水平尚存在较大差距（见表 4-1）。

第四，澜湄合作各国仍存在较大的收入差距。2017 年，缅甸和柬埔寨的人均 GNI 分别占同期中国的 13.1%、14.7%，分别仅相当于中国 2004 年、2007 年的人均 GNI 水平（见表 4-1）。当然，现有的收入差距也是促进积极开展各国合作的目的和动力，只有加强团结，实现各国在人口、资源、技术、贸易等方面的补充和相互合作，才能更好地应对全球经济不景气的压力，提高澜湄合作国家经济发展的整体实力。

二 人均 GDP

（一）人均 GDP

根据 2000~2018 年澜湄合作国家人均 GDP 情况（见表 4-2），各国的人均 GDP 均呈不断增长趋势，但始终低于世界同期平均水平。首先，除了泰国外，2000 年澜湄合作其他 5 国人均 GDP 全部低于 1000 美元，中国、越南、老挝、柬埔寨和缅甸的人均 GDP 分别相当于同期世界水平的 17.5%、7.1%、5.9%、5.5% 和 3.5%，经济发展整体较为落后。2005 年，中国、越南、柬埔寨、老挝、泰国和缅甸的人均 GDP 较 2000 年分别增长了 82.77%、76.06%、56.69%、46.35%、44.14% 和 27.98%，除缅甸低于 32.65% 的世界平均增长水平外，其他国家增长幅度均较大。2005~2015 年，澜湄合作国家人均 GDP 仍保持增长趋势，中国、泰国、老挝、越南、缅甸和柬埔寨人均 GDP 在这 10 年间分别净增加了 6315.79 美元、2952.74 美元、1684.01 美元、1381.57 美元、891.75 美元和 688.97 美元。2011 年，中国人均 GDP 为 5618.13 美元，泰国同期为 5492.12 美元，中国人均

GDP 反超泰国，也就是从 2011 年起，中国一跃成为澜湄合作国家中人均 GDP 最高的国家，2015 年中国人均 GDP 比泰国高 2222.82 美元。同时，人均 GDP 较低的柬埔寨和缅甸也在 2015 年相继突破 1000 美元大关。泰国人均 GDP 在 2010~2015 年的增长速度明显放缓，仅增长了 15.19%。

表 4-2 2000~2018 年澜湄合作国家人均 GDP 情况

单位：美元

国别	2000 年	2005 年	2010 年	2015 年	2016 年	2017 年	2018 年
世界	5483.97	7274.42	9513.62	10172.22	10200.86	10714.47	11296.78
中国	959.37	1753.42	4560.51	8069.21	8117.27	8826.99	9770.85
柬埔寨	302.65	474.22	785.69	1163.19	1269.91	1384.42	1512.13
老挝	324.85	475.42	1141.13	2159.43	2338.69	2457.38	2567.54
缅甸	193.19	247.24	987.74	1138.99	1195.52	1298.88	1325.93
泰国	2007.56	2893.65	5075.30	5846.39	5979.29	6593.82	7273.56
越南	388.27	683.6	1310.37	2065.17	2170.65	2343.12	2563.82

数据来源：世界银行数据库。

2016~2018 年，澜湄合作国家的人均 GDP 虽然保持增长态势，但均未达到同期世界平均水平。从 2018 年澜湄合作国家人均 GDP 来看，经济发展状况相对较好的中国和泰国，人均 GDP 分别占世界平均水平的 86.49% 和 64.39%，而老挝、越南、柬埔寨和缅甸 4 个中等偏下收入国家，各国人均 GDP 尚不及世界平均水平的 1/4，最低的缅甸只是世界同期值的 11.74%，同时这些国家与中国的差距也较大，2018 年上述 4 国人均 GDP 分别占中国人均 GDP 的 26.28%、26.24%、15.48% 和 13.57%。因此，澜湄合作国家经济发展状况总体相对滞后，且澜湄合作国家间也存在较大的收入差距，可以说，发展是澜湄合作国家面临的共同挑战。

（二）人均 GDP 增长率

根据 2000~2018 年澜湄合作国家人均 GDP 增长率变化趋势（见图 4-1）可以看出：一方面，从人均 GDP 增长率的变动来看，2000~2018 年，世界人均 GDP 增长率基本保持在 0%~4%（除 2009 年为 -2.93%），2011~2018 年间基本稳定在 2% 左右，变动相对较小。2000 年，澜湄合作国家的人均 GDP 增长率均高于世界水平，增长率最高的是缅甸，达到 12.37%，较增长最慢的泰国高约 9 个百分点。在 2008 年全球金融危机期间，泰国和柬埔寨受影响最大，与世界平均水平类似，2009 年的人均 GDP 增长率一度降为负值，其他澜湄合作国家的人均 GDP 增长率虽呈波动式变动，但始终保持正增长。2015~2018 年，澜湄合作各国的人均 GDP 增长速度均放缓，各国间的差异逐渐缩小。在世界经济格局调整和改革的重要阶段，澜湄合作国家乃至整个东亚、东南亚地区仍然保持着较高的经济发展活力。

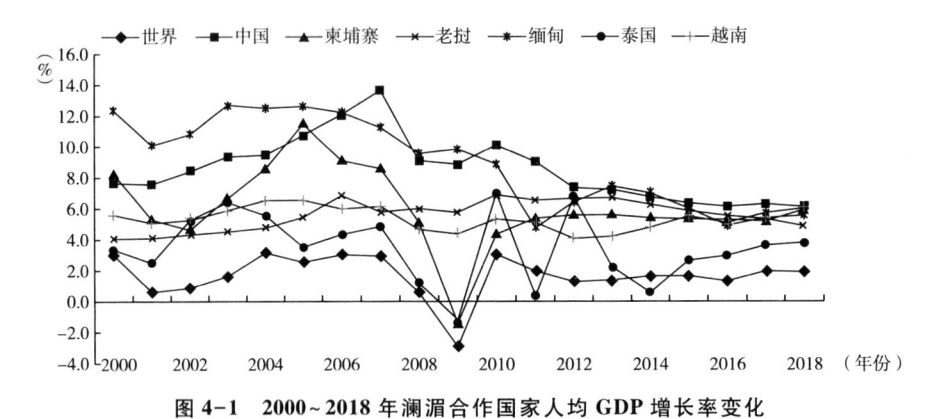

图 4-1　2000~2018 年澜湄合作国家人均 GDP 增长率变化

数据来源：世界银行数据库。

另一方面，从人均 GDP 增长率变动规律来看，澜湄合作国家基本可以分为四类：一是泰国与柬埔寨，两国的人均 GDP 增长率变动幅度较大。二是越南与老挝，两国人均 GDP 增长率始终保持在 4%~7%，发展相对较为稳定，虽然金融危机期间有所起伏，但也未发生大幅度的波动。三是中国，2002~2010 年的人均 GDP 增长率均保持在超过 8% 的较高水平，2011~2013 年中国该值分别为 9.03%、7.34%、7.24%，此后均稳定在 6% 左右，2018 年为 6.12%，变动相对较小。四是缅甸，该国人均 GDP 增长率在 2000~2007 年均超过 10%，是该时期域内人均 GDP 增长率最快的国家，2008 年有所下降，2011 年该值为 4.78%，此后几年有所起伏，2018 年为 5.56%。综合来看，澜湄合作国家经济发展均处于中低速的稳定时期。"一带一路"倡议的提出与澜湄合作机制的建立，既可以为澜湄合作国家平稳发展提供有利的合作平台,同时也为各国寻求人口与经济全方位发展提供新机遇。

第二节 三次产业发展状况

三次产业发展状况标志着一国经济发展水平的高低、经济发展阶段和发展方向,也是衡量国民经济可持续发展的重要指标之一,只有保障经济发展重点或产业结构重心由产出效率较低的第一产业持续向第二、第三产业有序转移,才能实现产业结构的优化与升级,为澜湄合作国家在就业结构调整和人员往来方面的合作提供可能,才能更高效地利用域内人力资源,促进区域经济社会快速发展。

一 三次产业增加值

根据2010年、2018年澜湄合作国家三次产业增加值占同期GDP的比重(见图4-2a和图4-2b),可以看出:一是农业方面,2010年域内6国中农业增加值比重由高至低排序依次是:缅甸、柬埔寨、老挝、越南、泰国和中国,比重分别为:36.9%、36.5%、34.2%、21.0%、10.5%和9.5%;相对应地,2018年各国农业增加值比重均呈现不同程度的下降,分别为24.6%、22.0%、15.7%、14.6%、8.1%和7.2%,较2010年分别降低了12.3个、14.5个、18.5个、6.4个、2.4个和2.3个百分点。由此可见,缅甸、柬埔寨、老挝的农业产业调整速度相对较快,而中国和泰国农业增加值比重变动相对较小。不过,澜湄合作国家的农业增加值比重均高于同期世界平均水平。

二是工业方面,2010年,中国、泰国、越南和老挝的工业增加值比重分别比世界平均水平高了17.6个、11.2个、7.9个和3.5个百分点,柬埔寨和缅甸则分别比世界同期平均水平低了5.3个和2.4个百分点。2018年,中国、泰国、越南和老挝的工业增加值比重较2010年分别下降了5.7个、5.0个、2.5个和0.7个百分点,与世界平均变动趋势基本一致。柬埔寨和缅甸的工业增加值比重较 2010 年分别增长了 8.8 个和 5.8 个百分点，说明这两国正处于从第一产业向第二产业逐渐转移的重要时期，且 2018 年澜湄合作国家的工业增加值比重均高于同期世界平均值。

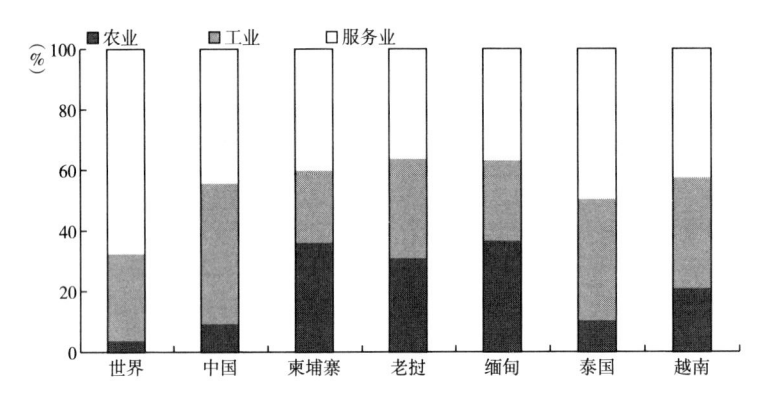

图 4-2a 2010 年澜湄合作国家三次产业增加值占同期 GDP 的比重

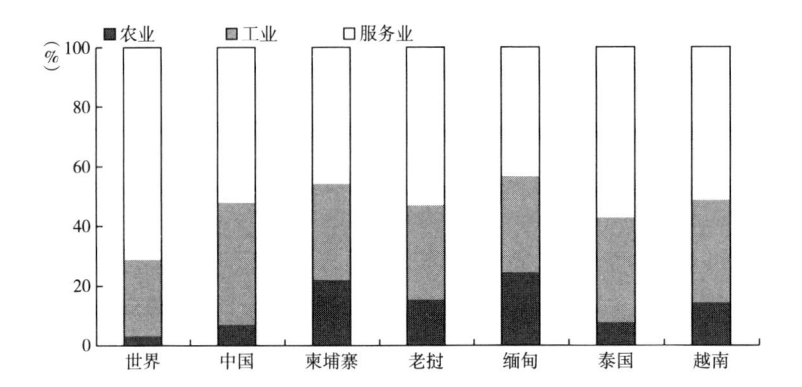

图 4-2b 2018 年澜湄合作国家三次产业增加值占同期 GDP 的比重
数据来源：根据世界银行相关数据整理绘制。

三是服务业方面，2010 年，澜湄合作国家服务业增加值比重均低于 67.26% 的世界同期水平。其中，泰国、中国、越南和柬埔寨的服务业增加值比重分别为 49.5%、44.1%、42.2% 和 40%，而缅甸和老挝的服务业增加值比重尚不足 37%。2018 年，澜湄合作国家的服务业增加值仍普遍低于世界平均水平，比重最高的泰国较世界平均水平仍低 14.2 个百分点，但澜湄合作国家服务业均处于发展阶段，2018 年服务业增加值与 2010 年相比，各国的增长速度均快于世界平均水平，其中，老挝、中国和泰国产业结构调整速度相对较快，而越南、缅甸与柬埔寨服务业调整速度相对要慢一些，可能在未来的合作中有更大的发展空间。

结合澜湄合作国家三次产业就业人口比重来看，各国均在不同程度上进行了农业调整和农业就业人口的转移，但老挝、缅甸、越南3国农业就业人口比重仍然较高，且创造的农业增加值相对很低，比如2018年，老挝68.03%的农业就业人口仅创造了15.7%的GDP产值，缅甸50.14%的农业就业人口仅创造了24.56%的GDP产值，越南39.8%的农业就业人口也仅创造了14.57%的GDP产值。同时，澜湄合作国家的工业发展相对缓慢，该产业吸纳的就业人口也十分有限。不过，澜湄合作国家服务业增加值增长较快，也相应吸收了大部分农业转移人口。可以说，澜湄合作国家的产业结构与就业结构调整任重而道远。

二 三次产业结构偏离度

在澜湄合作国家经济发展速度逐渐趋于平稳，转变经济增长方式、优化经济结构的重要性不断凸显的重要时期，实现产业与就业的协调发展成为保证经济社会持续、平稳发展的关键环节，所以有必要分析各国产业与就业的协调发展状况。这里用产业结构偏离度指标来测算澜湄合作国家的产业与就业协调发展程度，这样可以更清楚、更准确地判断各国三次产业发展状况与存在的相应问题。一般来说，若一国某一产业结构偏离度①为正值，说明该产业尚有大量剩余劳动力，存在着该产业劳动力转出的要求，反之，偏离度为负值则表示该产业劳动力资源较为紧缺，对就业人口转入需求旺盛。

2010年、2018年澜湄合作国家三次产业结构偏离度状况（见表4-3）呈现以下几方面特征：首先，2010年农业产业结构偏离度与世界发展水平一样，均为正值，说明各国均存在大量富余劳动力亟待转出；同期的工业（柬埔寨除外）和服务业产业结构偏离度均为负值，存在一定程度

---

① 产业结构偏离度指某一产业的就业比重与增加值比重之差。

的劳动力缺口。发展到 2018 年，老挝、柬埔寨、缅甸 3 国的农业产业结构偏离度进一步增长，其他国家与世界平均状况一致，农业产业结构偏离度降低；工业产业结构偏离度变化相对较小，老挝的工业产业结构偏离度基本保持不变，柬埔寨和缅甸的工业产业劳动力缺口略有增长，其余澜湄合作国家的工业产业结构偏离度均有不同程度的下降；在服务业方面，除老挝、缅甸、泰国服务业产业结构负偏离度进一步增长，劳动力缺口增大外，澜湄合作其他国家与世界趋势一致，服务业产业结构偏离度均逐渐缩小。综合来看，澜湄合作国家三次产业结构偏离度基本在下降，产业发展与就业人口的协调度逐渐趋于好转。

表 4-3 2010 年、2018 年澜湄合作国家三次产业结构偏离度单位值

国别	2010 年			2018 年		
	农业	工业	服务业	农业	工业	服务业
世界	29.57	-4.86	-24.71	24.85	-2.54	-22.31
中国	27.38	-18.96	-8.42	19.58	-12.03	-7.55
柬埔寨	6.70	0.09	-6.78	8.42	-5.41	-3.01
老挝	48.85	-22.16	-26.69	52.33	-22.46	-29.86
缅甸	17.26	-10.82	-6.44	25.58	-16.30	-9.29
泰国	27.72	-19.37	-8.35	22.55	-11.43	-11.13
越南	30.33	-10.45	-19.88	25.23	-8.47	-16.75

数据来源：根据世界银行相关数据计算所得。

其次，比较澜湄合作各国产业结构偏离度程度，2010 年农业产业结构偏离度最高的是老挝，达到 48.85 个单位值，高出世界水平 19.28 个单位值，2018 年老挝农业产业结构偏离度进一步扩大，达到了 52.33 个单位值，农业剩余人口未达到有效转移，甚至有加重滞留第一产业的现象，这严重制约了老挝产业结构的调整和优化升级。2010 年、2018 年澜湄合作国家的工业产业结构偏离度绝对值（2010 年柬埔寨除外）大于同期世界平均水平，说明澜湄合作国家工业产业劳动力缺口相对较大，而且调整速度缓慢；2018 年相较于 2010 年，缅甸和柬埔寨的工业产业结构偏离度绝对值分别降低了 5.48 个、5.5 个单位值，老挝和越南的变动则相对较小，中国、泰国则提升了 6.93 个、7.94 个单位值，说明这两国工业吸纳就业人

口能力更强。同时，2010 年澜湄合作国家中除老挝外，其他国家服务业产业结构偏离度绝对值均小于世界水平，老挝、越南的绝对值为 26.69 个、19.88 个单位值，而且是负数，说明这两国第三产业就业人员严重短缺。2018 年，与 2010 年相比，世界服务业产业结构偏离度变化不大，而老挝、缅甸、泰国产业结构偏离度绝对值进一步增长，说明上述 3 国对第三产业就业人员需求旺盛或者说其转移至第三产业人员的能力不足，其中老挝的偏离度绝对值超过世界水平 7.55 个单位值。中国、柬埔寨和越南的服务业产业结构偏离度绝对值在逐步减小，其中柬埔寨产业结构偏离度调整最大，2010~2018 年期间提升了 3.77 个单位值。

最后，从澜湄合作国家 2018 年三次产业结构偏离度看：第一，农业的产业结构偏离度与世界平均水平一样，均为正值，说明世界水平以及澜湄各国农业内部现阶段仍存在大量剩余劳动力需要进行有效转移；第二，工业的产业结构偏离度均为负，且 6 国该值均超过世界平均水平，说明澜湄合作国家的工业产业内部劳动力与产业需求匹配水平不高，劳动力缺口较大，对工业产业劳动力资源的需求更为旺盛，需要有大量就业人员转移至第二产业，其中以老挝该产业人员短缺现象最为明显；第三，与世界发展趋势一样，澜湄合作国家服务业结构偏离度同样为负，除了中国、缅甸和柬埔寨 2018 年服务业产业结构偏离度绝对值低于 10 个单位值以外，其他国家均超过 10 个单位值，其中老挝已接近 30 个单位值，说明基于当前的服务业发展现状，泰国、老挝和越南的服务业就业人口依然短缺，老挝属于严重短缺，存在较大的劳动力转入压力。因此，针对第三产业快速发展的现状，澜湄合作国家服务业存在较大的劳动力转入需求，需要更多就业人员进入第三产业，应把第一产业就业人员分类分层地转移至第二、第三产业中。尤其是老挝，其农业产业结构偏离度高达 52.33 个单位值，农业产业中囤积的大量剩余劳动力急需妥善转移至工业与服务业中。

第三节　贸易发展状况

区域经济贸易合作是澜湄合作机制建立和运行最直接、最有效能的方式，无论是澜湄合作机制合作宗旨的提出，还是"一带一路"倡议的建设与实施，其出发点与目标均是为了更好地、更进一步地促进并加强区域间的重点合作与交流，更科学地实现区域间资金、技术的快速流动和人员的高效互动，并逐渐消除彼此间贸易壁垒。

一 贸易发展状况

从2000~2018年澜湄合作国家商品贸易额占GDP比重的变化来看（见表4-4）：首先，2000年澜湄合作国家商品贸易额占GDP比重均高于世界平均水平，其中，比重最低的中国比世界平均水平高出0.09个百分点，泰国、越南、柬埔寨、老挝和缅甸分别比世界平均水平高出64.57个、57.57个、51.43个、10.91个和6.39个百分点。尤其泰国，农产品出口、汽车出口占据了相当大的份额，而中国则是越南最大的商品进口来源地。

表4-4 2000~2018年澜湄合作国家商品贸易额占GDP的比重

单位：%

国别	2000年	2005年	2010年	2015年	2016年	2017年	2018年
世界	39.06	44.95	46.67	44.23	42.35	44.12	46.24
中国	39.15	62.20	48.75	35.73	32.93	33.55	33.97
柬埔寨	90.49	111.53	106.15	113.10	113.41	117.02	136.01
老挝	49.97	52.46	53.41	55.60	51.19	53.70	63.98
缅甸	45.45	47.42	27.09	47.44	43.53	44.43	50.98
泰国	103.63	121.02	110.30	103.88	99.47	100.91	99.36
越南	96.63	120.07	135.49	169.57	171.18	190.29	199.97

说明：商品贸易额占GDP的比重是商品出口额和进口额的总和除以GDP的总值，均以现价美元计算。

数据来源：世界银行数据库。

其次，2000~2015年，除中国商品贸易额占GDP比重略微下降外，其他澜湄合作国家商品贸易额占GDP比重基本呈波动式增长。泰国、越南和柬埔寨的商品贸易额占GDP比重相继超过100%，双边贸易对经济增长的拉动作用十分显著。缅甸除2010年商品贸易额比重与同期世界平均水平相差近20个百分点外，其他年份基本与世界平均水平持平。据世界银行数据库统计信息，泰国商品贸易额比重在2008年达到122.52%的峰值，其后虽缓慢下降，但仍保持着较高的比重；越南自2007年加入世界贸易组织以后，商品贸易发展迅速，2008年商品贸易额比重达到144.66%，进出口额同比增长较快。2016~2018年，除越南、柬埔寨的商品贸易额比重分别增长28.79个、22.6个百分点，增长幅度较大外，澜湄其他国家和世界平均商品贸易额比重基本保持稳定，变动幅度相对较小，其中变化最小的是中国，自2006年达到63.97%的峰值后持续下降，2015年后该值就未超过35%，2018年比2000年降低了5.18个百分点，说明中国的商品进出口贸易需要加大发展力度。

根据澜湄合作国家历年商品贸易额占GDP的比重可以看出，中国仅在2000~2010年间，该值高于世界同期平均值，随后各年均低于世界平均值，且差距还在逐年扩大，2018年，中国已低于世界同期平均值12.27个百分点，其他澜湄合作国家该值均超过世界平均值。其中，2018年越南、柬埔寨和泰国的商品贸易额占GDP比重分别超过世界平均值153.73个、89.77个和53.12个百分点，说明上述3国的商品进出口贸易十分频繁，对国民经济的拉动作用较为显著，例如柬埔寨，对外实行高度的自由市场经济政策，加之美国、欧盟、日本等国家和相关地区对柬埔寨实施的普惠制待遇（GSP），为柬埔寨双边贸易的开展提供了诸多便利条件，保障了该国良好的商品进出口贸易。

二 货物和服务出口

货物和服务出口是一国增加国民收入、提高国际影响力的重要方式，比较澜湄合作国家货物和服务出口占GDP比重，可以更加明确各国的贸易发展状况（见表4-5）。首先，2000年世界货物和服务出口占GDP比重的平均值为26.13%，澜湄次区域中仅中国和缅甸该值低于世界平均值，分别低5.24个、25.59个百分点，缅甸的货物和服务出口占GDP比重尚不足1%。同期泰国、越南、柬埔寨和老挝分别高出世界平均水平38.71个、

27.79 个、23.39 个和 4.53 个百分点，上述 4 个国家均属传统农业国家，农副产品出口占据了相当高的比重。

表 4-5 2000~2018 年澜湄合作国家货物和服务出口占 GDP 比重

单位：%

国别	2000 年	2005 年	2010 年	2015 年	2016 年	2017 年	2018 年
世界	26.13	28.7	28.84	29.29	28.52	29.38	29.24
中国	20.89	33.83	26.27	21.35	19.66	19.76	19.52
柬埔寨	49.52	64.08	54.08	61.72	61.28	60.73	61.60
老挝	30.66	28.96	35.38	33.95	33.21	34.34	—
缅甸	0.54	0.18	0.11	20.80	25.94	28.36	30.39
泰国	64.84	68.40	66.49	68.71	68.11	68.17	66.82
越南	53.92	63.70	72.00	89.78	93.62	101.56	105.83

说明：货物和服务出口是指向世界其他国家供应的所有货物和其他市场服务的价值。包括商品、货运、保险、运输、旅游、版税、特许权费，以及通信、建筑、金融、信息、商务、个人和政府服务等其他服务。

数据来源：世界银行数据库。

其次，2000~2015 年，仅越南货物和服务出口比重在直线增长，这期间净增长了 35.86 个百分点，且该国自 2007 年（70.52%）起，货物和服务出口比重超过了同期的泰国（68.87%），成为澜湄合作国家货物和服务出口比重最高的国家。其他澜湄合作国家货物和服务出口比重变化趋势与世界平均值变化趋势基本一致，均呈现波动式增长。

2018 年澜湄合作国家中仅中国（老挝数据缺失）货物和服务出口比重低于世界同期平均水平，而越南比重高达 105.83%，比世界平均水平高出 76.59 个百分点，柬埔寨和泰国的货物和服务出口比重均超过 60%。应该说，澜湄合作各国货物和服务出口占 GDP 比重差异较大，这是由于各国出口货物和服务存在的类型差异所致，但这种情况也为澜湄合作国家在商品、货运、旅游等方面的深入合作提供了现实可能与合作基础。

三 高新技术产品出口

高新技术产业是国家中长期发展最具活力的先导性和支柱性产业，大力发展高新技术产业也是国家保持国际竞争力的重要手段。比较澜湄合作国家高新技术产品出口占制成品出口的比重（见表4-6），能全面了解各国的出口贸易结构与发展现状。一方面，2000年，仅泰国高新技术产品出口比重（33.36%）超过世界同期平均值（24.42%），中国、越南和柬埔寨分别比世界平均值低了5.44个、13.35个和24.34个百分点，虽然该年老挝、缅甸统计数据缺失，不在此进行比较，但缅甸2010年的高新技术产品出口比重也仅为0.002%，故2000~2009年缅甸该比重可以忽略不计。2000~2015年，除泰国外，其他澜湄合作5国的高技术产品出口比重基本呈波动式增长，世界平均值则呈波动式下降趋势。中国在2000~2005年间上升了近12个百分点，并于2010年达到峰值（32.15%）后稍有下降。2015年，世界平均值降至18.52%，同年老挝、中国、泰国和越南分别比世界平均值高出16.71个、11.91个、5.25个和8.41个百分点，而柬埔寨和缅甸的高新技术产品出口比重分别为1.54%、0.43%，仍处于较低水平，说明这两国的商品贸易比重虽然较高，但出口产品主要集中在低附加值的初级农产品等方面，出口贸易结构相对低端，高新技术产品出口贡献十分有限。与2000年相比，2015年中国高新技术产品出口比重提高了11.45个百分点，越南在此期间该值提高了15.86个百分点，两国增长较快。

表4-6 澜湄合作国家高新技术产品出口占制成品出口比重

单位：%

国别	2000年	2005年	2010年	2015年	2016年	2017年	2018年
世界	24.42	19.69	17.5	18.52	20.05	20.53	27.63
中国	18.98	30.84	32.15	30.43	30.25	30.89	31.47
柬埔寨	0.08	0.12	0.15	1.54	1.86	1.74	1.41
老挝	—	—	6.8	35.23	33.61	37.95	38.02
缅甸	—	—	0.002	0.43	7.54	6.08	4.34
泰国	33.36	26.67	26.17	23.77	24.04	25.12	23.72
越南	11.07	5.36	13.00	26.93	37.76	41.41	40.75

说明：高新技术产品是指具有高研发强度的产品，涉及航空航天、计算机、医药、科学仪器、电气机械等领域产品。表中"-"表示数据空缺，其中，越南2015年为2014年数据。

数据来源：世界银行数据库。

另一方面，比较 2016~2018 年澜湄合作国家高新技术产品出口比重，老挝、中国和越南该值在小幅上升，其中越南 2016~2017 年上升了 3.65 个百分点，且越南 2017 年该值高出世界同期 20.88 个百分点，说明越南在高新技术出口产品研发与投入上是澜湄合作国家中做得最好的。越南、老挝、中国该指标在 2018 年分别高于世界平均值 13.12 个、10.39 个、3.84 个百分点，缅甸、柬埔寨则分别低了 23.29 个、26.22 个百分点。柬埔寨的高新技术产品出口比重在 2018 年尚不足 2%，尽管该国进出口贸易相当频繁，且商品贸易额占 GDP 的比重较高，但高新技术产品研发和出口是其进出口贸易发展中的短板，严重制约了该国进出口贸易的长远发展与科技水平的提高。

综合澜湄合作国家贸易发展状况来看，中国和缅甸商品贸易额占 GDP 比重相对较低。高新技术产品的出口在一定程度上制约了柬埔寨、缅甸对外交往和外向型经济的长远发展；泰国和越南的净出口贸易发展较快，货物和服务出口占据相当大的比重，对经济发展的拉动作用十分显著。2018 年，中国、老挝、越南在高新技术产品出口比重上也高于世界同期值。另外，柬埔寨高新技术产业以及服务业发展较为艰难，这样的产业结构难以支撑其社会经济发展的长远目标。因此，在现有澜湄合作国家的净出口贸易渠道下，加强区域内合作和国家间交往，提高区域整体科技水平，对积极融入国际市场的意义十分重大。

第五章

澜湄合作国家人口转变进程与发展

澜沧江-湄公河是中南半岛上最大的河流,也是亚洲流经国家最多的河流,沿岸的中国、缅甸、老挝、泰国、柬埔寨、越南6国是世界上的人口稠密区,许多国家面积虽然不大,但人口总量众多。第二次世界大战后,全球局势逐渐稳定,工业也随之快速发展,全球化和现代化的影响更加广泛且深入,基于澜湄合作机制的6个国家也积极参与到全球经济大环境的建设中,经济社会发展状况存在较大差异。21世纪以来,澜湄合作各国经济社会与地区互通贸易逐步增多,2010年,中国GDP为6.09万亿美元,已处于世界第2位;同年泰国的GDP为3411.10亿美元,位居世界第31位;越南为1159.30亿美元,位居第57位;缅甸为515.18亿美元,位居第75位;柬埔寨为112.42亿美元,位居第126位;老挝为71.28亿美元,位居第140位,是6国中排名最落后的。

2019年,中国GDP为14.28万亿美元,依旧处于世界第2位;泰国达到5442.64亿美元,位居第22位,比2010年上升了9位;越南增长至2619.21亿美元,位居第44位,上升了13位;缅甸为798.44亿美元,位居第69位,上升了6位;柬埔寨也达到270.89亿美元,位居第102位,上升了24位;老挝则增长至182.46亿美元,位居第116位,上升了24位,与柬埔寨一样,是域内国家排名上升最快的,不过老挝的排名依然是区域内末位。

如果按购买力平价计2019年各国人均GDP,具体表现为:泰国19208美元,世界排名第74名,澜湄6国第1位;中国则为16846美元,比泰国低2362美元,位居第83位;老挝8187美元,位居126位;越南8381美元，位居第 125 位；缅甸 5412 美元，位居第 142 位；柬埔寨 4574 美元，位居 147 位。①

可见，域内各国 GDP 总量与排名均实现了不同程度的上升，但 2019 年人均 GNP 数值与排名和世界其他各国相比均不理想，最好的排名也在世界第 74 位。在各国不同的工业化发展阶段下，各国的人口转变起始时间不同，且形成了各国独特的人口转变阶段和速度。

第一节　澜湄合作国家人口转变基本状况

人口转变是影响经济社会发展的重要因素之一，区域经济发展必须与人口变动、人口发展的基本规律相适应。通过了解澜湄合作国家发展中所面临的人口环境，探讨区域内人口数量变动、结构变化、就业状况以及人口迁移等相关要素，分析其对经济发展的影响，可进一步加深区域合作共识、巩固区域发展基础、壮大区域合作成果，有助于实现区域内人口、经济和社会的协调发展。

一　人口自然变动

人口自然变动决定着一个国家、地区或一个族群人口群体的发展规律和变化速度，对经济社会发展有重要的影响。

（一）人口数量增长

1. 人口规模变化

2000~2018 年，澜湄合作国家人口总量不断增长，人口规模持续扩大，各国人口变动规律基本一致（见表 5-1）。从人口规模上看，中国是澜湄合作国家中唯一一个人口总量过亿的国家，其余国家人口规模由大到小依次为越南、泰国、缅甸和柬埔寨，老挝人口总量最小。2000~2015 年

---

① 快易数据网中 2010 年、2019 年世界各国 GDP、人均 GDP 数据，https://www.kylc.com/stats。

域内各国人口总量每五年的净增长量变动趋势可以分为三类：一是越南与世界平均水平变动趋势基本一致，人口净增长量不断扩大；二是中国和泰国，人口增长趋势相对放缓，人口净增长量逐年减小；三是柬埔寨、老挝和缅甸3国人口净增长变动未呈现明显的规律性变化。

总体看19年间区域内人口规模的变动情况，中国人口总量净增长超过1亿人，越南、缅甸、泰国、柬埔寨和老挝的人口总量分别净增加了1525.4万人、761.3万人、647.1万人、409.6万人和173.3万人，澜湄6国人口增长量合计占同期世界总人口增量的11.5%。其中，柬埔寨、老挝和越南人口增长速度相对较快。

表5-1 2000~2018年澜湄合作国家人口规模变动

单位：万人

国别	2000年	2005年	2010年	2015年	2016年	2017年	2018年
世界	612168.3	652030.1	693288.1	735737.0	744402.7	753036.0	757923.8
中国	126264.5	130372.0	133770.5	137122.0	137866.5	138639.5	139538.0
柬埔寨	1215.2	1327.0	1430.9	1551.8	1576.2	1600.5	1624.8
老挝	532.9	575.4	624.6	666.4	675.8	685.8	706.2
缅甸	4609.5	4848.3	5015.6	5240.4	5288.5	5337.1	5370.8
泰国	6295.8	6542.5	6720.9	6865.8	6886.4	6903.8	6942.9
越南	8028.6	8430.9	8847.3	9357.2	9456.9	9459.7	9554.0

资料来源：世界银行数据库相关统计数据。

2015~2017年，世界人口年增长量基本保持在8600万人左右，而2017~2018年增长量减少到了不足5000万人，其中2015~2016年、2016~2017年、2017~2018年的澜湄6国人口年增长量合计分别为946.7万人、876.1万人、1110.3万人，上述3年分别对世界人口增长贡献了10.92%、10.15%、22.72%。其中，中国恰逢生育政策调整时期，2016~2017年中国人口净增长量比2015~2016年增长了3.8%，2017~2018年比2016~2017年增长了16.2%；而柬埔寨、泰国和越南在2015~2017年人口净增长量均有不同程度下降，其间老挝年净增长量基本为10万人左右，2017~2018年增长了20.4万人，该年度增长速度较快；缅甸2015~2017年的人口净年增长量基本保持在48万人左右，但2017~2018年人口净增长量降至33.7万人,增长速度明显放缓。2018年,澜湄合作国家人口总量占世界人口总量的21.6%,域内人口总量超过5000万人的国家分别是:中国、越南、泰国和缅甸,4国人口占澜湄合作次区域总人口的98.6%。

2. 人口增长率

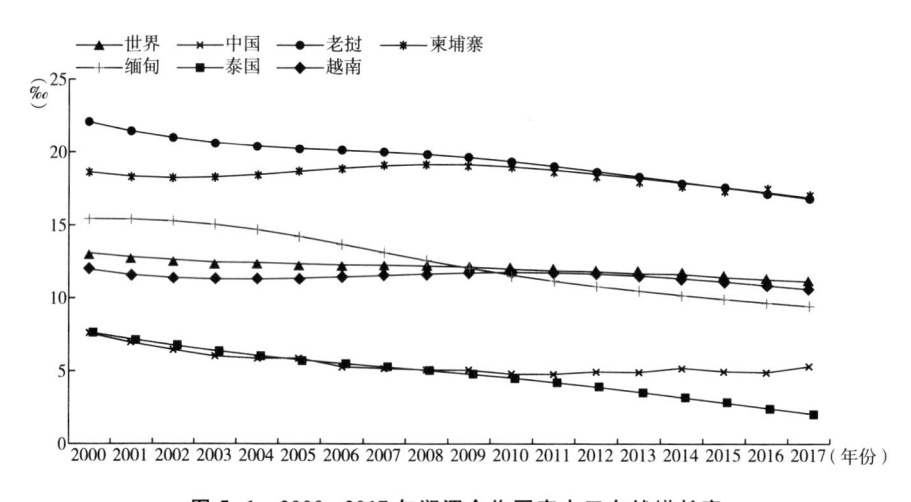

根据2000~2017年澜湄合作国家人口自然增长率变动情况(见图5-1),澜湄合作国家人口自然增长率均呈下降趋势,根据该指标可以将澜湄合作国家划分为三类:一是人口自然增长率较高的老挝、柬埔寨,分别从2000年的22.07‰、18.63‰下降至2010年的19‰左右,2010~2017年两国人口自然增长率基本保持同水平、同速度下降,2017年已降至16.8‰的水平;二是与世界平均水平接近的缅甸和越南,其中2010~2017年越南人口自然增长率基本保持在10‰~12‰,缅甸人口自然增长率从2000年的15.44‰下降至2009年的12.05‰,此后持续低于世界平均水平;三是澜湄合作区域内人口自然增长率较低的中国和泰国,2000~2010年,两国的人口自然增长率水平基本相当,且降速几乎也相同。2010年,中国和泰国的人口自然增长率分别为4.79‰、4.52‰,随着两国老龄化程度不断加深,泰国人口自然增长率持续下降,2017年已降至2.1‰,中国2010~2014年的人口自然增长率略有上涨,2015~2016年有小幅回落,2017年则又提高至5.32‰。

图5-1 2000~2017年澜湄合作国家人口自然增长率

数据来源:根据世界银行数据库相关统计数据计算并绘制。

综合来看，澜湄合作国家的人口增长状况基本稳定，由于域内各国人口基数不同，人口增长量差异较大，但人口规模在近期内不断扩大的趋势是一致的；同时，澜湄合作国家人口自然增长率普遍下降，人口增长速度也逐渐放缓。

（二）人口年龄结构

根据联合国人口类型划分标准①，各年龄组人口分布不同，会直接影响社会经济发展类型和方向。首先，从0~14岁少儿人口比重来看（见表5-2），2000~2018年，澜湄合作国家少儿人口比重基本呈不断下降趋势，与世界平均水平变动一致。从下降程度上看，2000年，世界少儿人口比重平均在30%左右，该时期除泰国和中国该比重分别低于世界6.13个和5.48个百分点以外，柬埔寨、老挝、缅甸和越南的少儿人口比重均高于世界平均值，且柬埔寨和老挝少儿人口比重超过40%，人口结构类型属于典型的年轻型。越南和缅甸该比重分别在2000年、2005年接近30%。截至2018年，柬埔寨和老挝的少儿人口比重仍高于30%，两国都尚处于成年型国家。

从变动趋势来看，2000~2015年，澜湄合作国家少儿人口比重虽不断下降，但越南和中国在2010年前后少儿比重分别降至约23%及17%的基本稳定状态，此后变动幅度相对较小；而柬埔寨、老挝、缅甸和泰国则在2015年前后达到基本稳定状态，随后各国少儿人口比重下降趋势明显放缓。2015~2016年，中国生育政策调整结果逐渐显现，少儿人口比重回升了0.015个百分点，2017年又回落至17.677%，2018年继续微降，不过变化幅度相对较小。同时，2016~2017年，缅甸少儿人口比重提高了0.458个百分点，2017~2018年则降低了0.558个百分点。综合来看，2016~2018年，澜湄合作国家的少儿人口比重仍延续下降趋势，但降幅相对较小。

---

① 根据联合国人口类型划分标准：0~14岁少儿人口比重超过40%，且65岁以上老年人口比重小于4%，即为年轻型人口；0~14岁少儿人口比重在30%~40%，65岁以上老年人口比重在4%~7%，即为成年型人口；0~14岁少儿人口比重小于30%，65岁以上老年人口比重超过7%，即为老年型人口。

表 5-2 2000~2018 年澜湄合作国家 0~14 岁少儿人口占总人口比重

单位：%

国别	2000 年	2005 年	2010 年	2015 年	2016 年	2017 年	2018 年
世界	30.113	28.043	26.828	26.179	26.064	25.941	25.792
中国	24.629	19.892	17.848	17.686	17.701	17.677	17.619
柬埔寨	41.591	37.066	33.327	31.602	31.391	31.278	31.213
老挝	43.372	40.270	36.288	33.712	33.268	32.885	32.532
缅甸	32.142	30.914	29.978	27.877	26.373	26.831	26.273
泰国	23.984	21.293	19.197	17.992	17.652	17.319	16.995
越南	31.657	27.158	23.678	23.094	23.077	23.061	23.034

资料来源：世界银行数据库相关统计数据。

其次，从 15~64 岁劳动年龄人口比重来看（见表 5-3），2000~2015 年，澜湄合作各国该值变动基本与世界平均发展趋势一致，呈增长态势。2016~2018 年，域内国家该值略有波动。从发展程度上看，2000~2005 年，柬埔寨、老挝劳动年龄人口比重不足 60%，中国、泰国分别从 2003 年、2002 年开始该值超过了 70%，缅甸和越南则基本稳定在 60%~70%，越南在 2011 年该值超过 70%。从世界银行数据库统计数据可以看出，劳动年龄人口比重的世界平均水平从 2013 年开始呈下降趋势，澜湄 6 国则有起伏变化。截至 2018 年，域内国家劳动年龄人口比重超过 70% 的国家有中国、泰国，越南也即将达到 70%，缅甸该值超过世界平均水平，域内只有柬埔寨、老挝该值低于世界平均水平，不过由于这两国少儿人口比重高，未来劳动年龄人口总量较大。可以看到，澜湄合作国家整体劳动力资源丰富，社会经济发展所需的人力资源储备充足。

表 5-3 2000~2018 年澜湄合作国家 15~64 岁劳动年龄人口占总人口比重

单位：%

国别	2000 年	2005 年	2010 年	2015 年	2016 年	2017 年	2018 年
世界	62.997	64.65	65.536	65.537	65.453	65.363	65.282
中国	68.463	72.413	73.752	72.638	72.177	71.682	71.187
柬埔寨	55.329	59.547	62.940	64.279	64.350	64.309	64.217

续表

国别	2000年	2005年	2010年	2015年	2016年	2017年	2018年
老挝	53.054	56.068	60.022	62.403	62.776	63.086	63.362
缅甸	63.037	64.274	65.12	66.804	67.116	67.437	67.76
泰国	69.478	70.945	71.898	71.443	71.395	71.308	71.178
越南	61.919	66.259	69.771	70.162	69.999	69.789	69.549

资料来源：世界银行数据库相关统计数据。

从各国具体的变动趋势来看，2000~2005年，中国、柬埔寨、老挝和越南的劳动年龄人口比重增长较快，4国基本都增长了3~4个百分点，高于世界平均水平；2005~2010年，柬埔寨、老挝和越南仍保持3~4个百分点的年平均增幅，中国、缅甸和泰国增速则放缓；2010~2015年，世界平均的劳动年龄人口比重基本保持稳定，中国和泰国该比重较前一阶段略有下降，其他国家虽有增长但幅度相对较小。2015~2018年，域内国家劳动年龄人口比重变动相对较小，中国年平均下降近0.5个百分点，泰国和越南的下降幅度与世界平均水平基本一致，老挝和缅甸年平均增长幅度在0.3个百分点左右。可见，现阶段澜湄次区域内劳动力资源总量仍十分丰富，且柬埔寨、老挝和缅甸的预期劳动力资源储备充足，社会抚养负担相对较轻。

表5-4 2000~2018年澜湄合作国家65岁及以上老年人口占总人口比重

单位：%

国别	2000年	2005年	2010年	2015年	2016年	2017年	2018年
世界	6.889	7.306	7.636	8.284	8.482	8.696	8.926
中国	6.908	7.695	8.400	9.676	10.123	10.641	11.194
柬埔寨	3.080	3.387	3.733	4.119	4.259	4.412	4.570
老挝	3.574	3.662	3.690	3.885	3.956	4.029	4.106
缅甸	4.821	4.811	4.902	5.318	5.512	5.732	5.968
泰国	6.538	7.762	8.905	10.565	10.954	11.373	11.828
越南	6.424	6.583	6.550	6.745	6.924	7.150	7.418

资料来源：世界银行数据库相关统计数据。

最后，从 65 岁及以上老年人口占总人口比重来看（见表 5-4），澜湄合作国家老年人口比重基本呈不断增长态势，且增长速度逐年加快。根据联合国划分标准，2002 年左右全世界平均老年人口比重已超过 7%，老龄化时代已经到来。在澜湄合作区域内，各国老年人口比重可分为两个类型：一是已步入老龄化社会的国家，比如中国和泰国，两国分别在 2001 年、2002 年步入人口老龄化社会。越南在 2017 年也正式进入老龄化社会行列；二是尚未步入老龄化社会的国家，其老年人口比重还不到 6%，包括柬埔寨、老挝和缅甸。

从老龄化发展速度来看，2000~2010 年，中国与泰国老龄化增长速度较快，2010~2015 年，增长速度相对放缓，2015~2018 年，两国年均分别增长约 0.4 个百分点。但中国、泰国和越南人口基数相对较大，2018 年，中国、泰国、越南 65 岁及以上老年人口总量分别达到 15619.9 万人、821.2 万人和 708.7 万人，上述 3 个国家老年人口总量相当于柬埔寨、老挝和缅甸人口总量的 2 倍还要多。

综合澜湄合作国家人口年龄结构的特征和发展趋势，可以看到：中国和泰国已是典型的老龄化人口社会，"老龄化"和"少子化"成为两国当前和今后一段时期最为主要的人口问题，且两国有快速步入深度老龄化社会的趋势；越南在 2017 年步入老龄化社会，老龄化程度虽然相对较低，但该国少儿人口比重较中国和泰国高出了 5 个百分点左右，社会抚养负担相对较重；柬埔寨和老挝少儿人口比重均超过 30%，老年人口比重低于 5%，仍处于成年型人口社会，而缅甸正处于成年型向老年型转变的过渡阶段中，预计这 3 个国家的劳动年龄人口比重将持续增长，经济社会发展所需劳动力资源比较充足，从中长期看，上述国家的经济社会处于起飞和快速发展的关键期，不过劳动力资源丰富不代表市场所需劳动力资源就充裕。

（三）人口抚养比

人口抚养比是劳动年龄人口所要承担的社会抚养负担，包括少儿抚养比和老年抚养比两部分。比较 2000~2018 年澜湄合作国家的人口总抚养比发展变化就可以看出（见表 5-5）：第一，域内各国人口总抚养比总体均处于不断下降态势，2018 年各国人口总抚养比与 2000 年相比，泰国与中国分别下降了 3.436 个、5.590 个百分点，低于世界平均水平的下降幅度，而老挝、柬埔寨、越南、缅甸分别降低了 30.665 个、25.015 个、17.716 个和 11.055 个百分点，上述 4 国均高于世界下降幅度平均水平。

第二，从人口总抚养比的变动趋势来看，2000~2015 年，越南总抚养比不断下降，变动趋势与世界平均水平基本一致，但下降速度远快于世界平均水平。2016 年以后，越南该值缓慢上升，2018 年比 2015 年的谷底值提高了 1.257 个百分点；而中国和泰国在 2010 年以后，总抚养比由降转升，人口老龄化导致总抚养比增速加快。柬埔寨、老挝和缅甸的总抚养比均处于不断下降趋势，但下降速度在逐年放缓。

表 5-5　2000~2018 年澜湄合作国家人口总抚养比

单位：%

国别	2000	2005	2010	2015	2016	2017	2018
世界	60.110	56.284	54.274	54.064	54.205	54.356	54.480
中国	46.065	38.096	35.590	37.668	38.549	39.505	40.475
柬埔寨	80.736	67.934	58.881	55.573	55.399	55.499	55.721
老挝	88.488	78.354	66.607	60.250	59.297	58.514	57.823
缅甸	58.636	55.583	53.562	49.691	48.996	48.286	47.581
泰国	43.930	40.954	39.085	39.971	40.067	40.237	40.494
越南	61.501	50.923	43.325	42.528	42.859	43.288	43.785

数据来源：世界银行数据库相关统计数据。

第三，2015~2018 年，中国、泰国和越南的总抚养比年均增长幅度均高于世界平均水平，尤其是中国，年均增幅保持在 0.9 个百分点左右。柬埔寨、老挝和缅甸的总抚养比继续延续下降趋势，说明上述 3 国正处于人口红利的关键时期，人口年龄结构较轻，人口抚养负担不断下降。上述 3 国所需要考虑的是，如何尽快培养市场所需人才，充分释放人口红利，促进本国、本区域经济快速发展。

（四）主要人口指标预测

人口变动不仅包括过去和现在的人口状况，还包括未来一定时期内人口所呈现的特征，是一个涵盖人口横向、纵向发展的综合趋势。根据当前人口状况，按照科学方法预测人口在未来一定时期的规模、水平和趋势，能为社会经济发展规划提供重要信息，预测结果也可以指明未来经济发展中可能发生的问题，帮助相关机构预先制订正确的政策措施。据《世界人口展望2017（修订版）》数据，澜湄合作国家2020~2050年主要人口指标有以下特点（见表5-6）。

1. 人口总量

根据2020~2050年澜湄合作国家的人口预测结果，除中国和泰国在2030年以后人口规模会逐渐缩小外，柬埔寨、老挝、缅甸和越南的人口总量仍不断扩大，变动趋势与世界人口总量变动趋势一致。2030年，中国和泰国将分别达到144118.2万人和6962.6万人的人口峰值，此后两国人口总量趋于减少，届时越南的人口总量将突破1亿人大关，成为澜湄次区域第2个人口过亿的国家。2040~2050年，越南、柬埔寨、缅甸和老挝的人口增长速度将逐渐放缓，10年间，上述4国将分别净增长340.1万人、142.6万人、87万人和43.5万人。到21世纪中叶，澜湄合作国家的人口总量预计将达到163800万人，占同期世界总人口的16.76%，预计将比2017年人口总量净增加1173.6万人。可以看出，域内人口问题将主要集中于各国人口的质量和结构，人口规模的影响将逐渐降低。

2. 人口结构

首先，2020~2050年0~14岁少儿人口比重将延续当前不断下降的趋势。其中，仅中国的少儿人口比重在2040年以后趋于稳定，稳定在13.9%左右。2050年，泰国该值将跌破13%，两国将进入"超少子化"① 时期。而柬埔寨和老挝少儿抚养比基本与世界同期平均水平相当。另外，缅甸和越南该值将分别在2050年、5040年降至20%以下，届时两国也将步入"少子化"时期。

其次，按照2020~2050年15~64岁劳动年龄人口比重变化，域内国家可以分为两类：一是中国、泰国和越南，与世界平均水平变动基本一致，

---

① 学界确认少子化的一般标准是：0~14岁人口占总人口的比例在15%以下，为超少子化；15%~18%，为严重少子化；18%~20%，为少子化；20%~23%，为正常；23%~30%，为多子化；30%~40%，为严重多子化；40%以上，为超多子化。

均处于不断下降趋势，到 2050 年，3 国的劳动年龄人口比重均低于 62.86%的世界水平，中国和泰国预计将分别降至 59.72%、58.02%。二是老挝、缅甸和柬埔寨，2020~2040 年 3 国的劳动年龄人口比重仍在不断提高，劳动力资源储备充足，2050 年，3 国劳动年龄人口比重均略有下降，但仍比同期世界水平分别高出 6.37 个、5.02 个和 3.18 个百分点。

表 5-6 2020~2050 年澜湄合作国家主要人口指标预测

单位：万人，%

国别	年份	人口总量	0~14 岁人口比重	15~64 岁人口比重	65 岁及以上人口比重	总抚养比
世界	2020	779548.2	25.50	65.15	9.35	53.5
	2030	855119.9	23.68	64.66	11.66	54.7
	2040	921033.7	22.20	63.74	14.06	56.9
	2050	977182.3	21.31	62.86	15.82	59.1
中国	2020	142454.8	17.46	70.35	12.19	42.1
	2030	144118.2	15.38	67.56	17.06	48.0
	2040	141747.2	13.93	62.23	23.84	60.7
	2050	136445.7	13.98	59.72	26.30	67.4
柬埔寨	2020	1671.5	30.94	64.21	4.85	55.7
	2030	1879.8	27.24	66.03	6.72	51.4
	2040	2059.3	23.89	67.40	8.72	48.4
	2050	2201.9	21.77	66.04	12.18	51.4
老挝	2020	716.5	31.75	63.98	4.27	56.3
	2030	804.8	27.19	67.26	5.55	48.7
	2040	872.8	23.16	69.28	7.56	44.3
	2050	916.3	20.15	69.23	10.62	44.4
缅甸	2020	5480.8	25.24	68.33	6.43	46.4
	2030	5891.5	22.64	68.73	8.63	45.5
	2040	6148.9	20.94	68.16	10.91	46.7
	2050	6235.9	19.05	67.88	13.06	47.3

续表

国别	年份	人口总量	0~14岁人口比重	15~64岁人口比重	65岁及以上人口比重	总抚养比
泰国	2020	6941.1	16.37	70.77	12.86	41.3
	2030	6962.6	14.00	66.62	19.38	50.1
	2040	6833.8	13.43	60.82	25.76	64.4
	2050	6537.2	12.99	58.02	28.99	72.4
越南	2020	9836.0	22.93	69.01	8.05	44.9
	2030	10628.4	20.63	66.98	12.39	49.3
	2040	11122.9	17.61	65.41	16.99	52.9
	2050	11463.0	16.92	61.57	21.51	62.4

资料来源：整理自UN，*World Population Prospects*。

最后，根据65岁及以上老年人口比重的变动状况来看，澜湄次区域将逐渐进入全员老龄化的时代。首先是中国、泰国和越南的老龄化程度仍不断加深。2050年，泰国、中国和越南3国人口老龄化水平将分别达到28.99%、26.30%和21.51%，分别比世界同期平均水平高出13.17个、10.48个和5.69个百分点。按照预测结果，澜湄次区域内人口年龄结构较轻的缅甸、柬埔寨也将分别在2030年左右进入人口老龄化时期，老挝则是域内进入老龄化社会最晚的国家，大约在2040年左右，不过依然逃脱不了老龄化社会的命运。2050年，缅甸、柬埔寨、老挝3国人口老龄化水平，将分别达到13.06%、12.18%和10.62%，相当于中国2017~2020年的水平。届时，澜湄合作国家65岁及以上老年人口总数预计将达到41425.9万人，占同期世界老年人口总数的26.8%。可见，人口老龄化趋势不可逆转，且将成为区域和世界人口发展最为显著的特征，各国只存在时间差和程度差的问题。

3. 人口抚养状况

2020~2050年，澜湄合作国家的人口总抚养比呈现以下特点：一是中国、泰国和越南，人口总抚养比将持续增长，与世界平均水平变动趋势一致，但中国在2040年以后，总抚养比将超过60%；泰国在2030~2040年间，总抚养比将净增长14.3个百分点，增长十分迅速，届时将对社会经济发展造成较大压力，2050年泰国总抚养比将达到72.4%，比中国同期水平还高，也是域内国家中最高的；2040～2050年，越南在老龄化进程加快的同时，总抚养比也将增长9.5个百分点。整体来看，上述3国总抚养比增速较快，且主要受老龄化的影响。二是柬埔寨、老挝和缅甸3国的人口总抚养比呈现先降后增的发展趋势，柬埔寨和老挝将在2040年分别降至48.4%、44.3%的最低值，此后随着老龄化程度加深，总抚养比将缓慢回升；缅甸的总抚养比将在2030年降至45.5%的最低值，此后则逐年提高，2050年，该值将升至47.3%，不过抚养负担依然较轻。

综合来看，由于人口老龄化程度的不断加深，域内的中国、泰国和越南将相继面临沉重的人口抚养负担，其中中国、泰国将步入深度老龄化社会，届时社会经济发展压力较大；而柬埔寨、老挝和缅甸进入人口老龄化时间相对较晚，在相当长的一段时期里，人口红利优势十分明显，人口抚养负担相对较轻，十分有利于国家社会经济的快速发展。因此，针对澜湄合作国家间人口环境、人口条件显示出显著的差异，在"一带一路"框架与澜湄合作机制下，各国在区域合作、贸易投资、基础设施建设等方面劳动力需求旺盛，各国人力资源可实现互补，合作空间广泛。应在各国人口不同发展时期，适当协调区域经济发展政策，实现澜湄次区域人口与经济发展的双向互赢。

二 人口社会变动

人口社会变动主要通过教育和就业等形式实现，这是个人社会经济地位发生变化与实现分层流动的重要过程。同时，分析人口的受教育状况和劳动年龄人口就业状况，可以在客观上反映该国现实以及未来的经济发展状况。

（一）人口素质状况

1. 身体素质

身体素质是人口素质状况发展的自然基础，提高人口身体素质有赖于不断提高人民的物质生活水平、改善医疗卫生条件和加强群众性体育运动。这里通过 2000~2017 年出生预期寿命和婴儿死亡率两个指标的变动（见表 5-7），来衡量澜湄合作各国人口身体素质状况的变动与发展态势。

从出生预期寿命来看，澜湄合作国家人口寿命在不断延长，十几年间，出生预期寿命平均净增长了 6 岁左右。其中，基数较低的柬埔寨、老挝和缅甸该值增长幅度相对较大，3 国分别增加了 10.899 岁、8.098 岁和 4.611 岁；中国、泰国和越南的预期寿命已达到相对较高的水平，增长幅度相对较小。2000 年，柬埔寨、老挝和缅甸 3 国人口出生预期寿命分别比 67.685 岁的世界平均水平低了 9.253 岁、8.762 岁和 5.552 岁，与出生预期寿命最高的越南差距则更大。2000~2010 年，柬埔寨和老挝的出生预期寿命增长速度快于其他澜湄国家。截至 2017 年，越南、中国和泰国的出生预期寿命分别高于世界平均水平 4.221 岁、4.177 岁和 3.265 岁，缅甸、老挝和柬埔寨三国，仍比世界平均水平分别低 5.489 岁、5.212 岁和 2.902 岁，基本相当于 2000 年的世界平均出生预期寿命水平。澜湄次区域内人口出生预期寿命的差距呈现明显的两极化，这与各国的经济发展状况存在较大的关联性。

表 5-7 2000 年、2010 年、2017 年澜湄合作国家出生预期寿命和婴儿死亡率

单位：岁，‰

国别	出生预期寿命			婴儿死亡率		
	2000 年	2010 年	2017 年	2000 年	2010 年	2017 年
世界	67.685	70.683	72.233	53.6	37.2	29.4
中国	71.955	75.236	76.410	30.1	13.6	8.0
柬埔寨	58.432	66.555	69.331	79.6	37.8	25.1
老挝	58.923	64.357	67.021	80.0	59.5	48.6
缅甸	62.133	65.178	66.744	65.5	49.0	38.5
泰国	70.624	73.923	75.498	18.6	11.4	8.2
越南	73.265	75.117	76.454	23.4	18.3	16.7

说明：表中婴儿死亡率指在一个特定年内每千例活产儿中在活到 1 岁之前死亡的婴儿数量，用千分率表示。

数据来源：世界银行数据库相关统计数据。

从每千例活产婴儿的死亡率来看（见表5-7），2000~2017年，澜湄合作国家婴儿死亡率呈不断下降趋势，说明各国的医疗卫生和妇幼保健工作取得了一定成效。2000年，婴儿死亡率的世界平均水平高达53.6‰，老挝、柬埔寨和缅甸三国该值却比世界同期水平分别还高出了26.4个、26.0个和11.9个千分点。泰国该时期的婴儿死亡率已降至18.6‰，比世界平均水平低了35个千分点，说明泰国很早就在婴幼儿死亡的防控上优越于域内其他国家。2010~2017年，在婴儿死亡率较高的柬埔寨、老挝和缅甸，该值继续保持较快的下降速度，分别下降了12.7个、10.9个和10.5个千分点，而越南在同期仅下降了1.6个千分点，婴儿死亡率虽低于柬埔寨、老挝和缅甸，但与中国和泰国相比，越南仍存在8个千分点的差距。可见，无论是柬埔寨、老挝还是缅甸，包括越南，针对婴儿死亡率问题需要进行有效治理，尤其需要加大医疗卫生方面的投入。

2. 科学文化素质

人口群体是质与量的统一，人口科学文化素质的高低直接影响着人们改造世界、提高社会生产效率的能力。根据2017年澜湄合作国家高等教育入学率和平均受教育年限可以看出（见图5-2）：一方面，澜湄合作国家高等教育入学率[①]存在较为明显的差距，按入学率由高到低排列，依次为：中国、泰国、越南、缅甸、老挝和柬埔寨。2017年，世界平均高等教育入学率为37.9%，澜湄次区域内仅有中国和泰国高出世界同期平均值，分别高出了13.1个、11.4个百分点，越南、老挝、缅甸和柬埔寨均远低于世界水平，尤其柬埔寨该值仅达到世界同期水平的1/3。另一方面，澜湄6国平均受教育年限均未达到九年初等教育水平。其中，2017年，越南平均受教育年限达8.2年，是次区域内全民教育事业发展较好与受教育年限较长的国家。中国和泰国在2017年该值分别达到7.8年、7.6年，但柬埔寨和缅甸的平均受教育年限均不足5年，老挝也仅仅为5.2年，柬埔寨、缅甸、老挝3国的小学义务教育尚未完全实现，这极大地限制了国家人口素质红利的实现。

综合来看，人口素质状况与国家经济发展水平有着必然的联系。澜湄次区域内经济发展相对较好的国家，如中国、泰国和越南，相关人口指标

---

① 根据世界银行的定义，高等教育入学率指不论年龄大小，大学（ISCED5和6）在校生总数占中学之后5年学龄人口总数的百分比。

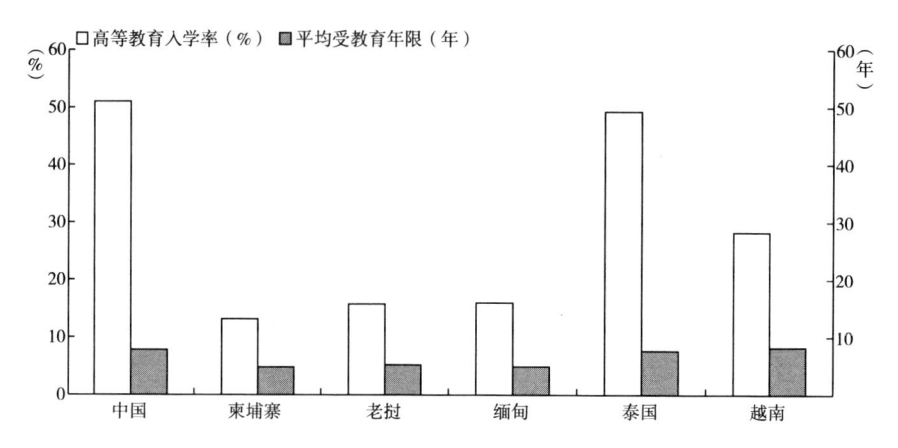

图 5-2　2017 年澜湄合作国家高等教育入学率和平均受教育年限

说明：由于数据更新有限，泰国和越南的高等教育入学率为 2016 年数据。

数据来源：高等教育入学率数据来自世界银行，平均受教育年限整理自联合国开发计划署（UNDP）发布的《人类发展报告》。

发展较好，人口预期寿命较长，婴儿死亡率相对较低，高等教育相对较先进，培养高素质人才渠道和方式更为多元化，且人口平均受教育年限相对较长，劳动力资源素质普遍较高。而老挝、缅甸和柬埔寨是次区域内经济发展较为落后的国家，3 国反映出的相关人口指标发展状况相对滞后，比如 3 国人口素质相对较低，高素质人才培养机制不够健全，适龄人口接受高等教育的机会有限，这些因素阻碍了其劳动力人口素质提升。

（二）人口就业状况

就业发展状况是衡量劳动力资源与社会经济发展状况匹配程度最为直接的指标，通过比较就业率、分产业的就业人口以及分性别的劳动参与率，可以较为全面地衡量与分析澜湄合作国家的就业发展状况。

1. 人口就业率

表 5-8 反映了 2000~2018 年澜湄合作国家的就业率变化。从趋势上看，老挝和越南的变动较小，缅甸、中国和泰国呈不断下降趋势，与世界平均人口就业率变动基本一致，而柬埔寨在 2010 年就业率达到 85.09% 的峰值后，也逐渐趋于下降。

澜湄合作国家的就业率普遍高于世界平均水平，2000年，域内各国的就业率均高于70%，且国别差距较小，此后差距逐渐扩大。2010年，柬埔寨就业率高达85.09%，而缅甸仅有66.85%，两国相差约18个百分点。2010~2015年，中国、柬埔寨、缅甸和泰国的就业率略有下降，与世界平均就业率下降幅度相近，尤其柬埔寨，与前阶段相比，由增转降，其间就业率下降了0.75个百分点。2015~2018年，澜湄合作国家人口就业率基本保持稳定，且6个国家均高于世界同期平均水平。同时还可以看出，柬埔寨、老挝等经济发展状况相对落后的国家就业率尤其高，这就需要补充考察域内国家就业人口的分布及结构，以全面评价域内各国人口就业发展状况及发展水平。

表5-8 2000~2018年澜湄合作国家15岁以上人口就业率

单位：%

国别	2000年	2005年	2010年	2015年	2016年	2017年	2018年
世界	60.78	60.46	59.17	58.74	58.67	58.55	58.33
中国	73.72	70.34	67.99	66.52	66.14	65.71	65.68
柬埔寨	76.66	79.89	85.09	84.34	84.21	84.45	80.28
老挝	78.60	77.74	77.50	77.66	77.63	77.75	77.74
缅甸	70.94	68.94	66.85	65.14	64.80	64.56	61.06
泰国	71.68	72.38	71.92	68.65	68.12	67.82	67.06
越南	75.37	75.05	74.89	76.83	76.56	76.61	75.96

数据来源：世界银行数据库相关统计数据。

2. 人口三次产业就业状况

应该说，澜湄合作国家基本为传统农业国家，三次产业发展呈现出极大的不协调性，比较2010年、2018年域内各国三次产业就业状况（见表5-9），可以进一步解释和深度分析各国人口的就业状况。根据2010年就业状况，澜湄合作各国农业就业人口占总就业人口比重均高于33.21%的同期世界平均水平，比如老挝、缅甸、越南、柬埔寨、泰国和中国，分别比世界同期值高出了38.239个、20.905个、15.497个、7.364个、5.035个和3.490个百分点；在工业就业人口占总就业人口比重方面，除中国高于世界平均水平 5.182 个百分点以外，其他国家均低于世界平均水平，泰国、柬埔寨和越南与世界水平差距较小，而老挝和缅甸均低于 16%，远低于世界同期平均值，说明上述两国工业基础不发达与工业产业相对落后；同时，澜湄合作国家的服务业就业人口比重均低于世界水平，仅泰国超过 40%（比世界同期水平低了 3.318 个百分点），老挝和越南则不足 30%，不过柬埔寨相对较高，2010 年柬埔寨为 37.471%，仅次于泰国，比世界平均值低了近 7 个百分点。可见，该时期除了中国、泰国的三次产业就业人口相对均衡外，其他澜湄合作 4 国就业人口结构仍以农业产业为主。

表 5-9 2010 年、2018 年澜湄合作国家三次产业就业人口占总就业人口的比重

单位：%

国别	2010 年			2018 年		
	农业	工业	服务业	农业	工业	服务业
世界	33.210	22.361	44.429	28.266	22.953	48.781
中国	36.700	27.543	35.757	26.770	28.620	44.610
柬埔寨	40.574	21.955	37.471	30.435	26.881	42.684
老挝	71.449	8.306	20.245	68.029	9.086	22.885
缅甸	54.115	15.646	30.239	50.140	15.995	33.865
泰国	38.245	20.644	41.111	30.670	23.548	45.782
越南	48.707	21.679	29.614	39.796	25.807	34.397

数据来源：世界银行数据库相关统计数据。

2018 年，全世界将近一半的就业人口从事于服务业，服务业对农业转移人口的吸收能力较强。澜湄次区域内，各个国家服务业就业人口占总就业人口比重均低于世界同期平均水平，可以说，各国仍在积极寻求产业与就业结构的调整。农业就业人口比重接近 70% 的国家是老挝，缅甸该值也超过 50%，越南接近 40%。与 2010 年相比，柬埔寨就业人口结构调整最为迅速，农业就业人口已逐渐分流至工业和服务业，在 2018 年其服务业就业人口比重已接近中国；与 2010 年相比，老挝农业就业人口虽下降了 3.420 个百分点，但在 2018 年仍有近 70% 的人口从事农业，该国服务业就业人口比重不足 23%，不到世界同期平均水平的一半；到 2018

年，缅甸仍有约1/2的农业就业人口，接近16%的工业就业人口，服务业就业人口比重在域内6国中排在第五位。同时，各国工业就业人口比重的变化相对较小，均呈现小幅增长态势，除了缅甸2010~2018年增长值（0.349个百分点）低于世界同期增长值（0.592个百分点）外，其余5国均高于世界增长值，其中柬埔寨涨幅最为明显，其间增长了4.926个百分点。2018年，老挝、缅甸工业就业人口比重依然不到20%，老挝更是比世界同期平均水平低了13.867个百分点，该国也是域内工业就业人口比重最低的国家。

从澜湄合作国家近几年的就业人口结构发展来看，仅中国已经转变为"三、二、一"就业结构模式，柬埔寨就业结构从"一、三、二"转变为"三、一、二"结构模式，与世界平均就业结构趋势类似。2018年，域内国家呈现"三、一、二"就业结构模式的国家还有泰国，与世界平均发展状况一致，其他国家则未发生根本性变化。比如老挝、缅甸和越南仍为"一、三、二"结构模式，农业仍是上述3国人口主要的就业领域。应该看到，柬埔寨在保持高就业率的同时，实现了就业结构的快速调整，是值得老挝、缅甸和越南等农业国家借鉴的。同时，也要清楚地认识到，澜湄合作国家工业就业人口转移相对较为缓慢，不仅与各国工业行业进入门槛较高有关，也表明区域内工业化、现代化发展水平相对落后。

3. 劳动力参与率

由于澜湄合作各国在传统文化、社会制度以及经济发展水平上存在较大差异，所以两性劳动力的社会劳动参与状况也不尽相同。根据2018年15岁及以上分性别劳动力参与率可以看出（见图5-3），澜湄合作国家的两性劳动力参与率均高于世界同期平均水平，说明各国两性劳动力经济活动参与率都较高。

分性别来看，男性劳动力参与率由高至低排序依次是：柬埔寨、越南、老挝、缅甸、泰国和中国，女性劳动力参与率由高至低排序依次是：老挝、柬埔寨、越南、中国、泰国和缅甸。而且可以看出，各国女性劳动力参与率普遍低于本国的男性，其中缅甸、泰国、中国、越南、柬埔寨和老挝的男性比女性的劳动力参与率分别高出29.6个、16.7个、14.6个、9.8个、12.5个和3.0个百分点。其中，缅甸的差值大于27个百分点的世

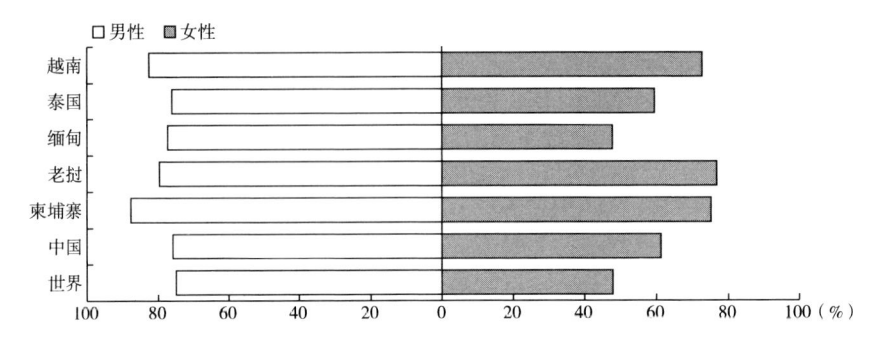

图 5-3　2018 年澜湄合作国家 15 岁及以上分性别劳动力参与率

资料来源：世界银行数据库相关统计数据。

界平均水平，说明缅甸尚有大量的女性劳动力未进入市场参与社会经济活动，一旦全面开发女性劳动年龄人口，劳动力资源潜力较大；2018 年老挝有接近 70% 的人口仍聚集在农业生产领域，该领域对劳动力性别的要求较低，因而两性劳动力参与率差值较小；而柬埔寨较高的两性劳动力参与率也恰好与其 80.28% 的高就业率基本相符。

通过以上三个方面的详细比较分析，可以较为全面地了解澜湄合作国家的人口社会变动综合状况：一方面，经济发展状况相对较好的中国和泰国，其人口素质相对较高，劳动力就业状况好于世界同期平均水平，两性劳动力社会经济活动的参与度也较高，第三产业就业人口占总就业人口比重较高，这是衡量一个国家现代化建设与发展进程很重要的人口指标。另一方面，经济发展状况相对落后的柬埔寨、老挝、缅甸和越南，虽具有较高的就业率，但大部分劳动力迄今依然聚积在第一产业，就业途径和形式较为单一，经济附加值较低，经济收益得不到显著提高。比如柬埔寨人口就业结构调整后，第三产业吸纳了大量富余劳动力，但由于整体劳动力素质偏低，容易造成就业人口冗余；越南人口受教育状况略好，但就业人口结构仍以第一产业为主，转移至第三产业速度较慢，这种状况不仅容易造成人力资源的浪费，而且很难对社会发展建设提供人口支持；另外，缅甸农业就业人口比重同样过高，该国女性劳动力的开发以及合理培训等问题急需解决。

三 人口迁移变动

21世纪以来,迁移在人口变动与经济社会发展各要素中占据着越来越重要的地位,日益发挥出了前所未有的作用。人口迁移按照流向,宏观上可以分为国际迁移和国内迁移两种类型,本书主要从国际迁移和国内城市化水平两方面来衡量域内各国人口迁移变动情况。应该说,一国人口的国际自主迁移变动越频繁,说明该国社会经济环境、相关制度等较为宽松、开放和稳定,也便于国际资本、技术和劳动力资源的流通和融合。

(一) 人口国际迁移状况

比较2017年澜湄合作国家的净移民比重①和国际迁移者比重②可以看出(见图5-4):一方面,除泰国外,其余澜湄合作国家的净移民均为负值,说明其他5国均为人口迁出国。虽然中国净迁出人口比例较低,但由于该国人口基数十分庞大,净移民的绝对数量还是很大的。另外,柬埔寨和老挝的净迁出人口比例较高,分别为-0.94%和-1.07%,且主要集中在家政服务业从业人员的国际间流动与迁移。另一方面,从国际迁移者占本国人口的比重来看,域内国家比重由高到低排序依次为:泰国、柬埔寨、老挝、缅甸、越南和中国。其中,泰国的国际迁移者比重高达5.758%,说明该国吸引了较多的国际迁移者到本国学习、就业和定居等,为泰国的社会经济发展注入了一定活力,也从侧面说明泰国经济社会发展相对良好、制度较为宽松、投资环境较为稳定。中国的国际迁移者比重仅为0.071%,远低于其他国家,这主要还是由于中国自身人口规模庞大,同时政府政策与制度对国际移民的要求与约束性也相对较高。而柬埔寨和老挝主要受制于社会经济发展水平相对滞后,对外来投资者和个人的吸引力不足。缅甸和越南除了受经济发展状况的影响,也深受本国政治制度和环境等因素的影响,尤其缅甸国内政治不稳定对投资、国际移民等影响较大。

---

① 净移民比重指该时期内的净移民总数占本国总人口的比重,净移民是移居到国外的移民总数减去每年移居到国内的移民数量,其中既包括常住居民也包括非常住居民。
② 国际迁移人数是指在一国出生并在其他国家居住的人口数量。

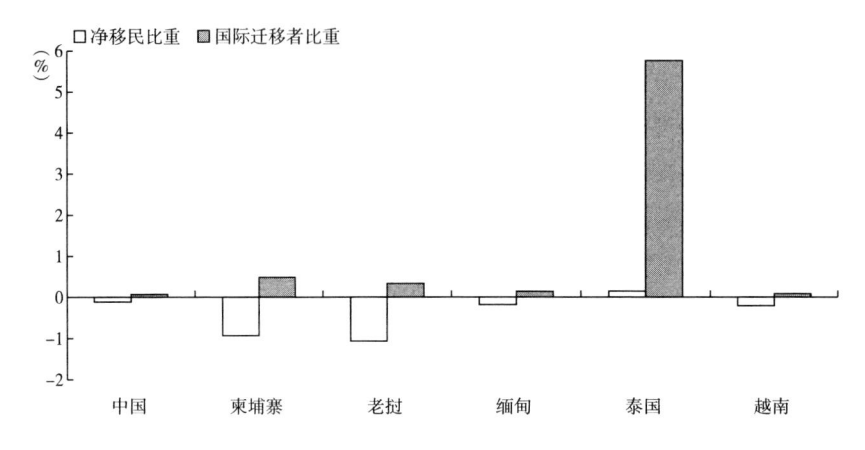

图 5-4 2017 年澜湄合作国家净移民比重与国际迁移者比重

说明：这里的净移民和国际迁移者概念均借用世界银行统计标准。由于数据更新时间滞后，净移民数据用 2015 年数据代替；国际迁移者比重为 2017 年数据。

（二）城市化发展

随着社会生产力发展、科学技术进步以及产业结构调整，原本以农业生产为主的农村人口逐渐脱离土地，并不断涌入城市。人口城市化既是社会经济发展的必然阶段，也是一个国家或区域经济发展状况的直观反映，一般来说，一个国家或一个区域的经济发展水平越高，则其城市化水平也相对越高。

1. 城市化率

2000~2018 年澜湄合作国家的城市化发展过程如图 5-5 所示，归纳起来呈现以下特点：一是城市化水平在不断提高。澜湄合作国家与世界平均水平变动趋势一致，城市化率均呈现明显的增长；二是发展速度存在显著差异。首先，中国与泰国城市化发展迅速，2000~2018 年两国分别净增长了 23.28 个、18.56 个百分点，且中国在 2013 年城市化率达到 53.01%，赶超了世界平均水平后，中国的城市化依然在快速推进，2018 年，该值已达到 59.15%，比同期世界水平高出 3.88 个百分点；其次，2000~2010 年，越南和老挝的城市化率均低于 30%，缅甸于 2016 年城市化才突破 30%，也就是说，上述 3 国在该时期全国仅有不到 1/3 的人口生活在城市，大量人口聚积在农村，得不到有效转移并无法从事第二、第三产业生产。此后上述3国城市化水平有一定提高，不过发展速度依然较慢。2018年，越南、老挝、缅甸的城市化率分别为35.92%、35.01%、30.58%。最后，柬埔寨是澜湄次区域内城市化发展速度最缓慢，也是域内发展水平最低的国家，2010年城市化率刚突破20%，到2018年也仅为23.39%，尚不及缅甸和越南在2000年的城市化水平，比世界同期平均值低了31.88个百分点。

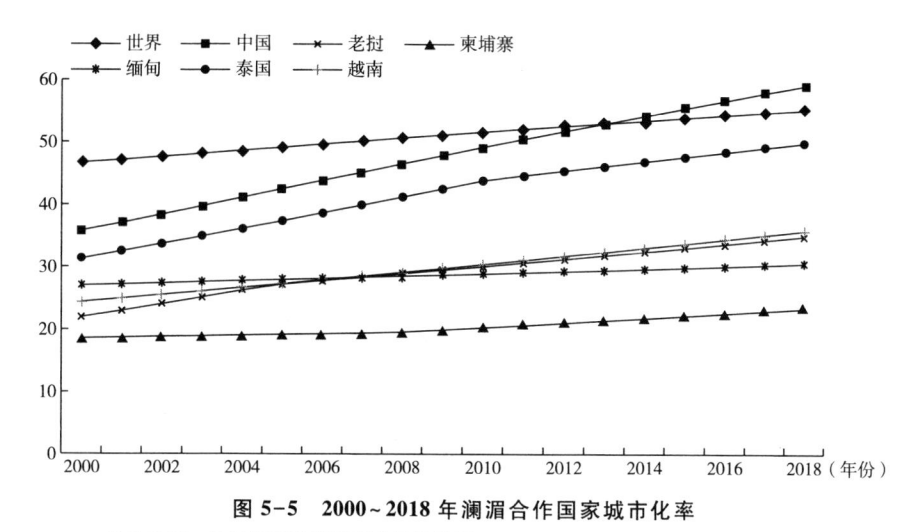

图 5-5　2000~2018 年澜湄合作国家城市化率

数据来源：世界银行数据库相关统计数据。

由此可见，2018年，域内国家中仅中国（59.15%）和泰国（49.95%）超过或接近一半的人口在城市居住生活，为城市经济社会发展提供了充足的劳动力资源，人口生活质量相应得到改善。但经济发展水平相对落后的柬埔寨、老挝、缅甸和越南，尚有大部分人口聚积在农村，其生活质量、经济收入、劳动就业得不到更多保障，很难充分发挥人口红利与劳动力资源优势，一定程度上阻碍了经济快速发展和产业结构的调整，尤其是在2018年城市化率还不到24%的柬埔寨，城市化水平低、发展滞后，影响了该国经济进一步发展。

2. 城市群发展

由于跨境数据资料获取有限，本书以2018年澜湄合作国家的最大城市人口分布状况来补充说明域内国家人口城市化发展情况（见表5-10）。

首先,从人口密度看,缅甸最大城市仰光共居住了515.7万人,对应的人口密度高达8613.7人/平方公里,其城市面积仅是重庆的0.7%、万象的15.27%、胡志明市的25.05%和曼谷的38.17%,但人口密度却分别是重庆、万象、胡志明市和曼谷的27.8倍、50.7倍、2.53倍和1.33倍,这说明缅甸仰光的城市人口有效利用空间十分有限,城市人口生活环境较为拥挤,存在较为严重的"城市病"。

其次,从最大城市人口占全国城市人口的比重来看,重庆容纳的城市人口仅占中国城市人口的3.11%,而柬埔寨的首都金边,居住了全国51.37%的城市人口,这对金边的医疗卫生、社会治安、公共交通、教育等造成了巨大压力,若不能有效解决人口就业与发展问题,容易形成城市"贫民窟",从而产生更大的人口贫富差距问题。同时,缅甸、泰国有超过或接近1/3的城市人口分别集中在首都仰光、曼谷,造成仰光、曼谷各类资源相对更为稀缺,城市发展受限。此外,万象和胡志明市的人口占城市人口的比重也在25%左右。大部分国家的城市资源分布不均衡,这直接影响到最大城市尤其是首都的发展,如果城市首位度过高,人口过于集中则不利于经济、社会发展。

表5-10 2018年澜湄合作国家最大城市的人口分布状况

国别	中国	柬埔寨	老挝	缅甸	泰国	越南
最大城市	重庆	金边	万象	仰光	曼谷	胡志明市
城市人口数(万人)	2558	195	66.5	515.7	1015.6	814.5
面积(平方公里)	82402.95	375	3920	598.75	1568.74	2390.2
人口密度(人/平方公里)	310.4	5206.2	169.6	8613.7	6474.2	3407.8
占城市人口数比重	3.11	51.37	27.5	31.4	29.29	23.74
占全国人口数比重	1.84	12.0	9.42	9.6	14.63	8.53

资料来源:根据世界银行相关数据整理计算。

最后,从最大城市人口数占全国总人口数的比重看,比重超过10%的国家有柬埔寨和泰国,老挝、缅甸也接近10%,而重庆吸纳的城市人口仅占中国总人口的1.84%。澜湄合作大部分国家城市发展不均衡,各类资源、服务和技术等要素主要集中在首都等大城市,导致人口呈现极大的大城市集聚性。结合澜湄合作国家的城市化状况综合来看,经济发展状况较为落后的国家,城市化率相对较低,且城市人口主要聚居在具有经济、政治和文化多重功能的最大城市,容易造成"城市病",引发悬殊的贫富差距,造成社会经济发展的不协调和不安定,如缅甸、柬埔寨。

四 人类发展状况

人类发展指数①(简称HDI)是各国人类发展状况的综合动态反映,揭示一个国家在人口质量与社会经济方面的发展状况,为世界各国尤其是发展中国家发展战略的制定提供一定的依据,有助于全面地了解和揭示社会发展中的薄弱环节,为经济与社会发展提供预警,挖掘人口与经济发展潜力。

(一)人类发展指数

比较2000~2017年澜湄合作国家的人类发展指数变化情况(见表5-11)可以看到:一方面,根据联合国开发计划署的划分标准②,2000~2017年,世界平均人类发展状况从中等人类发展水平逐渐提高至较高指数的高人类发展水平,中国和泰国发展程度与世界平均发展水平基本类似。越南则与发展中国家的平均水平基本一致,2000~2017年一直处在中等人类发展状态,且期间上升幅度较小。柬埔寨、老挝和缅甸3国均在2012年实现了由低人类发展水平向中等人类发展水平的过渡,2017年仍然为中等人类发展水平。

---

① 人类发展指数(HDI):是由联合国开发计划署(UNDP)在《1990年人文发展报告》中提出的,用以衡量联合国各成员国经济社会发展水平的指标,是对传统的GNP指标挑战的结果。由三个指标构成:预期寿命、成人识字率和人均GDP的对数,分别反映了人的长寿水平、知识水平和生活水平。自公布以来,人类发展指数在构建及各变量最大、最小值的选择上,还在不断完善和变化。

② 根据联合国开发计划署发布的《人类发展报告》相关内容,HDI的上限值是1.0,可将其分为四个等级,分别是:HDI大于0.8,为极高人类发展水平;HDI 0.7~0.8,为高人类发展水平;HDI 0.55~0.7,为中等人类发展水平;HDI 0.55以下,称为低人类发展水平。

表 5-11　2000~2017 年澜湄合作国家人类发展指数

国别	2000 年	2010 年	2014 年	2015 年	2016 年	2017 年
世界	0.642	0.698	0.718	0.722	0.726	0.728
发展中国家	0.570	0.642	0.669	0.673	0.678	0.681
中国	0.594	0.706	0.738	0.743	0.748	0.752
柬埔寨	0.420	0.537	0.566	0.571	0.576	0.582
老挝	0.466	0.546	0.586	0.593	0.598	0.601
缅甸	0.431	0.530	0.564	0.569	0.574	0.578
泰国	0.649	0.724	0.735	0.741	0.748	0.755
越南	0.579	0.654	0.678	0.684	0.689	0.694

数据来源：Human DevelopmentIndices and Indicators 2018 Statistical Update，http://hdr.undp.org/en/content/human-development-index-hdi。

另一方面，从人类发展指数的变动趋势来看，澜湄合作国家与发展中国家、世界平均水平的人类发展指数变化一致，均呈现稳步提高的态势。2000~2010 年，柬埔寨、缅甸和老挝尚处于低收入国家行列，人口整体素质和国民收入都相对较低，其间上述 3 国人类发展指数分别提高了 0.117 个、0.099 个和 0.080 个单位值，但仍处于低人类发展水平阶段；同期的中国和泰国人类发展指数分别提高了 0.112 个、0.075 个单位值，从中等人类发展水平过渡至高人类发展水平。而越南与发展中国家人类发展指数平均水平基本持平，一直处在中等人类发展水平。总体来看，2000~2010 年，澜湄合作国家的人类发展指数保持稳定增长，域内国家除了泰国以外，年均增长速度均快于世界平均水平和发展中国家平均水平。

2010~2014 年，缅甸、中国和柬埔寨 3 国的人类发展指数分别提高了 0.034 个、0.032 个和 0.029 个单位值，均高于 0.027 的同期发展中国家平均增长幅度。同时，老挝、柬埔寨和缅甸也在该时期进入了中等人类发展水平阶段。其间，越南依然处于中等人类发展水平阶段，中国、泰国依然为高人类发展水平，没有倒退现象。2014~2017 年，澜湄合作国家的人类发展指数基本以稳定的增速持续提高，人类发展水平的类型也未发生根本性改变。

综合来看，2010~2017 年，澜湄合作国家人类发展指数增长速度较前阶段放缓，其间仅老挝、缅甸和柬埔寨的年均增长速度大于 1.2% 以外，中国、越南和泰国的年均增长速度分别为0.9%、0.85%和0.59%。除了泰国外，其他国家年均增长速度仍高于0.6%的世界平均水平和0.84%的发展中国家平均水平。随着各国经济社会的发展、技术进步、生活质量的改善和人口素质的提升，澜湄合作国家人类发展水平仍存在较大提升空间。

（二）相关评价指标

人类发展指数是一个涵盖多个指标的综合指数，由于国际统计数据获取渠道限制，基于本书研究需要，表5-12中选取了2017年人类发展指数中与人口与经济相关的代表性指标，用以补充说明澜湄合作国家的人类发展状况。

第一，从性别不平等指数看，世界平均水平和发展中国家平均水平基本在0.4以上，仅中国的性别不平等指数为0.152，远低于其他国家，说明中国男女两性在生殖健康、赋权和劳动力市场的平等性较高；而柬埔寨的性别不平等指数为0.473，高于世界和发展中国家同期平均水平，说明在现存的社会文化传统、经济体制下，柬埔寨女性在社会生活中受到的不平等待遇远超过男性，女性社会地位有待提升；其他澜湄合作国家的性别不平等指数基本在0.3~0.47，也处于相对较高的水平。域内除了中国外，其他5国女性合法社会权益的保障、社会角色的转变等仍需改进。否则，一定程度上会限制女性社会劳动参与率的提高与女性自主能力发展，也将不利于女性劳动力资源的充分开发和利用，这对经济社会及家庭发展来说是极为不利的信号。

第二，从贫困人口比重看，按照每天1.9美元的国际贫困线计算，除了柬埔寨统计数据相对较老（2012年为20.8%，按农村贫困线以下人口占总人口的百分比得出），仅作为参考外，其他澜湄合作国家的贫困人口状况可以分为以下三类：一是泰国的贫困率为0，说明该国人口的最低生活水平基本能得到保障；二是低于9.9%的世界平均水平的国家，分别有中国、越南和缅甸，贫困人口比重分别比同期世界水平低8.5个、7.3个和3.5个百分点。2021年，中国脱贫攻坚战取得了全面胜利。越南在经济发展水平和国家制度的双重影响下，相较于贫富差距悬殊的缅甸、老挝等国，贫困率相对较低，2017年仅为2.6%；三是老挝的贫困率最高，超过世界平均水平12.8个百分点，按照2017年老挝685.58万的人口总量计算，老挝仍有 155.63 万人处于贫困线以下，这说明该国还有大量人口社会经济地位较低、生活窘迫，该人群的基本生活质量无法得到有效保障。

经济社会发展状况直接决定一国的国民收入水平，经济相对落后的国家，受社会、经济、政治和文化等多种因素的综合影响，贫困发生率较高，这严重制约了人口发展水平的提高和人类福祉的提升。

表 5-12 2017 年澜湄合作国家人类发展相关指标

国别	性别不平等指数	贫困人口比重（%）	自杀率（%）（每 10 万人）		互联网用户比重（%）
			男性	女性	
世界	0.441	9.9	13.8	7.4	45.7
发展中国家	0.468	—	12.6	7.8	38.5
中国	0.152	1.4	7.7	9.5	53.2
柬埔寨	0.473	20.8	17.9	8.5	32.4
老挝	0.461	22.7	18.5	9.9	21.9
缅甸	0.456	6.4	5.9	3.3	25.1
泰国	0.393	0	18.2	7.7	47.5
越南	0.304	2.6	11.3	3.4	46.5

说明：表中"—"代表数据缺失；性别不平等是一个综合指数，主要基于生殖健康、赋权和劳动力市场三个方面的男女不平等状况；贫困人口比重，指生活在国际贫困线以下的人口占总人口的比重，贫困线以 2011 年国际购买力平价衡量的每天 1.9 美元计算，其中柬埔寨数据为世界银行公布的 2012 年的数据；自杀率指每 10 万人中，由于特定自伤造成死亡的人数，采用 2015 年的统计数据；互联网用户比重指可以访问全球网络的人口占总人口的比重。

数据来源：*Human Development Indices and Indicators 2018 Statistical Update*。

第三，从男女两性自杀率指标（见表 5-12）来看，2017 年，除了中国的女性自杀率较同期男性高出 1.8 个百分点外，其他澜湄国家与世界、发展中国家发展状况一致，均是男性自杀率高于女性，尤其泰国的男性自杀率较该国女性高出 10.5 个百分点，柬埔寨、老挝、越南和缅甸男性自杀率比女性则分别高出 9.4 个、8.6 个、7.9 个和 2.6 个百分点。

从男性自杀率来看，中国和缅甸的男性自杀率相对较低，越南的男性自杀率与发展中国家的平均水平相当，但老挝、泰国和柬埔寨的男性自杀率分别超过世界同期平均水平 4.7 个、4.4 个和 4.1 个百分点。从女性自杀率来看，缅甸和越南的女性自杀率相对较低，老挝、中国、柬埔寨和泰国的女性自杀率分别高出世界同期平均值2.5个、2.1个、1.1个和0.3个百分点，且发展中国家平均女性自杀率高于世界平均水平。不难看出，自杀率与经济发展水平的相关性不是很明显，而社会环境、文化价值观等因素对其的影响或许更为明显。

第四，从澜湄合作国家的互联网使用情况来看（见表5-12），整个发展中国家的互联网覆盖率比世界同期平均值低了7.2个百分点。2017年，域内国家只有中国的互联网用户比重达到53.2%，说明超过一半的中国人口在日常生活中广泛使用互联网，享受信息技术带来的便利。在其他澜湄合作国家中，越南和泰国的互联网用户比重超过了世界同期平均水平，而且比发展中国家的平均水平也分别高出了8个、9个百分点。域内国家中柬埔寨、缅甸和老挝的互联网用户比重还远低于发展中国家同期平均水平，与世界平均水平差距则更大，尤其是老挝（21.9%）和缅甸（25.1%）。以上分析说明，部分澜湄合作国家网络基础设施建设与服务十分滞后，这已成为制约域内国家彼此间对外交流与合作、影响资本要素快速流通与阻碍经济社会发展的重要因素之一。

综合澜湄合作各国的人类发展指标状况，比较分析可以看出，各国总体发展势头与趋势向好，人类发展水平在不断提高，比如在经济发展、技术进步、生活质量改善和人口素质水平的提升等方面，已取得了较为显著的成果。但从人类发展的各项具体指标来看，性别不平等、贫困发生率较高、自杀率偏高以及互联网技术运用的有限性等方面的问题仍亟待解决，这些问题在经济发展状况相对落后的柬埔寨、老挝和缅甸等国家中更为突出。

第二节 澜湄合作国家人口转变的价值判断

人口转变亦称人口革命，是人类历史上由生产力革命引起的人口再生产类型由低级向高级的发展，也称人口再生产类型的转变。人类历史上出现了三种再生产类型，这三种人口再生产类型依次更替是生产力革命引起的发展必然性。人类历史上两次人口转变都是生产力革命的产物。① 早在20世纪70年代初，美国学者英克尔斯就把现代化与人口转变两者相互联系在一起。在他提出的现代化10项指标②中，其中有8项指标都与人口发展有关，在这8项指标中有3项指标与人口转变的主要内容相关。只不过用当时的发展指标来衡量现在的发展，其标准明显偏低，而且该指标体系主要针对的是发展中国家。但英克尔斯的指标体系说明了上述3项指标在评估现代化实现程度时的重要性。如果一个国家或地区，或人口城市化水平，或非农化进程，或人口增长率没有达到人口转变时的数值，就不能说或者不能完全说明这个国家或地区已经实现了现代化。

一 人口转变模式的多样性

人口转变是指人口发展所经历的革命性变革，既包括人口出生率、死亡率等指标，还应包括人口素质的变革等相关指标。人口素质的提高是生活质量提高所致，而生活质量提高则是现代化成果最直接的反映。人口素质同样应具体反映在一系列的指标上。实际上，一个国家人口转变是否实现，或在多大程度上实现了转变，也可以用于衡量一个国家或地区现代化的实现程度。

（一）澜湄合作国家人口转变指数

人口转变阶段大体上可以依据人口转变指数来划分。这里的指数是指在人口转变过程中人口出生率和死亡率的变化。出生率用整个人口的出生率表示，而死亡率则用人的平均寿命来间接体现。③ 依据出生率的降幅和平均寿命增长的水平，人口转变的指数低于1.0，则表示该国人口转变尚

---

① 吴忠观：《人口科学词典》，西南财经大学出版社，1997。
② 英克尔斯的10项指标是：人均GDP3000美元以上，第一产业产值占国民生产总值的比重至少达到12%，第三产业产值占国民生产总值的比重超过45%，非农业就业人口在总就业人口中所占比重超过70%，成人识字率超过80%，大学普及率达10%~15%，城市化率达50%以上，每千人拥有的医生数为2人以上，出生预期寿命为70岁，人口自然增长率为1%以下。
③ 〔日〕黑田寿男、王国荣：《东亚人口转变和发展战略》，《国际政治研究》1995年第2期。

未完成。表 5-13 表明了澜湄合作国家的人口出生率、平均预期寿命和人口转变指数。从表中指标可以看出，1990 年中国人口转变指数为 0.9165，是澜湄合作国家中指数最高的，比排在第二的泰国高了 0.0236 个单位值。可以看出，中国是域内国家中最先进入人口转变的国家。其次是泰国，紧接着的是越南（人口转变指数为 0.7687），尽管越南的平均预期寿命比同期的中国还要高，但由于总和生育率比较高，故人口转变指数较低，说明该国进入人口转变时期相对较晚。域内国家中位于第四、第五位的分别是缅甸和老挝，缅甸的平均预期寿命相对更高，故其指数比老挝高。排在最后的是柬埔寨，经计算其人口转变指数仅为 0.3782，比最高的中国同期低了 0.5383 个单位值，差距较大。

2010 年，从人口转变指数上升幅度来看，上升幅度最大的是柬埔寨，上升了 0.3526 个单位值，其次是越南，增长了 0.1475 个单位值。同时，缅甸人口转变指数还呈现了下降趋势，由于该国总和生育率依然比更替水平高了一点，平均预期寿命增长较慢，这两项人口指标离转变标准差距更远。从人口转变指数来看，2010 年指数超过 0.9 的国家分别有中国、泰国和越南，说明这 3 国人口转变较快，指数最高的是泰国，其次是中国，排在第三的是越南。

表 5-13 1990 年、2010 年、2017 年澜湄合作国家人口转变指数

年份	1990 年			2010 年			2017 年		
指标	总和生育率（个）	平均预期寿命（岁）	人口转变指数	总和生育率（个）	平均预期寿命（岁）	人口转变指数	总和生育率（个）	平均预期寿命（岁）	人口转变指数
中国	1.68	69.10	0.9165	1.63	74.41	0.9383	1.68	76.47	0.9165
老挝	2.71	53.36	0.6301	2.71	64.31	0.6785	2.71	67.23	0.6593
缅甸	2.17	56.85	0.7211	2.17	63.53	0.7165	2.17	66.56	0.7025
泰国	2.11	70.25	0.8929	1.53	74.18	0.9440	1.53	76.68	0.9353
柬埔寨	5.60	53.60	0.3782	2.53	66.56	0.7308	2.53	69.29	0.7109
越南	3.56	70.55	0.7687	1.94	74.84	0.9162	2.04	75.24	0.8594

资料来源：根据世界银行数据库数据计算获得。

与 2010 年相比，2017 年澜湄合作国家的人口转变指数均呈现一定程度的下降，主要是由于各国平均预期寿命增长较慢。从指标上看，域内 6 国中指数最高的是泰国，该国也是 2010~2017 年指数降幅最小的国家。降幅最大的是越南，在同期该国平均预期寿命仅增加了 0.4 岁，尽管总和生育率接近更替水平，但该国人口转变指数下降较快。2017 年，域内 6 国中的老挝、缅甸、柬埔寨的总和生育率超过了 2.1，且 3 国的平均预期寿命均没有超过 70 岁，与最高值差距较大，故上述 3 国的人口转变指数相对较低。

由以上分析可以看出人口出生率越高，或总和生育率超过更替水平，如果平均预期寿命较低，那么这个国家转变指数肯定较低；如果总和生育率较高，平均预期寿命相对较高，则该国人口转变指数相对较高。由此可以判断，澜湄合作 6 国的人口转变依然尚未完成，其中最主要的影响因素还是平均预期寿命差距较大。

在各国人口转变过程中，出生率、死亡率以及自然增长率的历史性变动仅仅只是人口转变的一种外在表现。实际上，人口转变是一个多维的、发展的、动态的历史过程，是包括诸如人口再生产类型的转变、婚育行为模式的转变、生育观念的转变、家庭类型与家庭结构的转变、死亡模式的转变等一系列指标转变的综合体现。在人口转变一系列的相关指标中，不同形式和内涵的特定人口转变，其过程的快慢、时滞的长短、动力机制及其综合表现，都可能有所不同，它们带给一个国家或者一个地区人口与社会经济发展的影响也会有所不同。因此，有些人口转变是对该地区人口转变的外显表达，有些人口转变则是其本质反映。

（二）人口转变模式

人口转变模式是指社会、经济、文化等因素在人口转变中的相互联系、相互作用及其综合效应。就人口转变的具体情况来说，比较典型的有三种人口转变模式：即自发人口转变模式、自发自觉相结合的人口转变模式、社会自觉控制人口转变模式。[1] 依据不同转变模式的地区特征，又可

---

[1] 李竞能：《当代西方人口思想史》，山西人口出版社，1992。

将其区分为：欧洲模式、日本模式和中国模式。

自发人口转变模式。这种人口转变模式是以欧洲发达国家为典型代表，其过程的实现并不是社会干预的结果，而是人们自发节制生育而实现的人口转变。19世纪末的欧洲，随着生产力的发展、人们生活水平的提高、医疗技术的进步以及人们健康状况的改善，人口死亡率率先出现了下降。随后在女性就业率提高、社会保障制度健全、生活观念的改变以及养孩成本的提高等综合效应的影响下，人们的生育观念也随之发生了变化。生育观的改变最终又导致人们的生育意愿与生育行为发生了较大变化，由早婚多育转变为晚婚少育，最终导致了全社会的生育水平出现了大幅度的下降。也就是说，这种人口转变是随着经济社会的高度发展与人们生活水平的提高，在没有任何民众生育行为干预的前提下，客观、自觉地形成了一种人口发展模式，具体表现为：出生率自发的、不可逆转的大幅度下降，加上死亡率的较快下降，最终实现了人口转变。

自发与自觉相结合的人口转变模式。这种人口转变模式以日本最为典型，与欧洲国家人口转变不同的是，日本的人口转变没有伴随漫长的工业化进程，该国实现了人口转变与经济发展相结合，将人口转变纳入现代化进程之中。主要体现为：随着经济社会的发展，日本人民的生育观念随之发生较大转变，是自发地要求节制生育。于是在此基础上，日本政府制定了控制人口增长的政策。这样，日本在20世纪30~50年代较短的时间里，就经历了人口出生率急剧下降，然后达到基本稳定的过程，随之实现了该国人口转变。日本民众就是通过政府的相关措施与民众的自愿节制节育降低了出生率，最终成为亚洲第一个实现了人口转变的国家。

社会自觉控制人口转变模式。这一转变模式也称为强制型人口转变模式，典型国家是中国。主要表现为：社会生产力在客观上还没有发展到使人们的生育观念和生育意愿自发转变的阶段，只有通过国家制定各种政策、措施来实施强制干预、控制人口增长，于是在国家计划生育政策强制干预下，中国短时期内就实现了出生率的急速下降，最终促成人口转变的加快完成。

从澜湄合作国家的人口转变指标与人口转变模式来看，客观上，澜湄合作各国都还没有完成具体的、具有完整意义上的人口转变，其中中国是最典型的强制型人口转变模式。应该说，其他5国基本属于自发与自觉相结合的渐进式人口转变模式。

（三）澜湄合作国家人口转变具体情形及特点

1. 澜湄合作国家人口规模变化

人口规模是指一定时间点、一定地域内具有某些社会标志的社会集团的人口总量，通常用人口数量来表示。一定人口规模的形成虽然受到自然环境等因素的影响，但其终极制约因素还是社会经济因素。一定人口规模的形成，不仅是一定社会经济条件下人口发展的必然结果，而且还是社会生产力不断发展和生产关系不断变革的客观要求。适度的人口规模能促进人口发展与社会经济的协调进行，而人口规模的不足或者膨胀都会延缓甚至阻碍社会经济发展，也会影响经济与人口政策的制定与形成，一旦政策调整不及时或者政策制定不正确，甚至还会造成畸形的人口规模。因此，分析澜湄合作国家人口转变的具体发展情况，首先需要了解各个国家在近几十年来的人口规模的变化。

表5-14 1981~2018年澜湄合作国家人口规模

单位：亿人

年份	世界	中国	老挝	缅甸	泰国	柬埔寨	越南
1981	44.38	9.93	0.033	0.34	0.48	0.066	0.56
1990	53.31	11.35	0.043	0.41	0.57	0.090	0.68
2000	61.45	12.63	0.053	0.46	0.63	0.120	0.82
2010	69.09	13.38	0.062	0.50	0.67	0.150	0.88
2018	75.94	13.93	0.071	0.54	0.69	0.160	0.96

资料来源：世界银行数据库。

从表5-14可看出，无论是世界还是澜湄合作各国，其人口规模都在不断地扩大，总量大幅度增加。1981~2018年，世界人口总量从44亿多人增加到近76亿人，30多年间增长到原来的1.71倍。从澜湄合作各国来看，人口规模增长速度最快的是柬埔寨，从1981年的660多万人，增加到了 2018 年的 1600 多万人，增加了 900 多万人人口规模扩大到原来的 2.42 倍。其次是老挝，37 年间该国人口规模扩大到原来的 2.15 倍，由于该国人口基数较小，人口总量仅增加了 380 万人。同时，越南的增长幅度与世界平均增长幅度相当，37 年间人口规模扩大到原来的 1.71 倍，增加了 4000 万人口。低于世界人口平均增长幅度的国家有泰国、缅甸和中国，由于这些国家人口基数较大，故人口数量增长较大，比如 37 年间，尽管中国人口总量只扩大到原来的 1.40 倍，是 6 国中倍增最小的国家，但中国人口总量却增加了 4 亿人，增加人数比其他 5 个国家的总人口数量还要多。泰国在此期间也增加了 2100 万人，缅甸同期增加了 2000 万人。人口规模的扩大对于澜湄合作国家的经济社会发展来说，能起到一定的推进作用，但有些国家过快的人口增长，也是阻碍其经济社会发展的重要因素。

将人口规模与相关经济发展结合分析来看，中国在 1981 年拥有 9.93 亿人口，人均 GDP 只有 197 美元，2018 年，中国人均 GDP 上涨到了 9770.85 美元，较 1981 年增长了 48.6 倍，是澜湄合作国家中人均 GDP 最高的国家，也是澜湄合作 6 国中经济增长速度最快的国家。这说明在中国这个人口大国中，人口规模的扩大是其经济增长的重要因素之一，而且中国经济增长的速度远远高于其他澜湄合作国家。

1981 年泰国的人均 GDP 为 721 美元，是同期中国的 3.66 倍。2018 年人均 GDP 增长到 7273.56 美元，经济增长速度快于人口增长速度，人均 GDP 比中国同期低了 2497.29 美元，说明泰国平均经济增速远不及中国。

经济增长相对较慢的国家有柬埔寨，1993 年该国人均 GDP 为 254.12 美元，2018 年也仅有 1512.13 美元，25 年时间人均 GDP 仅提高了 1258.01 美元，经济增长速度慢于人口增速。

缅甸在 1980 年的人均 GDP 为 190 美元，与中国基本接近，2018 年为 1325.95 美元，是目前域内国家中人均 GDP 最低的国家，38 年仅增长了 1135.95 美元，该国也被评为世界上 10 个最贫穷的国家之一。

此外，还有老挝和越南，老挝 1984 年人均 GDP 为 489.96 美元，2018 年也只有 2567.54 美元，1985 年越南人均 GDP 为 231.45 美元，2018 年为 2563.82 美元，人均 GDP 增幅比较小。

表 5-15　1980~2018 年澜湄国家人口增长率

单位：%

年份	1980~1985	1986~1990	1991~1995	1996~2000	2001~2005	2006~2010	2011~2018
世界平均	1.77	1.76	1.59	1.41	1.28	1.24	1.17
中国	1.35	1.51	1.24	0.96	0.66	0.53	0.50
老挝	2.33	2.86	2.65	1.95	1.56	1.63	1.54
缅甸	2.20	1.80	1.29	1.27	1.04	0.71	0.74
泰国	1.91	1.70	1.07	1.11	0.81	0.56	0.42
柬埔寨	2.18	3.11	3.40	2.73	1.84	1.52	1.58
越南	2.30	2.23	1.98	1.38	1.00	0.96	0.92

资料来源：根据世界银行数据计算获得。

另外，从表 5-15 中的数据也可以看出，世界平均人口增长率呈现较为缓慢的持续下降趋势。澜湄合作 6 国中，只有越南人口增长率在逐年持续下降，其他 5 国在总趋势下降的情况下有起伏变化。

中国在 1980~1989 年间人口增长率提高，其间也有起伏，其中 1982~1984 年人口增长率呈现下降，1985 年起持续增长。中国人口增长率峰值出现在 1988 年，为 1.61%，这与中国第一次人口高峰期生育的人口进入生育年龄有关。从 1990 年起，中国人口增长率逐年下降，到 1998 年人口增长率跌破 1%，当年仅为 0.96%，此后继续下降，谷底值出现在 2013 年，仅为 0.49%。此后，随着 2014 年中国人口计划生育政策的调整，人口增长率缓慢上升至 2017 年的 0.56%，2018 年又降至 0.46%，人口增长率增速放缓。

自 1960 年开始，老挝人口增长率变化趋势呈现典型的延长"W"状，即"四升三降"。第"一升"为 1960~1972 年人口增长率从 2.29% 上升至 2.81%；第"一降"为 1973~1978 年直线下降，从 2.72% 下降至 1.05%，这是有数据记录以来老挝人口增长率的最低值；第"二升"为 1979~1988 年，由 1.21% 升至 2.91%，这是有数据记录以来老挝人口增长率峰值；第"二降"为 1989~2003 年，由 2.89% 降至 1.51%；第"三升"为 2004~2008 年，从 1.52% 上升至 1.69%，变化幅度不大；第"三降"为 2009~2013 年，从 1.67% 降至 1.49%，由于持续时间不长，降幅也相对较小；第"四升"为 2014~2018 年，老挝人口呈缓慢增长之势，2018 年人口增长率为 1.55%。

同时，泰国人口增长也出现了一定波动，其趋势走向似"蛇形"，呈波动式下降。1960~1964年为泰国人口增长率提升期，只是增长较为缓慢，从2.95%升至3.01%；1965~1972年，人口增长率出现缓慢下降，从3.00%下降至2.84%；1973~1985年，人口增长率下降速度加快，从2.78%降至1.81%；1986~1993年，增长率继续以较快速度下降，从1.82%降至0.91%，1993年泰国人口增长率首次跌破1%；1994~1998年人口增长率逐渐回升，从0.92%上升至1.22%；但在1999~2018年，人口增长率转而持续下滑，于2001年增长率再次跌破1%后，继续快速下降，2018年该值仅为0.32%。

柬埔寨人口增长率在1960年经历了一次极大的波动，此后整体经历了"三起四落"。具体来看，1960~1962年增长率有过短暂的缓慢提升，1963~1968年增长率下降，从2.54%降至1.39%；1969~1972年，人口增长率有了第二次较大提升，从1.48%上升至2.25%；1973~1978年，出现了快速下降，从1.99%下降至-3.37%；1979~1984年又出现了快速上升，从-2.72%升至3.80%；1985~1988年出现第三次下降，从3.52%降至2.86%；1989~1993年是第三次上升，从2.98%升至3.54%；1994~2018年，人口增长率基本呈现缓慢下降趋势，从3.42%降至2018年的1.49%。

缅甸人口增长率同样呈现"蛇形"的下降趋势，相比泰国，缅甸变化幅度更大。1960~1969年人口增长率持续增长，从2.16%升至2.36%；1970~1982年，相对较为平缓，增长率呈现缓慢下降，10多年间从2.35%降至2.14%；1983~1994年是缅甸人口增长率下降较快的11年，从2.09%降至1.14%，降幅较大；1995~1998年是相对平稳的人口增长期，从1.19%上升至1.29%；1999~2008年，人口增长率降速较快；2009~2013年，经历一个短时间的上涨期，从0.64%上涨至0.85%，2015年起涨幅回落，2018年为0.61%。

越南亦呈现"蛇形"下降趋势。具体来看，人口增长率降幅较大的时期出现在1968~1978年，从2.79%降至2.14%；第二次较大降幅则是1992~2004年，从2.06%降至0.92%；2005~2018年，人口增长相对较为平稳，增长率基本稳定在1%左右，2018年该值为0.99%。

2. 澜湄合作国家人口再生产模式转变及缘由

人口的自然变动受人口再生产、妇女生育模式和人口年龄结构的影响，澜湄合作各国人口规模变化的幅度与速度，以及人口转变的态势与各国不同的人口再生产模式、妇女生育模式和人口年龄结构有关。

图 5-6、图 5-7 可以反映出澜湄合作 6 国的人口再生产类型[①]转变情况。具体来看，澜湄合作 6 国的人口出生率和死亡率均在不断下降。根据世界平均水平和人口再生产类型指标判断，2010 年世界人口出生率平均值为 20.3‰，高于现代型人口再生产类型，这表示世界人口依然处于过渡型人口再生产状态。澜湄合作 6 国中，1980~1990 年，中国处于过渡型人口再生产时期，从 20 世纪 90 年代以后开始进入现代型人口再生产状态，同时泰国的人口再生产发展阶段与中国发展时间基本一致，也是从 1990 年代起进入现代型人口再生产状态；2000 年，老挝尚处于传统型人口再生产状态，直到目前，老挝也仅进入过渡型人口再生产状态；柬埔寨人口再生产类型转变比老挝稍早一些，该国在 1995 年前处于传统型人口再生产状态，现阶段也依然处于过渡型人口再生产状态；缅甸则一直处于过渡型人口状态；越南在 1980 年接近传统型人口再生产状态，此后一直处于过渡型人口再生产状态，2000 年起，越南也开始步入现代型人口再生产状态。

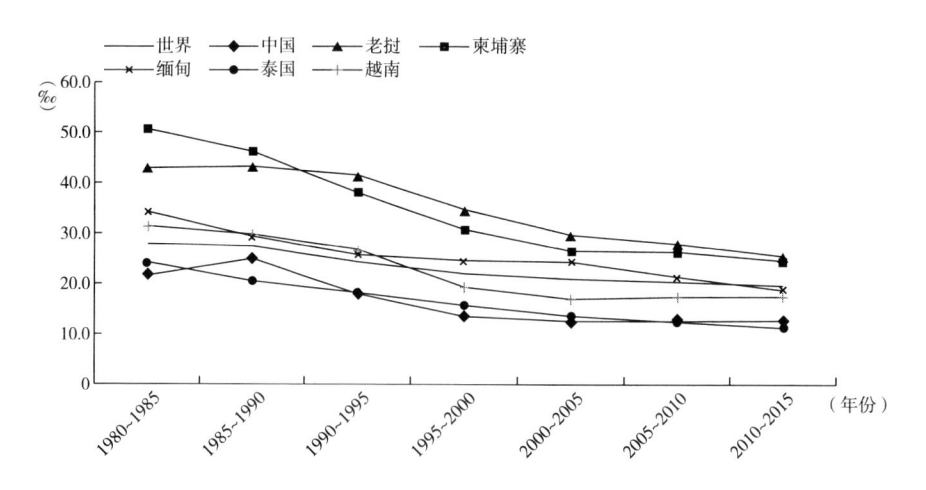

图 5-6　1980~2015 年澜湄合作国家人口出生率

资料来源：UN, *Word Population Prospects*。

[①] 人口出生率和人口死亡率分别小于 20‰、10‰ 为现代型人口再生产类型；出生率和死亡率分别高于 35‰、15‰ 为传统型人口再生产类型，在此期间为过渡型人口再生产类型。

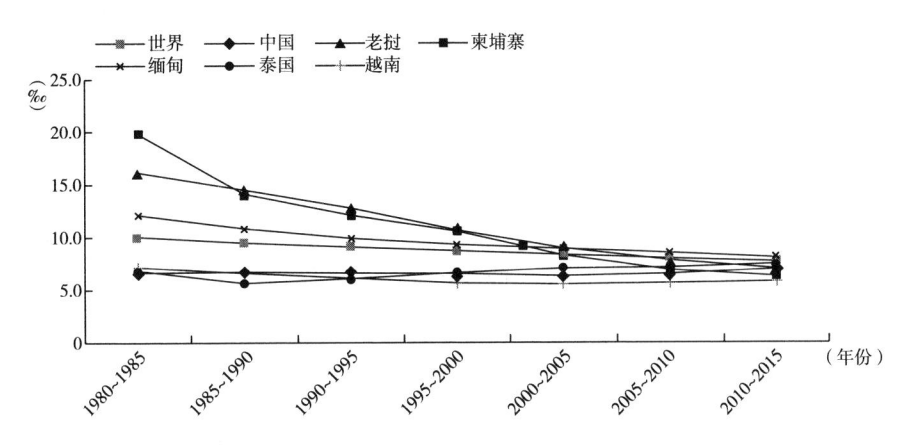

图 5-7　1980~2015 年澜湄合作国家人口死亡率
资料来源：UN，*Word Population Prospects*。

从影响澜湄合作国家人口再生产类型转变进程的因素来看，中国人口再生产类型的转变主要与政策制定和相关措施的实施有必然的联系。首先，中国人口从 20 世纪 90 年代开始就已从过渡型人口再生产进入到现代型人口再生产，由新中国成立以前的高出生率、高死亡率、低增长率转变为新中国成立以后的高出生率、低死亡率和高增长率，这一阶段仅仅经历了 20 多年。从 20 世纪 70 年代以来，随着中国计划生育政策的有效实施，人口生育率得以降低，中国人口转变向低出生率、低死亡率、低增长率方向发展。在此期间，生育政策所展示的控制能力对影响中国生育水平起到了决定性作用。比如 1969 年中国人口出生率为 34.2‰，到 1979 年时就下降到了 17.9‰，只用 10 年时间就下降了一半多。① 林富德对中国生育水平的变化与政府的人口控制的关联度进行了分析研究，分析结果显示，人口控制因素对总和生育率的直接影响强度为 -0.831，远远高于社会经济因素的直接影响强度 -0.165。②

众多研究表明，中国的计划生育政策对其人口转变起到了巨大作用。20 世纪 90 年代以后，当出生率下降到一定水平后，中国人口进入了一

---

① 魏津生：《中国人口控制评估与对策》，高等教育出版社，1996，第 146 页。
② 林富德：《走向 21 世纪的中国人口、环境发展》，高等教育出版社，1996，第 365 页。

段波动期,从统计数字上看,中国育龄妇女的总和生育率已降到了更替水平以下(1983年为2.56个、2000年为1.60个、2005年为1.61个、2010年为1.63个、2019年为1.696个),[①]这就构成了中国人口转变的一大特色。另外,中国人口转变过程也必然会受到社会、经济发展等因素的影响。[②]由于经济发展状况、人口政策、民族风俗习惯和历史环境等方面的差异,中国的人口转变也出现了明显的地区间以及城乡间的不平衡。

另外,人口再生产类型转变与经济社会发展有着必然的联系,经济的发展促使泰国、老挝和越南在医疗卫生条件、医疗技术等方面得到了较大改善和提高。比如1995年,泰国的个人自付医疗卫生支出比例为80.4%,仅次于缅甸(99.5%),居澜湄合作国家中的第2位。但到2009年,泰国个人自付医疗卫生支出所占比重已降至68.1%,成为6国中支出比例最低的国家,10多年间个人自付医疗卫生支出比重下降了12.3个百分点,降幅较大。同时,降幅较大的还有老挝,其支出比例同期下降了13.2个百分点,但越南这一指标同期仅下降了3.9个百分点;从公共医疗卫生支出上看,泰国是6国中该指标增长率最高的国家,1995年,泰国公共医疗卫生支出占医疗总支出的比重为47.0%,2009年上升到75.8%,10多年时间上涨了28.8个百分点。同期增长次快的是老挝(增长了25.7个百分点)。其他澜湄合作国家如中国,这一指标仅增长了0.4个百分点,越南、柬埔寨和缅甸则分别增长了3.8个、8.4个和9.2个百分点,这说明上述4国公共医疗卫生支出较少,且上涨速度较慢,对人口死亡率降低的贡献率相对较小。医疗卫生投入的增加,能确保人口的疾病得到及时且有效的救治,使人口身体素质得到极大的改善,一定程度上减少了因病死亡人数,提高了人口预期寿命,加速了老挝、越南及泰国的人口再生产类型的转变。

人口出生率下降与节育技术和避孕措施的普及也有着密切联系。比如泰国,1967年该国就实施家庭生育计划政策,鼓励人们自觉节育,人口出

---

① 世界银行数据库,https://data.worldbank.org.cn/indicator/SP.DYN.CBRT.IN?locations=CN&view=chart。
② 刘泰洪:《中国人口转变的模式和特点》,《内蒙古社会科学(汉文版)》2011年第6期。

生率显著下降。育龄妇女的避孕率从 1970 年的 14.8% 上升到 1995 年的 75.2%，家庭生育计划的实施和避孕措施的普及，最终导致泰国的生育率持续下降。1972 年，泰国政府努力实施一项综合发展政策，把人口同教育和就业结合起来，通过发展教育、提高国民素质来控制人口，取得了很好的效果。[①] 1984 年，泰国育龄妇女（15~49 岁女性）的避孕率就达到 60.0%，到 2007 年已达到 76.7%；中国为 90.2%（2004 年）；柬埔寨为 40.0%（2005 年）；老挝为 32.2%（2000 年）；缅甸为 37.0%（2001 年）；越南为 78.5%（2002 年），与 63.1%（2003 年）的世界平均值和 67.9%（2004 年）的亚洲国家平均值相比[②]，柬埔寨、缅甸和老挝 3 国的育龄妇女避孕率仍较低，导致这 3 国的总和生育率和出生率都较高，人口再生产类型转变较慢。在 20 世纪 90 年代前后，泰国的人口出生率就已降至更替水平，而且出生率持续下降，1991~1995 年间，泰国人口总和生育率降到了 1.98 个，这也是泰国人口再生产类型转变最快的主要原因。

表 5-16 1980~2018 年澜湄合作国家总和生育率与人均 GDP 的变化

单位：个/美元

年份	1980~1985	1985~1990	1990~1995	1995~2000	2000~2005	2005~2010	2010~2018
世界平均	3.60/2526	3.44/3492	3.02/4726	2.75/5385	2.63/6094	2.57/8562	2.52/10500
中国	2.55/232	2.73/286	1.90/428	1.51/822	1.55/1334	1.58/3262	1.60/7342
老挝	6.36/325	6.27/258	5.88/296	4.81/317	3.90/392	3.40/874	2.93/1943
缅甸	4.65/186	3.80/46	3.20/261	2.95/280	2.87/367	2.55/708	2.30/1194
泰国	2.95/762	2.30/1140	1.99/2201	1.77/2243	1.60/2208	1.56/3831	1.53/6027
柬埔寨	6.37/—	5.99/46	5.13/261	4.25/288	3.44/377	3.08/692	2.70/1117
越南	4.60/427	3.85/326	3.23/199	2.25/367	1.92/873	1.93/1000	1.96/1952

说明："/"前为总和生育率数值，"/"后为人均 GDP。1975~1985 年柬埔寨人均 GDP 数据缺失。

资料来源：总和生育率数据来自 UN, *Word Population Prospects*。其余来自世界银行数据库及世界货币基金组织数据库。

---

① 陈宁：《泰国的人口政策与成效》，东南亚，1999 年第 1 期，第 20~22 页。
② 避孕率数据来自 United Nations Department of Economic and Social Affairs Population Division。

人口出生率与妇女的生育意愿也有着较大的联系。当妇女经济条件相对较好、家庭与社会地位较高、人口素质也相对较高时，女性一般会倾向少生甚至不愿意生育。从表5-16中可看出，澜湄合作国家总和生育率与世界平均水平一样，呈现持续下降趋势，但下降幅度不一。这不仅与这些国家的经济发展有着重要的联系，同时直接受女性生育意愿影响，女性经济收入较高、受教育程度较高，生育带来的机会成本就越高，将导致育龄妇女的生育率随之下降。

3. 澜湄合作国家人口转变与社会经济发展

目前，澜湄合作各国的经济发展为世界所瞩目，区域内各国GDP年增长率逐年提高，国家间贸易往来日益频繁。澜湄合作各国较显著的两大变化是：人口转变和经济增长率的提高。人口转变表现为人口的高出生率、高死亡率转变为低出生率和低死亡率。经济增长是指在一个较长的时间跨度上，一个国家人均产出（或人均收入）水平的持续增加。经济增长率的高低体现了一个国家或地区在一定时期内经济总量的增长速度，也是衡量一个国家或地区总体经济实力的标志，决定经济增长的直接因素有投资量、劳动量和生产率水平等。一般来说，用现价计算的GDP可以反映一个国家或地区的经济发展规模，用不变价计算的GDP可以用来计算经济增长的速度。同时，人口转变和经济增长相互作用，快速的人口转变导致人口增长率的迅速下降，这使得有利于经济发展的年龄依存率直接下降。这既是经济学家、人口学家很关注的学术议题，也是决策者们很关注的问题。

毫无疑问，人口转变与经济发展密切关联，快速的人口转变可能有助于经济的快速发展，同时较快的经济发展也有助于人口转变加速推进。可以说，人口转变是促进经济发展的重要因素。从表5-17可看出，澜湄合作国家中即将完成人口转变的国家，其经济发展指标都排在前面，直观地说明人口转变与经济发展的联系。

2010年，澜湄合作国家中经济总量、经济增长率排名第一的都是中国，但由于中国人口基数大，人均GDP落后于泰国。就人均GDP的世界排名来看，中国排在第95位，泰国在89位。就人口转变指数来说，泰国与中国一样，均为0.94。整体来看，虽然越南人均GDP排在第138

位，但其人口转变指数也达到 0.92，因此，无论是 GDP 总量还是人均 GDP，中国、越南和泰国的经济发展指标都相对更好，人口转变速度较快。

而澜湄合作其余 3 国的人口转变则相对较慢，经济发展也相对滞后。比如缅甸，经济增长率较高，2010 年的经济总量排在世界第 83 位，但其人均 GDP 较低，仅排在 161 位。同期的老挝上述两项指标分别排在第 135 位、145 位，柬埔寨则分别排在第 119 位、150 位，两国的两项排名均较靠后。缅甸人口转变指数在 2010 年仅为 0.72，排在澜湄合作国家中的倒数第二位。老挝和柬埔寨人口转变指数也相对较低，其中老挝人口转变指数是 6 国中最低的，仅为 0.68，柬埔寨该指标为 0.73，排在 6 国中的第 4 位，以上 3 国的人口转变指数均未达到 0.8，人口转变速度较慢。

表 5-17　2010 年、2018 年澜湄合作各国 GDP 相关数据及人口转变指数

国别	2010 年						2018 年					
	GDP总量（百万美元）	GDP增长率（%）	GDP总量排名	人均GDP（美元）	人均GDP排名	人口转变指数	GDP总量（百万美元）	GDP增长率（%）	GDP总量排名	人均GDP（美元）	人均GDP排名	人口转变指数
中国	5926612	10.3	2	4428	95	0.94	13608000	6.6	2	9771	72	0.93
老挝	7296	7.9	135	1177	145	0.68	18131	6.5	118	2568	134	0.77
缅甸	35646	10.1	83	582	161	0.72	71215	6.2	70	1326	159	0.78
泰国	318522	7.8	30	4608	89	0.94	504993	4.1	26	7274	86	0.91
柬埔寨	11360	6.0	119	795	150	0.73	24572	7.5	109	1512	155	0.83
越南	106427	6.8	58	1224	138	0.92	244948	7.1	45	2564	136	0.92

说明：GDP 总量为现价计算。
资料来源：世界银行数据库。

2018 年，中国 GDP 总量仍在澜湄合作国家中稳居第一，同期的泰国与越南经济总量分别排在世界第 26 位、45 位。同时，中国人均 GDP 排名第 72 位。就人口转变指数来看，与 2010 年相比，中国下降了 0.01 个单位值，泰国下降了 0.03 个单位值，越南则持平，这主要与中国、泰国较低的总和生育率有直接关系。澜湄合作国家其他3国的经济总量依然偏低，缅甸、柬埔寨、老挝3国GDP总量分别排在第70位、109位和118位，排名相对靠后，其中老挝排名在澜湄合作6国中最靠后，上述3国中人均GDP排名分别为第159位、155位、134位，排名均较靠后（见表5-17）。

从国际货币基金组织公布的相关数据也可以看出经济发展对人口转变进程的影响。从中国经济数据来看，虽然中国经济总量连续10年世界排名第2，但很多社会经济指标还是值得关注的。比如：2018年，以国际汇率计算人均GDP，中国人均GDP为9770.847美元，低于11296.783美元的世界同期平均值，排在第1位的卢森堡为114340.499美元，是中国的11.7倍，中国排在所统计的182个国家中的第69位。若按图标集法衡量国民总收入（GNI，现价美元），全世界国民收入总量为84.303万亿美元，其中，中国为13.184万亿美元，美国为20.563万亿美元，中国、美国分别占世界总量的15.6%、24.4%，中国和美国的收入差距依然较大。

另外，根据联合国人口基金发布的《2009年世界人口状况报告》，在所列的186个国家或地区中，在总和生育率从低到高的排序中，2009年中国（1.77个）排在第41位，低于英国、瑞典、法国、澳大利亚和美国等发达国家；而在人均国民总收入从高到低的排列中，2018年中国的排名位于192个经济体中的第71位；在人口安全饮用水获得率从高到低的排序中，中国则仅位列第88位。[①] 这说明中国的人口指标依然是超前于经济社会发展指标的。在拥有接近14亿人口的大国环境下，在有限的社会经济发展水平下，应当说中国创造了人口转变的世界奇迹。

4. 人口转变与年龄依存率

人口转变与年龄依存率也有着密切的联系，尤其是人口出生率的快速下降将直接导致人口年龄构成发生巨大变化。首先，该变化直接影响年轻人数量，导致劳动年龄人口数量降低，同时伴随老年人口比重的逐渐增长，从而导致较低的年龄依存率出现。中国、泰国、越南这3个国家在人口转变过程中，劳动年龄人口数量逐渐减少，老少比增加，年龄依存率下降快。缅甸由于在2000年前总和生育率较高，2000年该国总和生育率为

---

① 宋珊：《中国人口转变中的婚育行为转变》，中国人民大学硕士学位论文，2008。

2.878个，此后迅速下降至2017年的2.168个，接近更替水平。老挝和柬埔寨两国人口红利还会存续较长时间。表5-18显示了澜湄合作国家年龄依存率的变化状况。

表5-18 1980~2020年澜湄合作国家年龄依存率

单位：%

国别	1980年	1990年	2000年	2010年	2020年
世界	69.49	64.20	57.98	52.91	52.21
中国	68.63	80.18	68.92	39.28	44.30
老挝	90.48	89.04	87.62	68.07	58.23
缅甸	81.16	70.94	55.04	47.28	45.99
泰国	76.68	52.91	45.99	41.24	44.30
柬埔寨	78.57	89.75	81.49	56.74	52.67
越南	90.48	79.21	63.93	45.77	42.25

资料来源：根据UN，*Word Population Prospects*中数据计算获得。

二 澜湄合作国家人口转变相关影响因素

在工业化、城市化和现代化的逐步推动下，社会结构、制度和技术等因素对人口转变的影响日益加大，人口与经济、社会、文化和政治的关系日益紧密，由此导致人口转变对社会、经济乃至文化的影响日趋突显。这些因素不仅直接反映在人口数量转变上，而且直接反映在人口结构、人口质量和人口分布上。比如，根据世界银行统计数据，欧美国家在现代化完成时，出生预期寿命普遍超过了75岁，0~1岁的婴儿死亡率低于10‰，高等教育普及率达到35%以上，成人识字率超过95%等。因此，人口转变中的素质指标不仅能衡量一个国家或地区的人口转变速度，同时也反映出这一国家或地区的经济、社会、文化和政治水平。人口素质包含的内容较为广泛，其中的一些内容，如出生预期寿命也隐含在人口自然增长率这一指标中，因而一般用人口质量指数的三项指标[①]作为衡量人口转变中人口素质高低的主要

---

① 人口质量指数包括婴儿死亡率、出生预期寿命和成人识字率。

内容。当一个国家或一个地区真正完成了人口转变，也就意味着这一国家或地区的人口城市化、非农化进程基本结束，人口进入零增长状态。

（一）5 岁以下儿童死亡率变化

5 岁以下儿童死亡率[①]是评价一个国家或地区社会经济、文化综合发展的重要指标，也是评价其卫生工作状况、妇幼卫生工作质量和保护儿童权益的重要指标。《儿童权利公约》中的第 6 条指出："每个儿童享有固有的生命权"。因此，降低婴幼儿死亡率、向所有儿童提供必要的医疗援助和保健、消除疾病和营养不良现象是各国政府的重任，也是影响人口转变进程的重要因素之一。

从图 5-8 的曲线变化可以看出，1980~2018 年，世界平均水平及澜湄合作各国的 5 岁以下儿童死亡率均在不断下降，从整体曲线图来看，降幅最大的是老挝，这与全球经济与卫生事业的发展有着密切联系。具体来

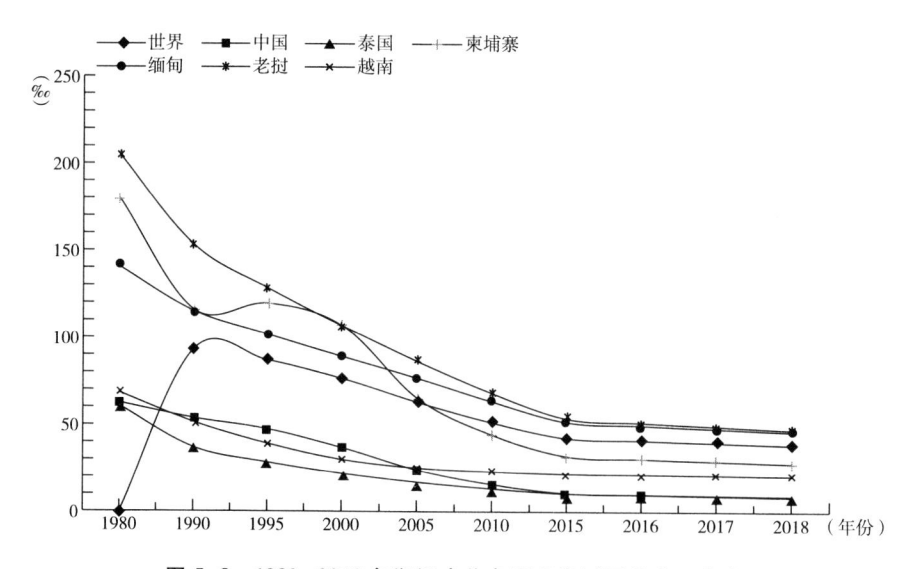

图 5-8　1980~2018 年澜湄合作各国 5 岁以下儿童死亡率
资料来源：根据世界银行数据库计算获得。

---

① 5 岁以下儿童死亡率是在以当前分年龄死亡率为依据的情况下，每千名新生儿在年满 5 岁之前死亡的概率。

看，1980年以来，澜湄合作国家中泰国历年的5岁以下儿童死亡率均是最低的，1980年比中国、越南分别低了近2个、8个千分点，比澜湄合作其他3国低得更多。这说明泰国政府自20世纪较早时期就对卫生医疗事业的发展与儿童发展的关注度与投入度较高。1990年泰国5岁以下儿童死亡率较1980年下降了23.7个千分点，同期越南与中国则分别下降了16.8个、8.8个千分点。而柬埔寨、老挝、缅甸降幅更大，同期分别下降63.7个、51.7个、25.3个千分点。5岁以下儿童死亡率的下降对人口死亡率的下降具有较高的贡献，对人口转变进程也有着较大的促进作用。

进入21世纪，澜湄合作国家5岁以下儿童死亡率均呈现较大幅度的下降。具体来说，1990~2000年，世界平均值下降了16.8个千分点，澜湄合作国家中超过该降幅的国家有中国（下降了16.9个千分点）、越南（下降了21.5个千分点）、老挝（下降了46.3个千分点）和缅甸（下降了26.0个千分点），而泰国则下降了15.0个千分点。柬埔寨的降幅最小，仅下降了9.1个千分点，而且该国2000年该值依然高达106.8‰，是澜湄合作国家中最高的，比世界同期平均值高出30.4个千分点，而该情况也间接影响了柬埔寨的人口转变进程。2010年，澜湄合作国家中除了老挝、缅甸该值超过世界平均水平外，其余4国均低于世界平均值。2000~2010年该值降幅最大的是柬埔寨，其间下降了62.5个千分点，同时，2010年泰国和中国的5岁以下儿童死亡率均低于20‰，最低的泰国为13.3‰，比世界同期值低了38个千分点。2015年后，世界平均值降幅缓慢，到2018年依然高达39.8‰，澜湄合作国家中除了老挝、缅甸高于世界同期值外，其余4国均比世界平均水平低出较多。2016年起，中国的5岁以下儿童死亡率低于泰国，说明随着中国的经济发展和技术进步，对儿童健康和教育的投入不断加大。2017年，中国和泰国的5岁以下儿童死亡率均低于10‰，说明两国在经济的发展、医疗卫生事业的投入以及对儿童生存权利的保障上均有着较大发展。值得注意的是越南，1980年越南5岁以下儿童死亡率排在澜湄合作国家中的第3位，2018年虽然依旧排在第3位，但相比中国与泰国，越南的降幅相对较小，其间中国、泰国分别下降了53.9、51.5个千分点，越南仅下降了47.5个千分点，2018年越南5岁以下儿童死亡率依然高达20.7‰。针对5岁以下儿童死亡率指标判断，越南、老挝、柬埔寨、缅甸四国均有较大的下降空间，这对加快人口转变进程有着较大影响。

（二）人口预期寿命的变化

随着各国社会经济发展和医疗卫生服务水平的提高，人们生活质量也越来越高，最终促使人口预期寿命得到较大幅度提高。可见，人口预期寿命的提高，既是人口素质提高的体现，也是国家或地区经济、社会和医疗水平提高的体现。医疗公共服务水平的快速发展有利于提高人口素质、加快人口转变进程。

表 5-19 1980~2017 年澜湄合作国家人口预期寿命

单位：岁

国别	1980~1985年	1985~1990年	1990~1995年	1995~2000年	2000~2005年	2005~2010年	2010~2017年
世界	63.60	64.89	65.87	67.02	68.41	69.93	71.54
中国	67.72	68.90	69.69	70.99	73.01	74.65	75.85
柬埔寨	40.47	52.49	54.38	56.66	60.76	64.94	68.04
老挝	49.99	52.32	54.86	57.53	60.36	63.11	65.77
缅甸	55.95	57.83	59.61	61.30	62.88	64.36	66.10
泰国	66.08	69.32	70.25	70.35	71.32	73.07	74.77
越南	68.31	69.77	71.25	72.64	73.78	74.69	75.78

资料来源：根据世界银行数据库计算获得。

从表 5-19 可看出，澜湄合作国家与世界总体发展趋势一样，人口预期寿命均逐年提高。其中，越南、泰国与中国的人口预期寿命比世界同期平均水平高出较多，而且提高速度较快。具体来看，1980~1985 年间，越南人口预期寿命比世界同期值高出 4.71 岁，中国高出了 4.12 岁，泰国高出 2.48 岁，其余 3 国老挝、缅甸、柬埔寨则分别比世界同期值低了 13.61 岁、7.65 岁、23.13 岁，柬埔寨人口预期寿命最短，比同期域内寿命最长的越南少了近 28 岁；1990~2000 年，各国人口预期寿命均有提高，只是幅度的差异，这与期间各国的经济发展有着密切的联系。2005~2010 年间，越南、中国和泰国的人口预期寿命分别比世界平均水平高出 4.76 岁、4.72

岁和 3.14 岁。而柬埔寨、老挝和缅甸 3 国的人口预期寿命一直都较低，但提高速度较快，上述 3 国 2005~2010 年分别比 1980~1985 年间提升了 24.47 岁、13.12 岁、8.41 岁，缅甸增长幅度最小。2010~2017 年，澜湄合作国家中的中国、泰国、越南的人口预期寿命分别比世界同期平均水平高 4.31 岁、3.23 岁、4.24 岁，域内国家中，中国该值是最高的。另外，柬埔寨、老挝、缅甸 3 国该值均不到 70 岁，分别比世界同期低了 3.5 岁、5.77 岁、5.44 岁，老挝的值最低，说明这 3 国还需要采取相应措施提高人口预期寿命。

（三）成年人口识字率变化

1990 年，联合国开发计划署首次发布了《人类发展报告》，公布了"人类发展指数"，该指数涉及预期寿命、成年人识字率、实际人均国内生产总值三个变量。其中，成人识字率是衡量人口质量的一项重要指标，同时也是衡量一个国家教育水平，即"反映一个国家生产潜力"的重要指标，即人力资本。成人总体识字率的提高可以作为一个国家综合水平高低与竞争力提高的重要标志之一。

表 5-20　1980~2018 年澜湄合作国家成人识字率

单位：%

年份	世界	中国	老挝	缅甸	柬埔寨	泰国	越南
1980	67.14	65.51	—	78.57	—	87.98	83.83
1990	74.37	77.79	60.25	—	—	—	87.60
2000	80.78	90.92	69.58	89.94	67.34	92.65	90.16
2010	84.10	95.12	58.29	—	73.90	96.43	93.52
2015	85.60	—	84.66	—	80.53	—	—
2016	85.90	—	—	—	—	92.87	—
2017	86.13	—	—	—	—	—	—
2018	86.30	96.84	—	—	—	—	95.00

资料来源：根据世界银行数据库计算获得，"—"为数据缺失，同时因数据缺失，中国 1980 年数据用 1982 年数据替代、缅甸 1980 年数据用 1983 年数据替代、老挝 2010 年数据用 2011 年数据替代、柬埔寨 2000 年数据用 1998 年数据替代、柬埔寨 2010 年数据用 2009 年数据替代、越南 1980 年数据用 1979 年数据替代、越南 1990 年数据用 1989 年数据替代、越南 2010 年数据用 2009 年数据替代。

从表 5-20 可看出，2000 年的数据是最完整的。在 2000 年，与世界平均水平相比，澜湄合作 6 国的成人识字率只有老挝和柬埔寨分别低于世界平均值 11.2 个和 13.44 个百分点。值得注意的是，相比较其他各项指标，缅甸在该项指标上的表现是比较突出的，成人识字率超过世界同期平均值 9 个百分点。到 2015 年，老挝该值已接近世界平均值，6 国中只有柬埔寨与世界平均值尚有差距。这意味着柬埔寨的人力资本存量和劳动力人口竞争力相对较低。不过，与 2000 年相比，老挝和柬埔寨与世界平均值的差距已缩小了很多，说明上述两国教育的投入较大，是一个很不错的发展信号。截至 2018 年，中国和越南的成人识字率已分别超过世界同期水平 10.54 个和 8.7 个百分点。

造成成人识字率差异的原因可以从各国针对小学生的人均支出占人均 GDP 的比例中看出，2009 年，泰国的小学生人均支出占人均 GDP 的比例达到 24%，是澜湄合作国家中最高的，因此泰国也是澜湄合作国家中成人识字率最高的国家。其次是越南的小学生人均支出占人均 GDP 比重较大，2008 年时已达到 19.6%，而老挝在 2005 年时仅为 10%，缅甸为 2.6%（2003 年），柬埔寨 5.4%（2002 年）。[①] 这说明政府教育投入力度越大，国民的文化素质就越高。

（四）人口超过 100 万人的城市群的人口占总人口比重变化

人口超过 100 万人的城市群的人口是指居住在人口超过 100 万人的城市或地区的国家人口。一般来说，一个国家的经济重心基本集中在大城市，人才也相对集中在此。同时，城市群的发展可以吸纳更多人口就业，吸收更多农村人口的转移，加快一个国家或地区的城市化进程，这也是提高人口就业水平与人口综合素质的一种手段与方式。工业化率和城市化率的提高，可以更好地促进新兴工业化、新型城镇化进程，促进城乡间更好地互动与发展，推动一个国家的社会经济发展。

从表 5-21 看出，2010 年以前，澜湄合作 6 国人口超过 100 万人的城市群的人口占总人口比重均未超过世界同期平均值，这是一人值得思考的

---

① 世界银行数据库。

问题。直到 2010~2018 年间，仅中国该值超过世界同期平均水平。

整体来看，澜湄合作国家中，除了越南在 1985~1990 年，该值呈现了小幅下降外，其他国家发展趋势与世界平均水平一致，均呈现稳步上升态势，只是上升的幅度有差异。具体来看，上升幅度最大的是中国，从 1980~1985 年的 8.61% 上升至 2010~2018 年的 25.60%，提高了 16.99 个百分点。与世界同期值的差距值来看，1980~1985 年，中国与世界平均水平相差 8.49 个百分点，到 2018 年中国反超世界同期平均值 2.5 个百分点。柬埔寨与世界同期水平差值相对较大，该国 1980~2018 年人口超过 100 万人的城市群人口占总人口比重仅增长了 6.1 个百分点，虽与世界平均增长速度近似，但两者的差值依然高达 11.78 个百分点，是澜湄合作 6 国中与世界平均值差值最大的国家，说明柬埔寨的城镇化进程以及城市群的建设尤其缓慢。

观察经济发展状况相对较好的国家泰国、越南，从指标上看，1980~2018 年，虽然两国人口超过 100 万人的城市群的人口占总人口比重与世界平均值的差值在不断缩小，但作为澜湄次区域内 GDP 总量与人均 GDP 排名都相对靠前的国家，该值尚不及世界平均值，说明这两国在城市群的建设与发展上任重而道远。具体来看，1985~1990 年的泰国与世界平均值相差 6.66 个百分点，2010~2018 年缩小至 4.56 个百分点，越南在 1980~2018 年期间与世界平均值的差距仅缩小了 0.79 个百分点。同时，澜湄 6 国中仅缅甸人口超过 100 万人的城市群的人口占总人口比重与世界平均值的差距在扩大，1980~1985 年，缅甸与世界水平的差值为 8.5 个百分点，2010~2018 年，差值扩大至 11.55 个百分点，说明缅甸城市群的发展速度远远不及同期世界平均增长速度。

表 5-21 1980~2018 年人口超过 100 万人的城市群的人口占总人口比重

单位：%

国别	1980~1985 年	1985~1990 年	1990~1995 年	1995~2000 年	2000~2005 年	2005~2010 年	2010~2018 年
世界	17.10	17.72	18.51	19.59	20.74	21.72	23.10
中国	8.61	9.69	11.59	14.93	18.57	21.57	25.60
柬埔寨	5.22	6.18	7.13	8.90	9.67	10.26	11.32

续表

国别	1980~1985年	1985~1990年	1990~1995年	1995~2000年	2000~2005年	2005~2010年	2010~2018年
缅甸	8.60	8.66	8.96	9.38	9.86	10.55	11.55
泰国	10.57	11.06	11.61	12.28	13.64	15.77	18.54
越南	8.07	7.70	8.04	8.95	10.31	12.08	14.86

资料来源：根据世界银行数据库计算获得，其中老挝无人口超过100万人的城市。

可见，澜湄合作6国城市群人口比重虽然不断提高，但除了中国外，另外5国增长的幅度较小，城市发展速度尚不及世界平均增速，这些国家的城市发展道路依然挑战众多，既不利于农村人口的转移与发展，也不利于人口转变进程的推进。

（五）农村人口占总人口比重变化

在世界各国的发展中，一国经济由落后到发达的整个发展过程，几乎就是城市化发展的全过程，其显著标志就是农村人口占总人口比例的不断下降或者说城市人口占总人口比例的不断提高。比如英国，城市化率超过90%，新加坡该指标在20世纪90年代初就达到100%。如果一个国家或地区农村人口比重过大，可能会出现较为严重的问题，如阻碍农业现代化发展、农村富余劳动力的转移以及农村人口素质的提高。一旦农业人口比重过高，人均、户均土地少，农民的收入降低，生活水平难以提高。同时，农民收入过低导致现代化意识薄弱，对农业机械化要求就不强烈，现代农业技术知识也就难以推广。积极促进农村富余劳动力转移，降低农村人口比重，逐步推进城市化进程，不仅是解决农民收入问题的有效途径，也是解决现阶段大多数发展中国家社会经济发展中一系列其他深层次社会矛盾的重要突破口。

首先，城市化发展可以促进农村剩余劳动力的转移，解决人口结构性矛盾。城市人口规模的扩大可以拓展第二、三产业的发展空间，从而创造更多的就业岗位，缓解就业压力；其次，大量农村人口变为城市人口，更多的土地可以恢复自然状态，生态环境从根本上可以得到修护与保护，为促进社会经济的可持续发展提供土地保障；最后，它还能提高农业劳动生产率、促进农业现代化和城乡一体化发展等。从农村人口进入城市发展的利弊来看，一方面，城市人口的增加会加速城市化发展，提高社会经济发展水平；另一方面，在城市发展有限的情况下，过多的农村人口涌入城市，也可能造成城市病，比如出现环境恶化、贫民窟等。同时，如果伴随物价上涨、城市拥挤，一旦农业人口在城市无法获得生存空间，生活水平无法进一步提升，可能导致其生活压力变大，有可能进一步激化城乡矛盾。因此，城市化发展进程不是越快越好，更不可能一蹴而就。

表5-22 1980~2018年澜湄合作国家农村人口占总人口比重

单位：%

国别	1980~1985年	1985~1990年	1990~1995年	1995~2000年	2000~2005年	2005~2010年	2010~2018年
世界	59.68	57.86	56.06	54.23	52.09	49.59	46.51
中国	78.83	75.37	71.33	66.61	60.86	54.13	45.69
柬埔寨	87.24	85.27	83.58	81.92	81.12	80.39	78.16
老挝	86.92	85.39	83.65	80.38	75.41	71.39	67.46
缅甸	75.90	75.19	74.32	73.43	72.52	71.59	70.30
泰国	72.56	71.24	70.15	69.25	65.64	59.39	53.02
越南	80.60	80.20	78.80	76.79	74.19	71.17	66.82

资料来源：根据世界银行数据库计算获得。

从澜湄合作各国农村人口占总人口的比重可以看出（见表5-22），除中国在2010~2018年的农村人口比重低于世界同期平均值0.82个百分点外，1980~2018年，澜湄合作其他国家该值都远远高于世界同期值，这说明澜湄合作国家聚积在农村的人口数量还很庞大，农村人口占总人口的比重较高，且农业人口向城市转移的速度较为缓慢。1990年，中国第四次人口普查时，农村人口占全国总人口的75.37%。2000年，农村人口比重降为66.61%，而到第六次全国人口普查时，中国城市人口比重为49.68%，农村和城市的人口分布基本持平。依据世界银行数据库公布的数据，2007年，世界平均的农村人口比重降至49.86%，城市人口比重稳步增长，且在城市生活的人口总量超过农村。在澜湄合作国家中，2011年中国农村人口占总人口比重降至49.49%，这是中国历史上第一次城市人口数超过农村人口数,中国城市人口占总人口数过半的时间比世界平均值过半的时间晚了4年。而城市居民的比例超过农村居民,标志着中国数千年来以农村人口为主的城乡人口结构发生了逆转。中国农村人口比重的下降,主要是由于21世纪以来中国政府大力推进城镇化、积极进行小城镇以及特色小镇的建设,使大量农村人口直接转为城镇人口。到了2018年,农村人口占中国总人口数的比重降至40.85%,比世界平均值低了3.88个百分点,说明中国城镇化发展速度快于世界平均速度。

1980~2018年,除了中国外,澜湄合作其他国家农村人口占总人口的比重与世界平均水平的差值有缩小、有扩大。具体来看,1980~1985年,老挝、泰国、越南农村人口占总人口的比重比同期的世界平均值分别高27.24个、12.88个和20.92个百分点;2010~2018年,上述3国与世界平均值的差值分别为20.95个、6.51个、20.31个百分点,差距有所缩小,但老挝、越南数值与世界平均值的差值依然较大。而柬埔寨、缅甸两国在1980~2018年间,与世界平均值的差距反而在扩大。具体来看,1980~1985年,两国农村人口占总人口的比重分别比同期世界平均值高27.56个、16.22个百分点,2010~2018年,该差值扩大到31.65个、23.79个百分点。

截至2018年,世界平均的农村人口占总人口比重为44.73%,中国该值为40.85%,泰国为50.05%,越南为64.08%,老挝为64.99%,缅甸为69.42%,柬埔寨为76.61%。2018年仅中国农村人口比重低于世界平均值,即中国城市化水平高于世界平均水平。同期的泰国、越南分别比世界平均值高出5.32个和19.35百分点,分别相当于2006年、1967年时的世界平均值。世界银行数据库最早的数据记录在1960年,当年世界农村人口比重为66.39%,也就是说,缅甸与柬埔寨在2018年时农村人口比重比20世纪60年代的世界平均值还要高。从以上分析可以看出,澜湄合作国家还有待加速城市化发展进程,以促进经济发展与人口结构性矛盾的调整。

(六) 贫困人口比例的变化

随着经济的发展、社会保障制度的健全及收入分配制度的科学化,贫困人口的人均收入不断增加,同时贫困人口数量在逐年减少。目前,全球在减少极端贫困人口等方面已取得了较大进展,但发展并不均衡。全球极端贫困人口比例已从 1990 年的 46% 下降到 2005 年的 27%，2015 年降至 9.6%，首次降至 10% 以下。其中，东亚和东南亚减贫工作效果最为显著，已提前实现目标。① 分析澜湄合作各国贫困人口比例的变化，可以分析这些国家在减少贫困人口方面做出的贡献，弄清楚各国之间的差距。目前，世界各国贫困线的划分有绝对贫困标准和相对贫困标准两种。发达国家大都采用相对贫困标准，如国际贫困线法，即要让低收入者分享社会发展的成果，保证贫困人口也能过上"体面的生活"（Decent Life），而不仅仅是免除生存危机。而发展中国家大都采用的是绝对贫困标准，比如中国的城市居民最低生活保障线也属于绝对贫困标准，其低保金主要考虑的是家庭食品开支。

首先，按城市贫困线来分析澜湄合作各国贫困人口比例。世界银行数据库数据显示（由于无缅甸数据，故未放入其中分析），澜湄合作各国中城市贫困比例最小的是中国，1998 年城市贫困人口比例仅为 2%。下降幅度最大的则是越南，1993 年时该数值高达 25.1%，1998 年下降到 9%，2010 年为 6%，2014 年又降至 3.8%，21 年下降了近 21.3 个百分点；同时，泰国的下降幅度也相对较大，2000 年城市贫困人口比例为 22.2%，2010 年下降到 8.7%，2011 年又反弹到 9%，随后 2013 年又降至 7.7%，13 年里下降了 14.5 个百分点。另外，柬埔寨和老挝的城市贫困人口比例还比较高。2003 年，柬埔寨的比例为 28.5%，到 2012 年降至 6.4%，下降了 22.1 个百分点；老挝在 1992 年时该比例高达 33.1%，1997 年降至 22.1%，到 2012 年时已下降到了 10%②，不过与世界同期水平相比，城市贫困人口所占比例仍较高。

其次，按国家贫困线来衡量，即国家贫困线以下人口占总人口比例来衡量。根据世界银行数据库数据，按国家贫困线来衡量，同样是中国所占比例最低，2010 年为 17.2%，2013 年为 8.5%，到 2017 年时下降到 3.1%；下降幅度最大的是泰国，2000 年泰国这一比例高达 42.3%③，持续下降到 2007 年的 20%，2008 年时又上升至 20.4%，随后不断下降，2016

---

① 《全球减少极端贫困人口取得较大进展》，《人民日报》2010 年 6 月 25 日。
② 世界银行数据库，https://data.worldbank.org.cn/indicator/SI.POV.URHC?locations=LA&view=chart。
③ 世界银行数据库，https://data.worldbank.org.cn/indicator/SI.POV.NAHC?locations=TH&view=chart。

年已降至8.6%，十几年间下降了33.7个百分点。其次，下降幅度较大的是越南，从2012年的17.2%下降到2016年的9.8%，几年时间这一比例下降了近一半。同时，下降幅度较小的是柬埔寨，2003年国家贫困线人口占总人口比例高达50.2%，此后缓慢下降，2006年后下降速度加快，截至2012年，该比例降至17.7%。缅甸早期该值的降幅同样不大，2005年该比例也高达48.2%，中间缓慢下降，截至2015年，比例降至32.1%，10年间下降了16.1个百分点，说明缅甸的减贫工作进展显著。另外，老挝的下降幅度则较小，由1997年的39.1%降至2012年的23.4%，15年间下降了近16个百分点。总体来看，柬埔寨的降幅大于缅甸、老挝，但减贫任务仍十分艰巨。

最后，按农村贫困线衡量，即按农村贫困线以下人口占总人口的比例来衡量一个国家或地区贫困人口的下降幅度。在澜湄合作国家中，按照现阶段所占比例由低到高排列，依次是：中国、泰国、越南、老挝和柬埔寨（因没有缅甸数据，故没有放入其中进行分析）。世界银行数据库显示，中国在2013年时这一比例为8.7%，2014年降至7.2%。泰国从1988年的49.7%下降到2006年的28.3%，2013年降至13.9%，下降幅度较大。同时，虽然越南该比例依然较高，但下降幅度最大，从1993年的66.4%下降至2014年的18.6%，20余年间下降了47.8个百分点。另外，老挝也从1992年的48.7%降至2012年的18.6%，20年间下降了约30个百分点。最后，柬埔寨在2003年时农村贫困线以下人口所占比例高达54.2%，2008年降至38.5%，截至2012年，该比例仍高于20%，相对来说，柬埔寨的贫困比例依然较高。

总之，澜湄合作国家人口素质在过去40年间都有较大幅度的提高，相对来说，柬埔寨、缅甸和老挝的各项指标均差强人意，很多项指标低于世界同期平均值，而中国、泰国和越南的人口素质相对较高，人口质量也较高。

从以上分析可看出，目前澜湄合作国家的人口转变处在不同的发展阶段，应该说，各国人口转变进程还没有完成。综合来看，中国、泰国和越南的人口结构基本属于现代型人口结构状态，人口转变基本进入转变后期阶段；老挝和柬埔寨还处在从传统型向现代型的过渡转型人口转变阶段；而缅甸尚处于传统型人口发展阶段。

第三节 澜湄合作国家未来人口转变态势

人口的现代化转变已成为澜湄合作国家人口发展的一个基本趋势，但是不同的人口基础以及经济发展的巨大差异，必然导致区域内各国在未来人口转变的过程中呈现出极大的差异化。本节根据联合国的人口预测数（中方案），对澜湄合作国家未来的人口特征进行比较分析，判断2050年、2100年各国人口转变态势，并探讨各国人口变动对未来澜湄合作的影响。

一 各国未来人口指标比较

尽管澜湄合作国家都属于发展中国家，但进入21世纪以来，各国的经济发展差距日益扩大。其中，老挝、缅甸、柬埔寨三国经济发展依然相对滞后，均被列入联合国确定的最不发达的51个国家名单中，中国、越南与泰国则属于新兴市场经济国家，尤其是中国和越南，近10多年来两国始终保持着较高的经济增长速度，是未来新兴市场中的重要角色。应该说，由于经济发展水平的不同，澜湄合作国家经济发展的梯度差异已经较为明显。再加上文化、社会制度和自然环境的差异，导致澜湄合作国家在人口发展指标上也存在较大的差异性。可以预计在未来，随着各国社会经济发展差距的进一步拉大，澜湄合作国家人口指标的差异性还将长期存在。为此，有必要对21世纪中叶澜湄合作国家的多项人口预测指标进行比较分析（见表5-23）。

表5-23 澜湄合作国家2050年人口指标预测

人口指标	中国	老挝	缅甸	泰国	柬埔寨	越南	世界	发达国家	欠发达国家
总人口（万人）	141705	1074.4	6337.3	7379.5	2379.5	11166.6	914998.4	127524.3	787474.2
出生率（‰）	9.9	15.7	12.3	11.4	14.4	11.2	13.4	10.2	13.9
死亡率（‰）	13	6.5	10.5	12.8	7.5	9.9	10	12.7	9.6

续表

人口指标	中国	老挝	缅甸	泰国	柬埔寨	越南	世界	发达国家	欠发达国家
总和生育率（个）	1.85	2.07	1.85	1.85	1.93	1.85	2.02	1.8	2.05
婴儿死亡率（‰）	10	13	29	4	15	9	23	4	25
出生预期寿命（岁）	79.3	75.8	74.8	77.2	74.4	80.4	75.5	82.8	74.3
人口增长率（‰）	-3.3	7.8	1.7	-1.2	6.8	0.9	3.4	-0.7	4.1
性别比	106.3	100.4	94.4	95.6	99.3	99.1	100.7	96.3	101.4
≤14岁人口比重（%）	15.2	22.8	18	17.3	21.2	16.7	18.7	15.4	20.3
≥65岁人口比重（%）	23.3	9.5	17.5	20.2	10.4	20	16.2	26.2	14.6
年龄中位数（岁）	45.2	32.6	39.7	41.4	34.6	42.4	38.4	45.6	37.2
城市化率（%）	73.2	68	62.9	60	43.8	59	68.7	86.2	65.9
人口密度（人/平方公里）	148	45	94	143	131	337	67	24	95

资料来源：UN，*World population prospects*。

（一）人口数量与密度

2050年，澜湄合作国家人口总量将达到170042.3万人，占世界总人口的18.58%。其中，中国人口数量将达到141705万人，依然居澜湄合作国家之首；越南人口数量位居第二，达到11166.6万人，也将成为人口过亿的大国；泰国、缅甸、柬埔寨人口数量分别为7379.5万人、6337.3万人、2379.5万人，分别位列第三、四、五位；老挝人口数量最少，预计将达到1074.4万人。澜湄合作国家人口数量差异相当大，既有刚刚超过千万人口的老挝，也有人口过亿的越南以及过10亿的中国；除了中国外的5国人口总量为28337.3万人，仅占中国人口总量的20%。

澜湄合作次区域整体上属于人口较为密集的区域，2050年，区域平均人口密度为150人/平方公里，与同期67人/平方公里的世界平均值以及95人/平方公里的欠发达国家平均值相比，澜湄合作次区域人口分布更稠密。根据世界人口积聚程度的划分标准：人口密度低于50人/平方公里为相对稀疏区，50~99人/平方公里为一般过渡区，100~199人/平方公里为低度集聚区，200~299人/平方公里为中度集聚区，300人/平方公里以上为高度集聚区。澜湄合作6国虽整体处于低度集聚区，但区域内各国也有着显著差异，其中人口最为密集的是越南，其人口密度达到337人/平方公里，为人口高度集聚区，而人口最为稀疏的是老挝，仅为45人/平方公里，属于相对稀疏区，前者密度是后者的7.5倍。缅甸人口密度为94人/平方公里，属于一般过渡区。中国、泰国、柬埔寨的人口密度分别为148人/平方公里、143人/平方公里、131人/平方公里，均属于人口低度集聚区。

（二）人口增长特征

根据2050年澜湄合作6国的人口增长率（见表5-23），可以将澜湄6国划分为三种类型。

第一类是中国和泰国，人口增长将表现出典型的低出生率、低死亡率以及负增长的态势，届时将进入以超低生育率为特征的现代稳定型人口特征，尤其是中国，除婴儿死亡率较高外，出生率、死亡率、自然增长率和总和生育率等人口自然增长的指标将达到发达国家的平均水平，人口的现代化特征十分明显。

第二类是缅甸和越南，其人口增长呈现出从传统型后期向现代型转变的态势，2050年，两国人口出生率分别为12.3‰和11.2‰，死亡率分别为10.5‰和9.9‰，两项指标值已经十分接近，人口自然增长率届时将低于世界平均水平，而两国的人口增长率将分别降至1.7‰、0.9‰。

第三类是老挝和柬埔寨，人口增长类型仍然属于传统型的后期阶段，死亡率将下降到6.5‰和7.5‰的极低水平，但出生率仍保持在15.0‰左右的较高水平，人口再生产还将保持扩张态势，具有较高出生率、低死亡率和较高自然增长率的典型特征；尤其是老挝，2050 年该国人口出生率比欠发达国家平均水平高 1.8 个千分点，总和生育率高 0.02 个，死亡率则低 3.1 个千分点，人口增长率依然高达 7.8‰。应该说，到 21 世纪中叶，澜湄合作区域除了中国与泰国人口降为负增长外，其他国家均为人口正增长状态，尤其是老挝与柬埔寨，人口增长率依然较高，该区域还将是世界人口增长较快的地区之一。

（三）人口结构特征

2050 年，澜湄合作国家人口在性别结构方面有着明显的差异。首先，中国男性人口明显多于女性，届时总人口性别比仍高达 106.3。其他 5 国可分为两种类型，第一类是性别比相对均衡的国家，包括老挝、柬埔寨、越南 3 国，其总人口性别比分别为 100.4、99.3 和 99.1；第二类是女性人口明显多于男性的国家，包括缅甸和泰国，总人口性别比分别为 94.4 和 95.6。

从人口年龄结构来看，2050 年，澜湄合作 6 国都将步入老年型人口结构阶段（见图 5-9）。如果以目前普遍认可的人口老龄化标准来看，即使老年人口比重最低的老挝，其 65 岁及以上老年人口比重也将在 2050 年达到 9.5%，超过了 7% 的临界值。各国人口老龄化的程度差异较大。首先，人口老龄化最为严重的依然是中国，中国在 2000 年第五次人口普查时，65 岁及以上老年人口比重刚好超过 7%，随着人们生育意愿的持续下降、生育观念的转变，中国人口老龄化加速发展。到 2050 年，中国老年人口比重将达到 23.3%，与发达国家平均水平较为接近，比世界平均水平以及欠发达国家平均水平分别高出 7.1 个、8.7 个百分点；泰国、越南、缅甸 3 国的人口老龄化程度略低于中国，2050 年，上述 3 国的老年人口比重将分别为 20.2%、20.0% 和 17.5%；老挝和柬埔寨则属于人口老龄化程度相对较轻的国家，2050 年老年人口比重分别为 9.5%、10.4%，比欠发达国家平均水平分别低 5.1 个、4.2 个百分点，说明上述两国在 2050 年仍然是澜湄合作国家中人口结构最为年轻化的国家。

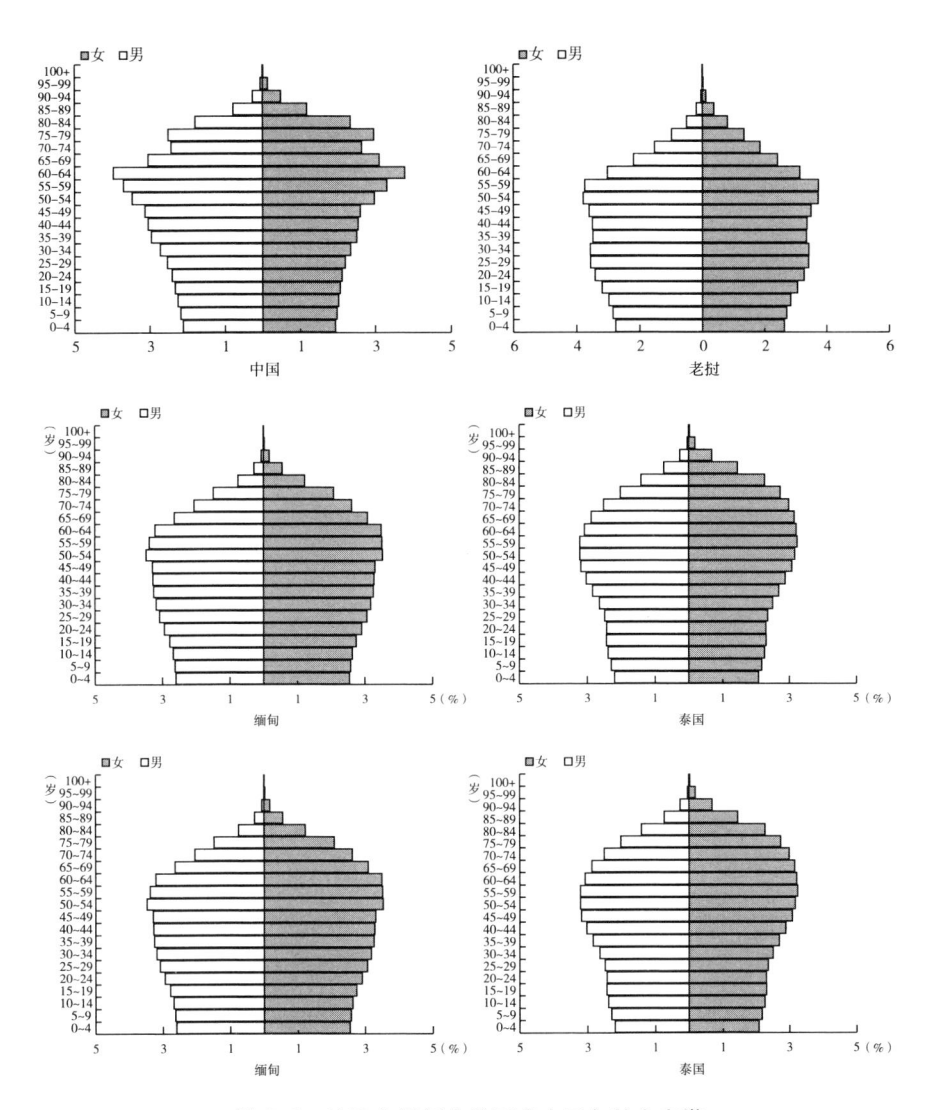

图 5-9　2050 年澜湄合作国家人口年龄金字塔

资料来源：UN，*World Population Prospects*。

（四）人口城市化特征

澜湄合作国家本质上都属于发展中国家，人口的城乡迁移流动是推动城市化发展最直接的途径，也是农村人口实现自身发展的主要路径。可以看出，到 2050 年，除中国的城市化率比同期世界平均值高 4.5 个百分点外，澜湄合作其余 5 国城市化率均低于世界平均水平，老挝、缅甸、泰国、柬埔寨和越南分别比世界平均水平低 0.7 个、5.8 个、8.7 个、24.9 个和 9.7 个百分点。老挝城市化发展较快，基本与世界平均水平相当，但其他 4 国城市化水平尚不及 65.9% 的欠发达国家平均水平。柬埔寨的城市化起步晚、发展慢，2050 年的城市化率也仅为 43.8%，比世界平均水平低 24.9 个百分点。

二 2020~2100 年人口转变态势

（一）出生率、死亡率、自然增长率、总和生育率变化趋势

影响人口转变的主要指标是出生率、死亡率、自然增长率。粗出生率也叫一般出生率，是最基本的人口衡量指标，表示某地某年平均每千人中的出生（活产）人数。一般以 30‰ 的出生率为分界线，出生率高于 30‰ 为高出生率，低于 30‰ 则为低出生率。

1. 出生率

根据表 5-24 的预测数据，2020~2100 年，澜湄合作国家人口出生率整体呈下降趋势，与世界平均水平、亚洲平均水平变化趋势基本一致，仅中国和泰国两个域内出生率最低的国家在 2055 年后略有波动，但整体仍保持下降趋势。其中，2020~2025 年，澜湄合作国家的出生率均低于 30‰，属于低出生率国家。其中，柬埔寨和老挝的出生率高于 17.6‰ 的同期世界平均水平，届时泰国的人口出生率将是域内国家中最低的，不足 10‰。到 21 世纪中叶以后，澜湄合作国家的出生率将全部低于同期世界平均水平。到 2100 年，澜湄合作国家中仅柬埔寨和缅甸的出生率高于 10‰，中国、老挝、泰国和越南的人口出生率分别将降至 8.9‰、9.4‰、8.8‰ 和 9.9‰。具体来看，老挝的出生率下降速度最快，从 2020~2025 年的 20.8‰ 下降到 2095~2100 年的 9.4‰，下降 11.4 个千分点，降幅超过一半。下降次快的是柬埔寨，从 2020~2025 年的 20.3‰ 下降到 2095~2100 年的 10.0‰，下降 10.3 个千分点，降幅也将超过一半。老挝和柬埔寨作

为澜湄合作国家中人口结构最年轻化的国家，出生率下降速度快属于正常现象。另外，缅甸、越南与世界、亚洲平均水平下降的速度几乎一致，2020~2100年，预计都将下降约6个千分点。同时，中国和泰国是澜湄合作6国现阶段已进入老年型年龄结构的国家，其出生率已降至较低水平并趋于稳定，因而下降速度是域内国家中最慢的，同期中国和泰国将分别下降1.4个、0.5个千分点，依然是域内出生率较低的国家。可以说，人类历史上最重要的、最具有革命性的社会变迁之一就是人类对生育率的自我控制，分析各国未来出生率的变化，有利于提前研判各国未来人口整体发展状况。

表 5-24　2020~2100 年澜湄合作各国出生率（中方案）

单位：‰

国别	2020~2025年	2025~2030年	2035~2040年	2045~2050年	2055~2060年	2065~2070年	2075~2080年	2085~2090年	2095~2100年
世界	17.6	16.7	15.6	14.8	14.0	13.3	12.8	12.3	11.8
亚洲	15.2	14.2	12.9	12.0	11.2	10.7	10.4	10.1	9.8
中国	10.3	9.5	9.1	9.1	8.7	8.7	9.0	9.0	8.9
柬埔寨	20.3	18.4	16.5	14.5	12.8	11.8	11.0	10.4	10.0
老挝	20.8	18.8	15.6	13.3	11.7	10.7	10.0	9.6	9.4
缅甸	16.8	16.0	14.1	12.7	12.1	11.6	11.1	11.0	10.9
泰国	9.3	9.1	8.6	8.2	8.1	8.4	8.4	8.5	8.8
越南	15.2	13.4	11.7	11.7	10.8	10.2	10.4	10.2	9.9

资料来源：UN，*World Population Prospects*。

2. 死亡率

著名哲学家海德格尔说过，我们的存在是注定死亡的存在。[①] 粗死亡率也叫总死亡率，简称死亡率，是指一定地区在特定时期（一般为一年内）每1000人中的死亡人数。它反映了该地区人口的总体死亡水平，一般以20‰作为死亡率的分界线，高于20‰为高死亡率，低于20‰为低死亡率。

---

① 〔德〕海德格尔：《存在于时间》，陈嘉映、王庆节译，三联书店，1987。

表 5-25　2020~2100 年澜湄合作各国死亡率（中方案）

单位：‰

国别	2020~2025年	2025~2030年	2035~2040年	2045~2050年	2055~2060年	2065~2070年	2075~2080年	2085~2090年	2095~2100年
世界	7.8	8.0	8.6	9.3	9.8	10.2	10.5	10.6	10.7
亚洲	7.4	7.9	9.0	10.2	11.3	12.1	12.6	12.8	12.8
中国	8.1	9.0	11.1	13.2	14.5	14.9	15.0	14.3	13.7
柬埔寨	5.9	6.0	6.4	7.1	8.1	9.3	10.4	10.8	11.4
老挝	6.3	6.2	6.6	7.6	9.1	10.8	12.2	13.1	13.8
缅甸	8.6	9.1	10.3	11.5	12.6	13.5	14.3	14.7	14.4
泰国	8.8	9.5	11.1	13.5	14.9	15.2	15.0	15.2	14.9
越南	6.0	6.3	7.3	8.7	10.2	11.3	12.2	12.1	11.7

资料来源：UN，*World Population Prospects*。

根据《世界人口展望》（中方案）的预测数据（见表 5-25），2020~2100 年，澜湄合作国家死亡率总体呈现上升趋势，而中国、泰国和越南在 2085 年前后略有波动。分阶段来看，2020~2050 年，澜湄合作国家死亡率均呈上涨趋势，与世界和亚洲的平均发展趋势一致。在此期间，柬埔寨、老挝和越南的死亡率低于世界平均水平，中国、缅甸和泰国的死亡率则高于世界和亚洲平均水平。应该看到，中国和泰国随着老龄化程度不断加深，死亡率上涨是必然趋势，但缅甸死亡率较高应该追溯到人口预期寿命偏低、医疗卫生事业发展滞后等原因。2050~2100 年，澜湄合作国家死亡率持续上涨。柬埔寨、老挝、越南预计在半个世纪内死亡率分别增长 4.3 个、6.2 个和 3.0 个千分点，均高于世界平均增速。中国、缅甸和泰国分别在 2075~2080 年、2085~2090 年、2065~2070 年左右达到本国死亡率的峰值，随后略有下降。

另外，比较澜湄合作各国死亡率的变动速度，老挝上升速度最快，将从 2020~2025 年的 6.3‰上升到 2095~2100 年的 13.8‰，上升 7.5 个千分点。第二个上升较快的国家是泰国，将从 2020~2025 年的 8.8‰上升到 2095~2100 年的 14.9‰，将上升 6.1 个千分点。澜湄合作其他 4 国中国、柬埔寨、缅甸和越南的死亡率上升幅度几乎与亚洲平均水平一致，基本都在 5 个千分点左右，其间将分别上升 5.6 个、5.5 个、5.8 个和 5.7 个千分点。预计到 2100 年，澜湄合作国家的死亡率均远低于 20‰，都属于低死亡率阶段，但都高于同期世界死亡率平均值（10.7‰）。届时澜湄合作 6 国中，仅柬埔寨（11.4‰）和越南（11.7‰）两国低于亚洲的平均值（12.8‰）。

3. 自然增长率

自然增长率是指一年内人口的自然增长数与总人数之比，通常用千分率表示。它是用于说明人口自然增长的水平和速度的综合性指标。

表 5-26　2020~2100 年澜湄合作各国人口自然增长率（中方案）

单位：‰

国别	2020~2025 年	2025~2030 年	2035~2040 年	2045~2050 年	2055~2060 年	2065~2070 年	2075~2080 年	2085~2090 年	2095~2100 年
世界	9.8	8.7	7.0	5.5	4.2	3.1	2.3	1.7	1.1
亚洲	7.8	6.3	3.9	1.8	-0.1	-1.4	-2.2	-2.7	-3.0
中国	2.2	0.5	-2.0	-4.1	-5.8	-6.2	-6.0	-5.3	-4.8
柬埔寨	14.4	12.4	10.1	7.4	4.7	2.5	0.6	-0.4	-1.4
老挝	14.5	12.6	9.0	5.7	2.6	-0.1	-2.2	-3.5	-4.4
缅甸	8.2	6.9	3.8	1.2	-0.5	-1.9	-3.2	-3.7	-3.5
泰国	0.5	-0.4	-2.8	-5.3	-6.8	-6.8	-6.6	-6.7	-6.1
越南	9.2	7.1	4.4	3.0	0.6	-1.1	-1.8	-1.9	-1.8

资料来源：由表 5-24、5-25 计算获得。

根据《世界人口展望》（中方案）的预测数据（见表 5-26），2020~2100 年，澜湄合作 6 国自然增长率总体与世界、亚洲的平均水平一致，均呈现逐年下降态势。分阶段来看，2020~2025 年，除柬埔寨和老挝的人口自然增长率高于世界平均值外，其他 4 国的自然增长率均不足 10‰，尤其是中国和泰国，分别将比同期世界平均水平低 7.6 个和 9.3 个千分点。预计 2025~2030 年间，泰国将进入人口负增长阶段，中国紧随其后，预计将在 2035~2040 年左右，人口自然增长率降至 -2‰，此后两国的负增长趋势将一直延续至 2070 年左右，分别降至 -6.2‰ 和 -6.8‰ 的最低点，

2075~2100年间将略有回升。同时，应该看到，2055~2060年，亚洲平均的人口自然增长率将进入负增长时代，届时亚洲将基本完成人口转变历程。预计到2100年，亚洲包括澜湄合作6国的自然增长率均为负值，且低于世界平均水平。届时，人口自然增长率由低到高依次是泰国、中国、老挝、缅甸、越南和柬埔寨。

比较澜湄合作各国自然增长率的下降速度，老挝是最快的，从2020~2025年的14.5‰下降到2095~2100年的-4.4‰，下降18.9个千分点。第二个是柬埔寨，从2020~2025年的14.4‰下降到2095~2100年的-1.4‰，将总体下降15.8个千分点。排在第三的是缅甸，将从2020~2025年的8.2‰下降到2095~2100年的-3.5‰，下降11.7千分点。降幅排在第四的国家是越南，2020~2025年该值为9.2‰，此后持续下降，2065~2070年进入负增长，至2095~2100年，越南该值为-1.8‰，共计下降11.0个千分点。

另外，中国、泰国是目前域内两个步入人口老龄化时代的国家，其人口自然增长率也较低，2020~2100年间，中国和泰国的自然增长率下降幅度相对较小，将分别下降7.0个、6.6个千分点，是同期域内国家中降幅较小的。整体来看，澜湄合作国家中自然增长率进入负增长时间最早的是泰国，其次是中国，缅甸与亚洲进入负增长时间一致。

4. 总和生育率

人类的生育是生理现象也是社会人口现象，任何生育行为都是在一定的社会制度结构中进行的，总和生育率是一定时期内（通常为一年）年龄别生育率之和，它能准确地反映现有的生育水平。总和生育率的计算方法避免了育龄妇女年龄构成的影响，总和生育率为2.1个时称为生育率的更替水平，表明人口数量会维持现状。

表5-27 2020~2100年澜湄合作各国总和生育率（中方案）

单位：个

国别	2020~2025年	2025~2030年	2035~2040年	2045~2050年	2055~2060年	2065~2070年	2075~2080年	2085~2090年	2095~2100年
世界	2.43	2.39	2.31	2.24	2.17	2.11	2.06	2.01	1.97
亚洲	2.10	2.06	1.95	1.90	1.86	1.83	1.82	1.81	1.81
中国	1.66	1.69	1.72	1.75	1.77	1.78	1.79	1.80	1.80

续表

国别	2020~2025年	2025~2030年	2035~2040年	2045~2050年	2055~2060年	2065~2070年	2075~2080年	2085~2090年	2095~2100年
柬埔寨	2.38	2.27	2.09	1.96	1.87	1.82	1.79	1.78	1.78
老挝	2.39	2.22	1.97	1.81	1.74	1.73	1.74	1.75	1.77
缅甸	2.08	2.00	1.87	1.80	1.77	1.77	1.77	1.78	1.79
泰国	1.41	1.43	1.51	1.59	1.65	1.69	1.73	1.75	1.77
越南	1.93	1.92	1.91	1.90	1.90	1.90	1.89	1.89	1.89

资料来源：UN, *World Population Prospects*。

根据世界人口展望中方案的预测数据（见表5-27），2020~2100年，澜湄合作国家的总和生育率变动可大体分为三类：第一类是中国和泰国，由于现阶段总和生育率已显著低于更替水平，因而在生育政策调整下总和生育率将缓慢回升；第二类是柬埔寨和越南，其总和生育率呈缓慢下降趋势，在2075~2080年将分别降至1.79个和1.89个，此后基本稳定；第三类是老挝和缅甸，总和生育率虽呈下降趋势，但预计到2075~2080年、2085~2090年将分别出现小幅度的增长。预计到2030~2035年，澜湄合作国家的总和生育率都将低于2.1个的生育更替水平。到2100年，澜湄6国的总和生育率均将低于世界平均值1.97个。其中，老挝的下降速度最快，从2020~2025年的2.39个下降到2095~2100年的1.77个。其次是柬埔寨，从2020~2025年的2.38个下降到2095~2100年的1.78个。越南与缅甸的总和生育率减少相对较少，从2020~2025年的1.93个、2.08个分别下降到2095~2100年的1.89个、1.79个，分别下降了0.04个、0.29个。到2095~2100年，澜湄合作国家中有5国的总和生育率低于亚洲平均值（1.81个），亚洲该值也低于世界平均值，仅有越南高于亚洲同期平均值。

综合比较2020~2100年澜湄合作国家人口的出生率、死亡率、自然增长率、总和生育率的预测结果（见表5-28）。在澜湄合作6国中，老挝的上述指标变化幅度最大，其中出生率是域内国家中下降速度最快的，从2020~2025年的20.8‰将下降到2095~2100年的9.4‰，总体将下降11.4个千分点；而且，老挝死亡率的上升速度也最快，将从2020~2025年的6.3‰上升到2095~2100年的13.8‰，上升7.5个千分点；老挝的自然增长率也是下降速度最快的，从2020~2025年的14.5‰下降到2095~2100年的-4.4‰，将整体下降18.9个千分点。同时，老挝的总和生育率下降速度也是域内国家中最快的，从2020~2025年的2.39个减少到2095~2100年的1.77个，将减少0.62个。由此可见，澜湄6国中未来人口结构发展变化最大的是老挝。

变化次大的是柬埔寨，其出生率从2020年起急剧下降，2095~2100年间下降到10.0‰，将总体下降10.3个千分点；柬埔寨的死亡率也预计从2020~2025年的5.9‰上升到2095~2100年的11.4‰，总计上升5.5个千分点；自然增长率下降第二快的是柬埔寨，从2020~2025年的14.4‰下降到2095~2100年的-1.4‰，将下降15.8个千分点。同时，柬埔寨总和生育率的下降速度也排在第二，从2020~2025年的2.38个下降到2095~2100年的1.78个，将减少0.6个，可以看出，柬埔寨是未来人口变动幅度仅次于老挝的国家。

另外，缅甸、越南人口出生率下降速度与世界、亚洲的降速几乎一致，2020~2100年降幅基本为5个千分点；缅甸、越南的死亡率变动与亚洲平均水平基本一致，上升幅度相近。另外，缅甸自然增长率从2020~2025年的8.2‰下降到2095~2100年的-3.5‰，将下降11.7个千分点，降幅较大；越南总和生育率是域内国家减少幅度最少的，从2020~2025年的1.93个减少到2095~2100年的1.89个，将减少0.04个。

同时，澜湄合作国家中属于老年型年龄结构的中国和泰国，由于两国出生率现阶段已经降至较低水平，因此在澜湄合作国家中，仅有中国和泰国的总和生育率呈缓慢增长态势，但仍低于生育更替水平。

表5-28　2020~2100年澜湄合作国家人口增长指标比较

单位：‰，个

国别	年份	出生率	死亡率	自然增长率	总和生育率
世界	2020~2025	17.6	7.8	9.8	2.43
	2025~2030	16.7	8.0	8.7	2.39
	2035~2040	15.6	8.6	7.0	2.31
	2045~2050	14.8	9.3	5.5	2.24

续表

国别	年份	出生率	死亡率	自然增长率	总和生育率
世界	2055~2060	14.0	9.8	4.2	2.17
	2065~2070	13.3	10.2	3.1	2.11
	2075~2080	12.8	10.5	2.3	2.06
	2085~2090	12.3	10.6	1.7	2.01
	2095~2100	11.8	10.7	1.1	1.97
亚洲	2020~2025	15.2	7.4	7.8	2.10
	2025~2030	14.2	7.9	6.3	2.06
	2035~2040	12.9	9.0	3.9	1.95
	2045~2050	12.0	10.2	1.8	1.90
	2055~2060	11.2	11.3	-0.1	1.86
	2065~2070	10.7	12.1	-1.4	1.83
	2075~2080	10.4	12.6	-2.2	1.82
	2085~2090	10.1	12.8	-2.7	1.81
	2095~2100	9.8	12.8	-3.0	1.81
中国	2020~2025	10.3	8.1	2.2	1.66
	2025~2030	9.5	9.0	0.5	1.69
	2035~2040	9.1	11.1	-2.0	1.72
	2045~2050	9.1	13.2	-4.1	1.75
	2055~2060	8.7	14.5	-5.8	1.77
	2065~2070	8.7	14.9	-6.2	1.78
	2075~2080	9.0	15.0	-6.0	1.79
	2085~2090	9.0	14.3	-5.3	1.80
	2095~2100	8.9	13.7	-4.8	1.80
柬埔寨	2020~2025	20.3	5.9	14.4	2.38
	2025~2030	18.4	6.0	12.4	2.27
	2035~2040	16.5	6.4	10.1	2.09
	2045~2050	14.5	7.1	7.4	1.96
	2055~2060	12.8	8.1	4.7	1.87
	2065~2070	11.8	9.3	2.5	1.82
	2075~2080	11.0	10.4	0.6	1.79

续表

国别	年份	出生率	死亡率	自然增长率	总和生育率
柬埔寨	2085~2090	10.4	10.8	-0.4	1.78
	2095~2100	10.0	11.4	-1.4	1.78
老挝	2020~2025	20.8	6.3	14.5	2.39
	2025~2030	18.8	6.2	12.6	2.22
	2035~2040	15.6	6.6	9.0	1.97
	2045~2050	13.3	7.6	5.7	1.81
	2055~2060	11.7	9.1	2.6	1.74
	2065~2070	10.7	10.8	-0.1	1.73
	2075~2080	10.0	12.2	-2.2	1.74
	2085~2090	9.6	13.1	-3.5	1.75
	2095~2100	9.4	13.8	-4.4	1.77
缅甸	2020~2025	16.6	8.6	8.2	2.08
	2025~2030	16.0	9.1	6.9	2.00
	2035~2040	14.1	10.3	3.8	1.87
	2045~2050	12.7	11.5	1.2	1.80
	2055~2060	12.1	12.6	-0.5	1.77
	2065~2070	11.6	13.5	-1.9	1.77
	2075~2080	11.1	14.3	-3.2	1.77
	2085~2090	11.0	14.7	-3.7	1.78
	2095~2100	10.9	14.4	-3.5	1.79
泰国	2020~2025	9.3	8.8	0.5	1.41
	2025~2030	9.1	9.5	-0.4	1.43
	2035~2040	8.6	11.4	-2.8	1.51
	2045~2050	8.2	13.5	-5.3	1.59
	2055~2060	8.1	14.9	-6.8	1.65
	2065~2070	8.4	15.2	-6.8	1.69
	2075~2080	8.4	15.0	-6.8	1.73
	2085~2090	8.5	15.2	-6.7	1.75
	2095~2100	8.8	14.9	-6.1	1.77

续表

国别	年份	出生率	死亡率	自然增长率	总和生育率
越南	2020~2025	15.2	6.0	9.2	1.93
	2025~2030	13.4	6.3	7.1	1.92
	2035~2040	11.7	7.3	4.4	1.91
	2045~2050	11.7	8.7	3.0	1.90
	2055~2060	10.8	10.2	0.6	1.90
	2065~2070	10.2	11.3	-1.1	1.90
	2075~2080	10.4	12.2	-1.8	1.89
	2085~2090	10.2	12.1	-1.9	1.89
	2095~2100	9.9	11.7	-1.8	1.89

数据来源：UN, *World Population Prospects*。

从上述分析中可以归纳出以下两点结论：

第一，根据世界人口展望数据（中方案）的预测结果，中国、泰国分别在2030年、2025年左右进入人口静止状态并完成人口转变，而老挝和柬埔寨分别在2065年、2075年前后进入人口零增长状态，基本完成两国的人口转变，并进入后人口转变时代。同时，老挝与柬埔寨在2075~2100年期间的人口状况相当于中国2045~2050年的水平。从2070年左右开始，老挝将进入出生率以及死亡率双快速变动时期，其结果是导致老挝人口总量的持续下降。现今，中国、泰国的人口再生产已经是典型的"三低"类型，而老挝、柬埔寨将在2070年前后实现"三低"状态，与中国一样进入后人口转变时代，比中国、泰国晚大约30年。因此，老挝、柬埔寨的相关人口问题可以借鉴中国、泰国的经验，并需要根据本国具体国情与实际情况做好相关准备。

第二，到2100年，澜湄合作6国的总和生育率都将低于生育更替水平，也低于1.97个的世界平均值。老挝、柬埔寨的总和生育率在2035年左右降至与更替水平，缅甸在2030年前也基本稳定在2个，越南人口总和生育率虽然现阶段已低于更替水平，但该国变化相对稳定，较长时间里基本稳定在1.9个，即使到2100年也有1.89个，降幅不大。而泰国、中国当前的总和生育率偏低，该值分别于2045年、2025年后逐年提高，预计到2100年，将分别达到1.77个、1.80个，意味着两国在今后较长一段时间里都将保持较低的生育水平。不过，从某种意义上说，中国在生育机制上还属于外生性的、政策性的"低生育率"阶段。因此,未来中国人口走势,特别是如何摆脱政策性"低生育陷阱"的人口发展状况,还取决于人口政策的调整、社会管理改革的选择,以及调整时机的把握和人口效率发挥的程度等。

(二)人口转变阶段的判定

人口转变理论源于西方人口转变的经验总结。1909年法国学者兰德里提出了人口转变的三阶段模型,他依据人口统计指标做了粗略的人口转变过程描述。随后在1929年,美国学者汤普森将它应用于地区类型的划分上,不过他也仅仅阐述了人口转变这一现象,而没有从实质上反映人口转变的内涵,也没有将它上升为一种理论。实际上,最先将人口转变现象上升到理论上的是美国学者诺特斯坦,他提出了人口转变的三阶段模型,后来又有科尔、胡佛的四阶段模型,布克尔的五阶段模型等人口转变阶段的划分,尽管各个模型有差异,但基本上都认为人口转变过程是由"高出生率、高死亡率、低自然增长率"的起始阶段,经过"高出生率、低死亡率、高自然增长率"的过渡阶段,到达"低出生率、低死亡率、低自然增长率"的完成阶段。可见,人口转变就是人口再生产类型从一种形态向另一种形态的过渡,相当于人口出生率、死亡率由高位均衡向低位均衡的过渡。

根据人口转变的定义,通过出生率和死亡率的变化可以比较直观地判断出人口是否进入了转变过程。但高与低只是一个相对的概念,那么低出生率、低死亡率和低自然增长率的标准是什么呢?美国著名人口学家寇尔应该是最早且较为完整地对人口转变过程进行数量界定的学者。早在其构建生命表的时候,便提出了配合一定数量标准的五阶段论(见表5-29)。

表5-29 人口转变阶段划分标准

单位:‰

项目	原始静止阶段	前现代阶段	过渡阶段	现代阶段	现代静止阶段
出生率	50.0	43.7	45.7	20.4	12.9
死亡率	50.0	33.7	15.7	10.4	12.9
自然增长率	0.0	10.0	30.0	10.0	0.0

为确保数量描述的准确性，寇尔重新界定了与之密切相关的另一指标——"现代社会"的基本内涵，即满足50%以上的人口居住在2万人以上的城市，90%以上6~13岁的女性人口接受教育以及30%以下劳动力从事农业、渔业、林业。若没有达到以上指标，则视其仍处于传统社会阶段，处于两者之间的就是转变中的社会。

此外，国内学者在人口转变的现代型标志认定上也做了有益的研究。比如李新建（2000）认为，人口转变一是对人口统计变量，如出生率、死亡率变化的描述和形式表现；二是对这种变化表现进行实质分析和解释。[①] 向志强（2002）认为人口转变应由出生率、死亡率、自然增长率作为人口统计指标进行判断，他还提出了将死亡率上升时所出现的拐点视为人口转变是否完成的标志。

本书研究所指的人口转变阶段划分以寇尔人口转变指标为基准，以向志强死亡率上升所出现的拐点视为人口转变的完成作为补充。根据表5-28预测数据，2100年澜湄合作6国的出生率都将低于12.9‰。由出生率来看，澜湄合作6国在2100年都将处于现代静止阶段。死亡率高于现代静止阶段12.9‰标准的国家有中国（13.7‰）、老挝（13.8‰）、缅甸（14.4‰）、泰国（14.9‰）。通过上述指标可以基本判断，中国、泰国分别于2050年、2045年左右进入现代静止阶段，缅甸、老挝分别将于2065年、2085年左右进入现代静止阶段，越南、柬埔寨到2100年将仍处于现代发展阶段。

三 不同人口转变阶段相关影响因素

（一）政策因素

1. 中国[②]

19世纪以前，中国一直拥有领先的文明，在艺术和科学领域具有突出的成就，但在19世纪和20世纪初，这个国家一直受到战乱和饥荒的困扰。

---

① 李新建：《后人口转变论质疑》，《人口研究》2000年第11期。
② CIA：*The World Factbook*，2017。

第二次世界大战后，毛泽东领导下的中国共产党建立了社会主义制度。在20世纪50年代末期，严重的自然灾害剥夺了数千万人的生命，中国人口死亡率在此期间急剧上升。1978年以后，毛泽东的继任者邓小平等领导人专注于经济社会的发展，2000年时的社会总产量比1990年翻了两番。对于大多数人来说，生活水平有了显著提高。20世纪80年代以前，由于制度原因，比如城乡二元体制下的人口流动与迁移政策等，中国人口基本处于相对封闭的环境中，人口素质提高较为缓慢。20世纪90年代初起，中国加大了全球外联和参与国际组织的力度，尤其是进入21世纪后，中国坚持走独立自主的道路并坚持和平发展五项原则，开始了全方位、多层次的外交政策，在经济社会发展水平持续增长的同时，中国人口综合素质、人力资本存量等均有较大幅度提升，同时随着计划生育政策的严格执行，自20世纪70年代开始，出生率受外源性约束而持续下降，加快了中国人口转变进程。

2. 泰国

一个统一的泰国王国成立于14世纪中叶，该王国被称为暹罗，直到1939年，泰国是唯一一个从未被欧洲殖民统治过的东南亚国家。1932年的一场不流血的革命导致了泰国君主立宪制的建立。在第二次世界大战期间泰国与日本结盟后，于1954年成为美国的条约盟友，此后向朝鲜派兵，随后在越南与美国并肩作战。泰国自2005年以来经历了几轮政治动荡，其中包括2006年的军事政变，当时推翻了总理他信·西那瓦，随后是2008年、2009年和2010年的几次政治派别竞争而引起的大规模街头抗议活动。2011年，英拉·西那瓦成为泰党的领导人并取得选举胜利，成为政府总理。

2013年11月开始，在曼谷暴发数月的大规模反政府抗议活动。2014年5月初，英拉被宪法法院免职。2014年5月下旬由泰国皇家陆军上校巴育·占奥差领导的泰国皇家军队向看守政府发动政变。巴育于2014年8月被任命为总理。临时军政府设立了几个临时机构，以促进改革和起草新宪法，该宪法于2016年8月在全国公民投票中获得通过。国王普密蓬·阿杜德在登上宝座70年后于2016年10月去世，他唯一的儿子玛哈·哇集拉隆功于2016年12月继位，并于2017年4月签署了新宪法。泰国在其马来西部穆斯林占多数的省份也经历过民族分离。应该说，泰国政局也基本经历了长达上百年的不稳定状态，尤其自 2004 年 1 月以来，数千人在叛乱中丧生和受伤，这对本国人口出生率、死亡率有一定影响。

3. 老挝

现代老挝的历史源自古老的澜沧王国，澜沧王国于 14 世纪由国王法昂建立。300 年来，澜沧影响了当今的柬埔寨和泰国，以及现在的老挝。经过几个世纪的逐渐衰落，老挝从 18 世纪末到 19 世纪末期成为法属印度支那的一部分，受到暹罗（泰国）的统治。1907 年的"法国-暹罗条约"确定了目前老挝与泰国的边界。1975 年，共产党人 Pathet Lao 控制了政府，结束了持续了 6 个世纪的君主制，并建立了一个与越南紧密联系的严格的社会主义政权。1988 年老挝开始逐步有限地恢复私营企业和外国投资的自由化。老挝于 1997 年成为东盟成员国，2013 年成为世贸组织成员国。总体来说，老挝的相关政策与政局变化对其人口变迁的影响不大。

4. 越南

法国对越南的征服始于 1858 年，并于 1884 年完成。越南于 1887 年成为法属印度支那的一部分。越南在第二次世界大战后宣布独立，但法国继续对其进行统治，直到 1954 年被胡志明领导的共产党军队击败。根据 1954 年的《日内瓦协议》，越南分为共产主义北方（北越）和反共南方（南越）。美国对南越的经济和军事援助在 20 世纪 60 年代逐步加大，但美国武装部队在 1973 年达成停火协议后被撤回。后来，北越军队超越南越势力，在共产党领导下重新统一国家。尽管恢复了和平，但 10 多年来由于保守的领导政策、对个人的迫害和大规模流亡，该国经历了较长时间的经济停滞，有时甚至是经济负增长。随后自 1986 年越南颁布"doi moi"（翻新）政策以来，越南当局承诺加强经济自由化，实施结构改革，使经济现代化，并产生了更具竞争力的出口导向型产业。越南共产党领导人对政治表达保持严格控制，但也出台了一些适度保护人权的具体措施。该国持续经历了一些小规模抗议活动，其中绝大多数与土地使用问题有关，另外还有一些要求增加政治空间的抗议活动，但越南缺乏解决争端的公平机制，城市地区的小规模抗议活动通常由人权活动家组织进行，影响力相对较小，而且更多事件发生在农村地区，涉及越南各种少数民族。可以说，越南的相关政策因素与持续的抗议活动,除了对部分商人与农村地区产生影响外,对全国人口发展进程的影响也相对较小。

5. 缅甸

1824~1885年间英国先后发动了3次侵缅战争并占领了缅甸。缅甸在长达62年(1824~1886年)的被殖民时间里,被纳入英属印度的一个省,直到1937年成为一个独立的自治殖民地;1948年,缅甸从英联邦获得独立。1962~1988年,吴奈温将军控制政府,首先担任军事统治者,然后担任总统。为了应对广泛的内乱,吴奈温在1988年辞职,但在几个月内,军方压制了学生主导的抗议并掌权。

1990年,缅甸多党立法选举使得主要反对党——全国民主联盟(NLD)取得了压倒性的胜利。2008年5月初,缅甸遭到纳尔吉斯热带风暴袭击,造成13.8万人死亡,数万人受伤并无家可归。尽管发生了这场悲剧,但政府继续进行5月份的宪法公投,这是1990年以来缅甸的第一次投票。2010年11月举行的立法选举,全国民主联盟被抵制并被国际社会许多人视为有缺陷,执政联盟团结与发展党赢得了超过75%的有争议的席位。

缅甸国家立法机构于2011年1月召开会议,并选举前总理吴登盛为总统,政府发起了一系列政治和经济改革。这些改革包括释放数百名政治犯,与全国几个民族武装团体签署全国停火协议,进行法律改革,逐步减少对新闻、协会和民间社会自由的限制。缅甸在2014年担任东南亚国家联盟(东盟)主席。在2015年11月举行的国家立法选举中,全国民主联盟再次获得压倒性胜利。应该说,20世纪90年代至21世纪初期,缅甸国内的政治内乱以及相关民生政策的缺乏,导致百姓的生活水平难以提高,这也是导致缅甸死亡率较高的重要原因。

6. 柬埔寨

柬埔寨建国于公元1世纪下半叶,9~14世纪为吴哥王朝的鼎盛时期,其间国力强盛、文化发达,创造了举世闻名的吴哥文明。柬埔寨于1863年沦为法国保护国,并于1887年成为法属印度支那的一部分。在第二次世界大战后,柬埔寨于1953年获得完全独立。1975年4月,经过7年的斗争,共产党人红色高棉部队占领了金边并疏散了所有城镇。在波尔布特领导下的红色高棉执政期间，至少有 150 万柬埔寨人被执行死刑，人民忍受了无尽的苦难或饥饿。1978 年 12 月越南的入侵使红色高棉部队进入农村，越南开始了对柬埔寨 10 年的统治，并触发了近 13 年的内战。

1991 年的《巴黎和平协定》促使民主选举的产生和停火，1997 年的派系斗争结束了第一次联合政府的执政，但 1998 年的第二轮全国大选导致了另一个联合政府的组建，并重新实现了政治稳定。2004 年 10 月，西哈努克国王放弃了王位，他的儿子西哈莫尼继承王位。2012 年，公社委员会选举在柬埔寨举行，几乎没有发生选举之前的预选性暴力。2013 年 7 月的全国大选存有争议，反对派柬埔寨国家救援党（CNRP）抵制国民议会。政治僵局在近 1 年后结束，CNRP 同意进入议会以换取执政党对选举和立法改革的承诺。柬埔寨总理洪森于 2017 年 9 月逮捕了 CNRP 总裁，随后于 2017 年 11 月解散了 CNRP 并禁止其领导人参与政治至少 5 年。可以说，柬埔寨人口发展受相关政策性因素影响不大，但国内局势对该国人口死亡率与出生率有一定影响。

（二）经济社会的发展

1. 中国[①]

自 20 世纪 70 年代后期以来，中国社会已经从一个封闭的、中央计划的体系转变为一个更加市场化的体系，在全球发挥着重要作用。中国以渐进的方式实施改革，同期经济效率大幅提高。1949 年，中国 GDP 只有 358 亿元，当时人口约 5.4 亿人，人均 GDP 只有 66 元，人均国民收入仅为 47 元左右。1978 年开始中国实行改革开放，当年 GDP 虽已上升至 3679 亿元，但中国经济总量仅占全球的 1.8%，世界排名为第九。2010 年，中国一跃成为世界第二大经济体，2018 年，中国 GDP 突破 90 万亿元大关（90.03 万亿元），人均 GDP 为 64520.7 元，经济总量占全球的近 16%。

应该说，中国的改革始于对集体化农业的逐步淘汰，并扩大到包括价格逐步自由化、财政分权、增加国有企业的自主权、私营部门的增长、股票市场和现代银行系统的发展，以及对外贸易和投资的开放等。中国持续

---

① CIA: *The World Factbook*, 2017。

奉行的各种产业扶持政策、关键部门的国家支持和限制性投资制度等对中国经济社会的可持续发展起到了巨大的推动作用。中国在 2010 年成为世界最大的出口国，并且于 2013 年成为最大的贸易国。尽管如此，中国的人均收入仍低于世界平均水平。

自 2011 年尤其是 2014 年以来，中国经济增长逐年放缓。中国政府面临诸多经济挑战，主要包括：降低国内高储蓄率，相应降低国内家庭消费；维持其高企业债务负担以维持财务稳定；为有抱负的中产阶级，包括农村移民和大学毕业生提供具有更高工资的就业机会，同时保持竞争力；抑制房地产业的投机性投资；减少工业产能过剩；通过更有效的资本配置提高生产率增长率。东部沿海省份的经济发展比内陆省份相对更快，导致中国经济发展地区不平衡、城乡不平衡现象突出。为此，2018 年，超过 2.41 亿农民工及其家属流动到城市寻找工作。由于中国曾经较长时间执行严格的人口控制政策，即"独生子女政策"，导致中国现在是世界上老龄化发展最快的国家之一。中国在 2016 年实施"全面二孩"政策，允许所有家庭生育两个孩子，形成了中国实施计划生育政策以来出生率的缓慢回升。另外，根据人口经济资源环境发展的"库兹涅茨"曲线规律，中国在经济发展的过程中造成了一定程度的环境恶化，由于土壤侵蚀和城市化，中国耕地继续流失，特别是出现空气污染、土壤侵蚀和地下水位下降的问题，在北方地区，上述问题可能相对更为严重，这或许也是导致东北地区近几年来人口净流出率越来越高的原因之一。为此，中国政府正在寻求增加煤炭和石油以外的新能源生产能力，比如天然气、核能以及清洁能源的开发。

2016 年，中国签署了《巴黎协定》，这是一项应对气候变化的多边协议，并致力于在 2025~2030 年间实现二氧化碳排放量的高峰。中国政府制定的"十三五"规划强调，需要改革创新，增加国内消费，使经济减少对政府投资、出口和重工业的依赖。同时，"十三五"规划还提出，到 2020 年实现至少 6.5% 的年度经济增长目标。近年来，中国明确培育具有全球竞争力的产业，重申国家在经济中的"主导"作用，以改善民生作为发展的目的。

中国政府一直坚持以问题为导向，通过实施一系列重要举措促进经济社会发展的同时,重点解决民生问题,以党的十九大报告中提出的坚持在发展中保障和改善民生为宗旨,让人民群众不断增强获得感和幸福感。比如,2019年的政府工作报告首次提出将就业优先政策置于宏观政策层面,这不仅具有标志性意义,也进一步宣示了中共中央的基本态度,即就业是民生之本、财富之源,稳就业是民生工作的重中之重,稳增长首要是为保就业。

在产业结构不断调整与供给侧结构性改革与发展的过程中,同时面对外部环境的变化,尤其是一些发达国家贸易保护主义的盛行,未来发展中对一些传统就业岗位的淘汰速度将会加快,对现有就业岗位形成一定冲击在所难免。因此,中国实现产业结构优化升级与提高人口素质需同步发展。

2. 泰国

泰国拥有相对完善的基础设施,全国实行自由企业经济和普遍支持投资的政策,高度依赖国际贸易,该国的出口约占 GDP 的 2/3。泰国的出口产品包括电子产品、农产品、汽车和零件以及加工食品。工业和服务业占GDP 的 90%左右。农业部门主要由小型农场组成,农业仅占 GDP 的 10%左右,但农业产业部门雇用的劳动力约占劳动力总量的 1/3。泰国吸引了大约 300 万~450 万国际农民工,其中大部分来自邻国。2013 年,按城市贫困衡量标准,该国有 7.7%即 525 万人属于贫困人口;2016 年,按国家贫困线标准衡量,该国 8.6%即 592 万人口属于贫困人口。2018 年,泰国就业人口的人均 GDP 为 30114.535 美元,比世界同期平均值低了 6572.843 美元[①],可见其就业人口效率有待提高。

在过去几十年里,泰国一直是东南亚地区经济发展较快的国家之一,经济保持了强劲的增长势头,其经济年均增长率在 20 世纪 60 年代达到 8%,1966 年曾实现了 11.12%的经济增长,70 年代也实现年均 7%的增长率,比如 1970 年实现了 11.41%的高增长率。80 年代初,受石油价格暴涨等因素影响,经济增长速度明显放缓,整个 80 年代最低值出现在 1985 年(4.65%),1986 年以后,泰国经济又出现了复苏景象,1988 年

---

① 世界银行数据库,https://data.worldbank.org.cn/。

实现了 13.29% 的高经济增长率。进入 90 年代，经济虽然出现了几次波动，尤其受亚洲金融危机的影响，1998 年该国经济增长率为 -7.63%，不过由于泰国经济基本面状况良好，通货膨胀率低，失业率也较低，公共和外债水平合理。且该国作为全球排名第 22 位的出口大国，其出口的出色表现提升了消费者信心，自 1998 年起，出口贸易额占 GDP 的比例就超过 100%，2018 年该值达 123.31%，泰国作为盈利国家，贸易利润达到 8.5%，与全球排名第 5 位的德国相当。同时，泰国具有排名亚洲第二的游客数量，也是全亚洲的航空中心，是名副其实的枢纽中心，旅游业也成为现今泰国的支柱产业。

虽然受国内政治动荡和全球市场需求持续低迷的影响，但在金融危机后的近 20 年的经济社会发展中，泰国的贫困人口大幅减少。同时，泰国也采取了各种办法改善民生，比如 2013 年，泰国政府在全国范围内实施了每天 300 泰铢（约 10 美元）的最低工资政策，并部署了新的税收改革措施，旨在降低中等收入者的税率，结果是：泰国的个人所得税收入的 50% 来自泰国的证券市场公司，2000 家排名靠前的大公司付得更多，中小型企业付得较少。从长期来看，泰国依然面临劳动力短缺的问题，国内债务水平、政治不确定性和人口老龄化对经济增长依然构成了一定风险。

3. 老挝

老挝作为东南亚地区最为贫穷落后的农业国之一，由于地处内陆，长期受封建制度的统治与帝国主义的侵略，该国经济社会基础十分薄弱。1975 年 12 月，革命之后的老挝建立了人民民主政权，实行了社会主义制度，1975～1979 年进行了社会主义改造，不过由于政策上的失误，使原本就极端落后的生产力遭受极其严重的破坏，不仅没有使经济状况得到好转，反而让老挝经济陷入了更大的困境。自 1979 年起，老挝政府进行了大反思并开始酝酿如何根据老挝自身特点发展经济，比如坚决取消供给制，采取了一系列放宽经济政策的措施发展经济。1985 年，老挝实现了 5.07% 的 GDP 增长。1986 年起，老挝又实施了新经济机制的改革方案，及时地进行了金融和经济结构改革，大力实施价格与贸易自由化改革措施，同时强调财政政策。不过这一阶段的改革也暴露出了许多缺点，由于财政与信贷政策缺乏普遍支持，老挝不得不引入浮动汇率政策，这使得高利率政策归于失败。① 1987~1988年老挝经济连续两年负增长，分别为-1.43%、-2.01%。20世纪90年代后半期开始，老挝再次陷入了严重的经济失衡状态，特别是亚洲金融危机的发生导致老挝经济的严重恶化，GDP增长率从1997年的6.87%下降至1998年的3.97%，对外贸易项目赤字扩大，政府对私有部门形成大量欠款。

进入21世纪后，老挝政府提出把经济建设作为今后的主要任务来抓，把解决人民的温饱问题作为发展的首要任务，加强经济与社会基础设施建设，尤其重视农业的发展，尽快摆脱不发达状态，并提出到2010年基本消除贫困，到2020年基本摆脱不发达国家状态。

整体来看，老挝国民经济依然呈现缓慢增长态势，虽然国内政治稳定、社会安定，以及拥有丰富的自然资源、优美的自然景观，同时又有丰富的历史文化遗产、名胜古迹和多彩的民俗风情等多种有利因素，但老挝同样不可避免地受到国际政治与经济环境的影响，比如中东局势的不稳定导致原油与基础设施建设成本的飙升，老挝国内生产成本逐年提高。应该说，老挝经济社会发展依然面临着诸多不可控因素。根据世界银行统计数据，自2011年以来，老挝GDP增长率已经持续多年在下降。2012年，按每天1.9美元生活费衡量的贫困人口占总人口比重依然高达22.7%。2007年至今，该国艾滋病病毒感染人数占15~49岁人口比重高达0.3%。2019年该国15岁及以上人口占总就业人口比例为77.88%，远高于世界同期平均值的58.15%，但就业人口的人均GDP远低于世界同期平均值，2019年，世界该值为37738.03美元，老挝该值仅为13353.18美元，不到世界同期值的一半，这说明其就业人口效率很低。2018年老挝GDP增长率为6.50%②，虽然在澜湄合作国家中增长率是较快的，但老挝经济社会发展仍然面临诸多挑战。

同时，老挝仍然是一个基础设施不发达的国家，特别是在农村地区。道路系统不足，外部和内部陆线电信有限，仅83%的人口可以获得电力。加上全球经济的缓慢复苏，该国经常遭遇账户赤字，且外汇储备下降、公

---

① 〔老挝〕志荣：《老挝经济社会发展现状与对策建议》，《东南亚纵横》2006年第1期，第8~12页。

② 世界银行数据库，https://data.worldbank.org.cn/。

共债务不断增加。老挝经济受益于对湄公河沿岸水电大坝开发、铜和金矿开采、伐木和建筑等，但这些项目因其对环境的不利影响而受到批评。整体来看，老挝国内市场规模小，第二、三产业不发达，大量劳动力囤积在第一产业，导致生产效率较低。为此，老挝不仅需要消除腐败、构建公平投资环境以消除经济发展障碍，还得加大教育投资力度以提高人口素质。

4. 越南

越南曾经是一个传统的农业国，最大的优势就是北部平原盛产水稻。在国际局势上，越南曾属于中原王朝的藩属国。1802年，清朝嘉庆皇帝册封阮福映为越南国王，越南这个国号才开始出现。1884年，越南沦为法国殖民地。法国为了巩固自己的统治，推行了很多有利于自己国家的政策，这些政策的实施对越南经济社会发展的影响尤其大。第二次世界大战期间，越南被日本占领。20世纪40年代中期，越南先后开始了抗法、抗美战争，战争持续了30年时间，对越南人口经济社会影响非常巨大。1960年，越南总人口为3267万人，女性人口占总人口的50.57%，女性稍微多于男性。1975年越南完成南北统一时，全国总人口也只有4872万人，女性人口占总人口比重上升至50.67%，女性人口数量仍然多于男性。20世纪80年代以后，由于受长期的战争影响，越南的通货膨胀率达到了700%。

1985年，越南总人口数约为6090万人，女性人口占总人口比重为50.57%。越南作为一个人口稠密的发展中国家，1986年起实施对外开放政策，推出了一系列革新开放政策，从一个一直实行中央计划经济、农业经济高度僵化的国家转变成为一个工业化和市场化的国家，民众收入大幅度提高。同时，在1988年，越南大规模裁军60万人，一方面减轻自己的后勤压力，另一方面让大量的劳动力重新返回生产岗位。不过，即使到80年代后期，越南的经济发展还是十分缓慢，根据世界银行数据库统计数据，1989年，越南GDP总量为62.93亿美元，总人口为6655万人。

20世纪90年代前期，越南经济进入持续发展阶段。越南人口基数并不少，随着民众收入的增加与生活质量的提高，每个家庭生育子女数增加。越南在90年代之后人口增加迅速，1999年，越南总人口数为7903.6万人，比10年前增加了近1300万人。1999年越南GDP总量为286.84亿美元。随着越南人口总量的增加，劳动力市场资源逐渐丰富，再加上低廉的工资标准，21世纪初期，吸引了韩国、日本等众多国外企业进入越南投资建厂，这直接带动了越南部分地区的人口经济发展。2009年，越南总人口数达8709万人，10年净增人口805万人，GDP总量为1060.15亿美元。2016年，环境污染、干旱以及盐碱化等问题影响了越南农业和采掘业，越南GDP未达到6.7%的年增长目标。然而，由于国内需求增强和制造业出口强劲，当年GDP还是实现了6.21%的增长。2016年，越南取消了民用核能发展计划，理由是公众对安全和该计划的高成本表示担忧。总的来说，该国的基础设施无法满足不断扩大的中产阶级的需求。

为了继续保持强劲的经济增长态势，政府承认有必要进行第二波改革，包括改革国有企业，减少繁文缛节，提高商业部门透明度，降低不良水平银行业贷款，以及提高金融部门透明度。同时，越南拥有充足的劳动力、稳定的政治体系，能履行对可持续增长的承诺，还具有相对较低的通货膨胀率、稳定的货币、强大的外国直接投资流入以及强大的制造业。此外，该国致力于继续发展全球经济一体化。越南于2007年1月加入世贸组织，并于2015~2016年签署了若干自由贸易协定，包括《欧盟-越南自由贸易协定》、《韩国自由贸易协定》和《欧亚经济联盟自由贸易协定》。

2018年，越南总人口数为9554万人，9年间又增加了845万人，GDP总量为2449.48亿美元，GDP增长率为7.08%。应该说，越南经济已进入中等偏上收入行列，其发展已到了一定的高度，这对其人口结构调整及人口素质的提高提供了良好的经济基础。不过，越南城乡发展差距大，农村基础设施落后，没有更多的产业支持农村经济发展，无法留住更多年轻人，但进入城市的很多年轻人又无力在城市扎根，这是越南当前极为现实的、亟待解决的重要问题。

5. 缅甸

缅甸是传统农业国家，曾长期沦为英国殖民地，20世纪50年代，缅甸人均年收入不足50美元，是亚洲人口大国中最贫穷落后的一个国家。世界银行数据库统计数据显示，1961年，缅甸总人口数为2221万人，农业人口占总人口比重高达80.43%，GDP增长率仅为0.47%。缅甸经历数十年军事独裁统治，加上受国际制裁的环境，经济发展落后，1973年总人口数为 2924 万人，农业人口占总人口比重为 76.1%，GDP 增长率跌入负增长状态，为 -0.968%。

1985 年总人口数为 3798 万人，人口增长较为缓慢，农业人口占总人口比重依然高达 75.6%，GDP 增长率为 2.85%。1988 年起缅甸果断地废除了计划经济体制，在其实施的《国家基本政策》中提出国家实行市场经济制度。

1988 年推行市场经济政策后，缅甸经济发展迅速，但从 90 年代中期起至亚洲金融危机时期，由于缅甸经济政策、经济结构扭曲以及受资源、技术的限制等因素影响，缅甸经济发展逐渐放缓。1995 年总人口数为 4390 万人，农业人口占总人口比重仍然高达 73.88%，GDP 增长率为 6.99%。

进入 21 世纪，因缅甸政府加大了基础建设投资、外商投资流入资本增加以及观光客人数增长等，建筑业、制造业以及服务业收入大幅增长，缅甸经济保持了较快的增长速度。2000 年，缅甸总人口数为 4672 万人，农业人口占总人口比重依然高达 72.98%，GDP 总量仅为 89.05 亿美元。2005 年总人口数达 4895 万人，农业人口占总人口比重为 72.05%，与 5 年前相比该值几乎没有变化，GDP 总量为 119.87 亿美元，GDP 增长率为 13.57%。自 2011 年缅甸向文职政府过渡以来，已开始进一步扩大经济改革，目的在于吸引外国投资并重新融入全球经济，政府改革以及随后大多数西方制裁的放松使缅甸经济快速增长。比如 2012 年，缅甸建立了有管理的缅元浮动政策，2013 年 7 月授予中央银行业务独立性，2013 年 9 月颁布新的《反腐败法》，并在 2014 年首次向外国银行颁发银行执照。2015 年，由于选举年的政治不确定性、夏季洪水等自然灾害，加之外部因素影响，包括中国经济放缓和商品价格下跌等，缅甸经济增长略有放缓。2016 年 11 月，缅甸通过了修订后的《外国投资法》，该法修订了投资法规并简化了投资审批程序。2018 年缅甸总人口数为 5371 万人，农业人口占总人口比重依然高达 69.42%，GDP 总量为 712.15 亿美元，GDP 增长率为 6.20%。

从以上分析可以看出，缅甸农村人口比重过高，虽然近些年全国基础设施有所改善，但居住在农村地区的大多数人的生活水平仍未得到改善。缅甸仍然是亚洲最贫穷的国家之一，2015 年按农村贫困线标准核算，该国 5100 万人口中约有 26% 的人口生活在贫困之中，按国家贫困线标准划分，该国仍有32.1%的贫困人口[1]，即1637万人属于贫困人口，贫困依然是限制该国经济社会发展的重要因素之一。尽管昂山素季政府致力于加快农业生产力和土地改革，实现金融业的现代化和开放，以及发展交通和电力基础设施，但之前政府的孤立主义政策和经济管理不善使得缅甸的基础设施薄弱、腐败猖獗、人力资源不发达、资金不足。缅甸政府在解决经济发展障碍方面依然进展缓慢，例如不安全的土地权、限制性贸易许可制度、不周全的税法规定、缺乏有效率的税务系统等，造成政府税收入不敷出以及银行系统问题层出不穷。

不过，缅甸丰富的自然资源以及丰富的年轻劳动力资源，正在吸引许多外国投资者投资其能源、服装、信息技术和食品饮料等行业。缅甸未来经济增长的动能主要仍来自外国投资及基础建设投资。对于缅甸人口经济发展来说，经济无法实现产业转型升级，大量低素质农村人口无法适应市场需求与发展。

6. 柬埔寨

柬埔寨与老挝一样是东南亚地区贫穷落后的农业国。由于长期受战争影响，政局动荡、经济落后。1863年柬埔寨沦为法国的保护国，第二次世界大战初期被日本占领。1945年日本投降以后该国又再次被法国殖民者占领，1949年11月，法国虽然表面上承认了柬埔寨的独立，但1950年初，法国就与柬埔寨、老挝与越南的傀儡政权签订了四国关系法。1953年11月9日，柬埔寨宣布独立，不过在此前，该国对外贸易、经济、政治，包括海关、外汇管理以及进出口等都被控制在法国殖民者手中，经济社会各个方面几乎都由法国人操纵。1954年7月，法国被迫同意撤军，柬埔寨才真正独立起来。柬埔寨经过了20多年的战争，百业萧条、民生凋零。1960年柬埔寨总人口数达572万人，农村人口占总人口比重高达89.72%，GDP总量仅为6.37亿美元。1970年3月18日，朗诺在美国策动下发动了政变，同年3月23日，西哈努克亲王宣布成立柬埔寨民族统一阵线，5月5日成立以宾努亲王为首相的柬埔寨国民族团结政府。由于政局的不稳定，柬埔寨经济发展停滞不前。1970年，总人口数为699.7万人，农村人口占

---

[1] 世界银行数据库，https://data.worldbank.org.cn/。

总人口比重达 84.03%，GDP 总量为 7.18 亿美元。1975 年 4 月 17 日，柬埔寨全国解放。1975~1979 年，红色高棉获得柬埔寨执政权。1976 年 1 月柬埔寨颁布了新宪法，改名为民主柬埔寨。1978 年底，越南出兵侵占柬埔寨，该国再次陷入战争泥潭。1979 年 12 月，民主柬埔寨决定终止宪法改组政府。1982 年 7 月 9 日，西哈努克亲王、宋双、乔森潘三派抵抗力量实现联合，组成民主柬埔寨联合政府。1980 年，柬埔寨总人口数为 669.4 万人，人口总量出现了下降，农村人口占总人口比重升至 90.1%。1990 年总人口数为 897.6 万人，农村人口占总人口比重为 84.5%。

自 1993 年 3 月成功举行大选后，所组建的临时政府以及后来的王国政府给深受战争创伤的柬埔寨人民带来了新的希望。新政府成立后，积极致力于发展经济，并制定柬埔寨复兴计划，为柬埔寨的经济发展做了许多有益的工作。1998 年新一届联合政府成立后，全国政局日趋稳定，经济发展渐有起色，外交上也正走向成熟。2001 年柬埔寨制定了中长期发展规划，主要目的为发展经济，以缩小与东盟其他国家的差距。2000 年总人口数为 1216 万人，农村人口占总人口比重为 81.4%，GDP 总量为 36.78 亿美元，其间经济有了较快发展，但贫困人口比重依然很高，根据国家贫困线衡量标准，2003 年柬埔寨该值高达 50.2%，即超过一半的柬埔寨人口生活在贫困线以下。

最近 10 年来，柬埔寨把经济建设作为主要任务，尤其重视本国农业的发展，不过该国问题依然不少，比如 2008 年贫困人口比重为 34%，比重虽然下降较快，但贫困人口数量依然很庞大。2010 年柬埔寨总人口为 1431 万人，农村人口占总人口比重依然高达 79.7%，GDP 总量为 112.42 亿美元。2012 年贫困人口比重降至 17.7%。2018 年总人口数为 1625 万人，农村人口占总人口比重仍高达 76.6%，GDP 总量为 245.72 亿美元。①

柬埔寨仍然是亚洲最贫穷的国家之一，实现长期经济发展仍然是一项艰巨的挑战，经济发展主要受到腐败现象、人力资源有限、收入不平等和就业前景不佳的影响。截至 2012 年，柬埔寨约有 266 万人每天生活费不到 1.20 美元。按农村贫困线衡量标准，2012 年柬埔寨贫困人口比例为 20.8%，按国家贫困线衡量，该国贫困人口比例达 17.7%。② 人口缺乏教

---

① 世界银行数据库，https://data.worldbank.org.cn/。
② 世界银行数据库，https://data.worldbank.org.cn/。

育和生产技能,特别是在贫困的农村,由于最基本的基础设施的缺乏,人民生活和生产受到极大限制。

由于近几年经济持续快速增长,世界银行于2016年正式将柬埔寨重新归类进入中等偏低收入国家行列。柬埔寨政府一直在与包括亚洲开发银行、世界银行和国际货币基金组织在内的双边和多边捐助者合作,以帮助解决本国的许多困难,超过30%的政府预算来自捐助者的援助。在柬埔寨从低收入国家进入中低收入国家后,其获得外国援助的机会就会相应减少,对柬埔寨政府来说,寻求新的投资来源也是一大挑战。可以预见,柬埔寨未来面临的一项重大经济挑战将是塑造一个良好的经济环境,把这个土地肥沃的、被称为"上帝粮仓"的国家发展起来,用现代化的手段耕种,发展农业产业,同时鼓励私营部门发展,以此创造足够的就业机会来应对柬埔寨的人口失衡问题。

四 未来人口态势对澜湄合作各国经济建设的影响

根据世界银行预测数据,未来10年,东亚和太平洋地区的经济增长将保持稳定,并将略微放缓至6.3%,2019~2020年的平均值为6.1%。[①] 2018年以来,全球各国经济已经开始相继减速。从表面看,世界经济似乎正在走向温和的周期性放缓,在贸易战、英国脱欧、欧洲多重政治风险以及新兴市场危机等多重挑战下,中国制造业PMI在2017年9月达到峰值后就开始回落,并于2018年12月跌破荣枯线49.4%,低于临界点,2019年11月该值为50.2%,在连续6个月低于50%的临界点后,虽然再次回到扩张区间,但指数依然较低。由于需求严重降低与出口急剧恶化,日本的制造业PMI在2018年以来持续回落,在萎缩区间越陷越深,2019年11月该值为48.9%,行业形势正以近几年来最快的速度恶化。同时,欧元区制造业PMI同样持续走低,2019年10月公布的数值处于近年来最弱的水平,由于就业岗位持续减少,11月虽然有所回升,但该值也仅为46.9%。另外,经济合作与发展组织(OECD)公布的综合领先指标(CLI)显示,

---

① UN, *World Population Prospects-Economic Prospects*。

2019年，美国和其他全球主要国家经济将进一步下滑，欧元区从2018年开始的经济放缓将会持续。

全球经济下行风险加剧与经济边际放缓，并伴随全球流动性收紧，贸易摩擦升级，利率中枢上行，全球制造业PMI和新订单指数持续回落、贸易活动趋弱（BDI）、OECD领先指数下行。经济运行可能从复苏走向滞涨，从而导致经济景气指数和消费者信心指数持续下行。可以预见，全球经济活动下行风险仍然高于预期。

（一）近期发展

从区域投资与双边贸易来看，中国一直是湄公河下游国家最主要的贸易对象，长期以来有着良好的经贸关系，"一带一路"倡议的提出与澜湄合作机制的诞生，既能更好地促进地缘经济关系的深入发展，也可以为该地区经济合作、人口就业等提供更多机会。

据经济日报社越南海关总局统计，2018年中越双边贸易额达到1067.06亿美元，同比增长12.71%，中国成为与越南有贸易关系的200多个国家和地区中双边贸易额突破1000亿美元的首个贸易伙伴。其中，越南进口中国商品的商品额达654.38亿美元，同比增长11.7%；越南出口中国商品的商品额达412.68亿美元，同比增长16.6%。① 中越两国作为地理上的邻国，经贸关系日趋紧密，双边贸易额始终保持在两位数的增长。

根据商务部亚洲司的统计资料，2017年中老双边贸易额为30.2亿美元，同比增长28.6%。2018年1~8月，双边贸易额为21.9亿美元，增长15.2%。其中，中方出口商品的商品额达8.9亿美元，同比增长2.2%，进口商品的商品额达13亿美元，同比增长26.1%。截至2017年年底，中方企业对老挝直接投资存量66.5亿美元。2018年1~8月，中国对老挝新增非金融类直接投资9.9亿美元，同比增长30.3%。截至2018年8月底，老挝对中国实际投资额达5682万美元，中国已成为仅次于泰国在老挝的第二大贸易伙伴。截至2018年8月底，中方企业在老挝累计签订工程承包合同额337.6亿美元，完成营业额229.1亿美元。2018年1~8月，新签工程承

---

① 《经济日报》：《中越2018年双边贸易额突破1000亿美元大关》，https：//baijiahao.baidu.com/s？id=1632230321685014893&wfr=spider&for=pc，2019年1月21日。

包合同额6.9亿美元,同比下降17.5%,完成营业额27.1亿美元,同比增长54.1%。①

2018年,中国对柬埔寨投资总额达36亿美元,占外国对柬埔寨投资总额68亿美元的53%,比2017年增长54%。在2019年柬埔寨-中国商务与投资论坛开幕式上,两国国家领导人决定,促成中柬两国在2023年完成100亿美元贸易交易额的目标。中国目前仅为柬埔寨第五大出口市场,2018年中国自柬埔寨进口额不到同期中国进口总额的千分之一,柬埔寨对华出口潜力巨大。

根据泰国商务部信息,2018年,中泰双边贸易额为801.4亿美元,同比增长8.7%,其中泰国对华出口额为301.8亿美元,同比增长2.3%;自华进口额达499.6亿美元,同比增长12.9%。2018年,中国申请泰国投资优惠的项目数量为131个(占比13%),涉及投资额554.8亿泰铢(占比9.5%),位居泰国第三大投资来源国,前两位分别是美国和日本。②

据商务部亚洲司资料,2017年中缅贸易额达135.4亿美元,同比增长10.2%。2018年1~8月,双边贸易额达104亿美元,同比增长21.6%。其中,中方出口额达71.2亿美元,同比增长26.6%;进口额达32.8亿美元,同比增长12%。截至2017年年底,中国企业对缅直接投资存量为55.2亿美元。2018年1~8月,对缅新增非金融类投资达1.9亿美元,同比下降44.8%。截至2018年8月底,缅甸累计对华实际投资额达1.3亿美元。截至2018年8月底,中方企业在缅累计签订承包工程合同额253.4亿美元,完成营业额176.8亿美元。其中,2018年1~8月新签合同额11.3亿美元,同比增长77.5%;完成营业额6.3亿美元,同比下降33.1%。③

目前,湄公河流域各经济体产业结构与中国存在较大的互补性,各国间人员与产业也存在较强的互补性,随着各国贸易往来越来越频繁,中国将成为湄公河流域国家不可或缺的重要贸易伙伴,各国也将在国际经济不

---

① 商务部亚洲司:《中国-老挝经贸合作概况》,http://yzs.mofcom.gov.cn/article/t/201902/20190202833044.shtml。
② 中华人民共和国商务部:《2018年1~12月中泰经贸数据》,http://www.mofcom.gov.cn/article/tongjiziliao/fuwzn/ckqita/201903/20190302844012.shtml。
③ 商务部亚洲司:《中国-缅甸经贸合作简况》,http://yzs.mofcom.gov.cn/article/t/201811/20181102808844.shtml。

景气、经济下行压力较大的状况下,实现抱团取暖。该区域仍然可以保持良好的贸易发展态势,投资合作关系将日益紧密,货币结算将日益便利,随着未来"一带一路"倡议在澜湄合作的持续深入,经济贸易增长空间仍然可期,这不仅有助于中国与流域各国的经济良好互动,也将推进澜湄合作区域经济可持续发展。

(二)外部要件

据预测,澜湄合作区域经济增长将从2018年的6.3%逐步放缓到2019~2020年6.1%的平均值。区域增长放缓的主要原因是中国经济发展的结构性放缓,中国作为该地区最大的经济体,其经济发展趋势直接影响区域整体经济发展态势。中国经济增长率从2007年的14.23%减缓至2018年的6.6%。无论从投资到消费,还是从工业到服务,中国经济将实现全方位的转型升级。到2020年,澜湄合作经济体复苏趋于成熟,在"一带一路"倡议的持续推进下,进一步带动澜湄国家经济的快速发展。

从外部视角看,澜湄合作既可以深化东盟与中国的合作关系,也将成为中国-东盟全方位合作的升级版。同时,澜湄合作是由域内发展中国家自己主导与设计的,合作前提是建立在各合作方平等互利的基础上,这必将带来巨大的示范效应,可以说,澜湄合作开启了次区域国家南南合作的新模式,同时也将更好地促进中国与其他"一带一路"沿线国家的交流与合作。

(三)风险预测

全球各国都期待未来经济可以实现上行并可持续发力,但当前的情势是,经济增长依然向下倾斜。某些国家的贸易保护主义倾向进一步带来了经济的不确定性,这对已建立的区域贸易关系造成了很多影响。比如中美贸易摩擦一定程度上影响了中国经济,而这样的摩擦似乎依然看不到尽头,甚至还有进一步升级的可能性。这将日益影响地缘政治局势,包括朝鲜半岛局势和南海局势,既可能影响投资者的情绪,也可能导致金融市场出现较大的波动性,中国经济发展的受阻自然影响澜湄合作国家的经济贸易增长。从表5-30可以看出,各国经济发展紧密联系在一起,可以说一荣俱荣、一损俱损。具体来看，除了泰国，2015~2020 年其他澜湄 5 国的经济增长率基本为 6%~7%，这将成为次区域合作发展的典范。

表 5-30　澜湄合作国家经济增长预测

国别\年份	2015	2016	2017e	2018f	2019f	2020f	2018f	2019f	2020f
柬埔寨	7.0	7.0	6.8	6.9	6.7	6.6	0.0	0.0	-0.1
中国	6.9	6.7	6.9	6.5	6.3	6.2	0.1	0.0	0.0
老挝	7.3	7.0	6.7	6.6	6.9	6.9	0.0	0.0	0.0
缅甸	7.0	5.9	6.4	6.7	6.9	7.1	0.0	0.0	0.2
泰国	3.0	3.3	3.9	4.1	3.8	3.8	0.5	0.3	0.4
越南	6.7	6.2	6.8	6.8	6.6	6.5	0.3	0.1	0.0

说明：1. e 为估计值；f 为预测值。世界银行的预测经常根据新信息和不断变化的（全球）情况进行更新。因此，这里部分预测数据可能与世界银行其他文件中的内容不同，即使各国前景的基本评估在任何特定时刻都没有显著差异。

2. 市场价格和支出部分的国内生产总值按 2010 年美元计算。

3. 非石油 GDP。

资料来源：世界银行，按市场价格计算的实际 GDP 增长百分比，除非另有说明。

五　澜湄合作国家人口发展相关问题

2000 年，世界各国领导人在千年首脑会议上通过的《千年宣言》，承诺到 2015 年实现减少贫困、降低母婴死亡率、普及初等教育、遏止艾滋病等传染病的扩散等 8 个方面的目标，千年发展目标由此成为引领人类发展的灯塔。目前，在普及初等教育方面，发展中国家小学入学率已达到 89%，澜湄合作各国的这一指标基本都已提前实现。首先，处于第一层次的国家有中国和越南，中国在 1997 年时小学净入学率就达到了 97%，越南在 2010 年时达到 98%；其次，处于第二层次的国家有柬埔寨（96%，2010 年）、泰国（90%，2009 年）和老挝（89%，2008 年）。2017 年，小学净入学率世界平均值为 89.44%，老挝为 93.34%，柬埔寨为 90.56%，缅甸为 97.71%，均高于世界同期平均值，同时，这 3 国在降低 5 岁以下儿童死亡率和孕产妇死亡率两个指标上虽然有所进展，但与预定目标相差还很远。

过去的几十年，澜湄合作各国已显示了惊人的经济增长力（2018年，澜湄合作国家平均经济增长率为6.34%，远超过世界同期平均值3.04%）与经济活力。同时，澜湄合作国家人口转变指数的阶梯结构与经济发展的不同阶段也密切相关。澜湄合作各国在自然资源、人力资源、技术以及资金等方面存在着高度互补性，这就为澜湄合作国家推动地区间经济合作与促进地区间经济共同发展提供了良好的动力机制。还应强调的是，澜湄合作国家民众还共同享有丰富的文化遗产和传统价值观，这些国家的人民在民族和文化上有许多相似之处，有很多甚至就是共通的。不过，各国的人口情势毕竟是内生的，受制于各自不同的既成的人口格局、经济条件、历史环境和文化传统等因素，澜湄合作体制中的人口转变还将面临诸多人口问题。

（一）澜湄合作国家人口发展中存在的主要问题

1. 经济发展与人口转变的不同步

澜湄合作6国中，中国、越南和泰国处于经济发展水平较高的阶段，其人口转变也已进入现代型人口转变阶段。但经济发展有时与社会发展不同步，在贫困人口、人口文化素质、人口老龄化等问题上，各国所采取的措施与应对步伐也不一致。比如，处在现代型人口转变阶段的国家，为了不使人口问题影响整个社会经济的发展，必须通过提高城市化率以减少农村人口数量、加大教育的投入以提高人口素质、提高贫困人口的收入以减少贫困人口数量、加大社会保障力度以维护社会稳定等各种措施，来缓解因各种人口因素带来的社会问题。对于老挝与柬埔寨来说，其经济发展相对落后，人口转变也处于过渡期，未来面临的人口问题与现代型人口国家是不一样的，诸如人口增长过快、贫困人口增多、人口素质偏低、失业人口增加等问题，而这些急需解决的问题就需要通过大力发展经济、提供更多的就业岗位、提高工业化水平和城市化水平、加大教育与医疗卫生事业方面的投入等来解决，同时控制人口增长也是必不可少的。而对于缅甸这种处于传统型人口转变阶段的国家来说，发展经济应该就是头等大事，其他问题到上述不同人口转变阶段中会依次经历。

虽然缅甸自然条件优越、资源丰富，但由于经济发展起点低、资金短缺、技术落后、基础设施差、外资流入有限，加之受西方国家制裁，目前经济发展相对落后，农业是其国民经济的基础。1987年12月，缅甸被联合国列为世界上最不发达国家之一。2009年，缅甸GDP约为23万亿缅币，2008~2009财年缅甸国民的人均收入约49.8万缅币（市场价约474美元）。2017年，缅甸外债总量达17.05亿美元，外汇储备约40亿美元。2009~2010财年，缅甸GDP增长率为10.1%，农业产值占GDP的40.2%，农业劳动力1890万人，约占全国总就业人口的70%。2018年，缅甸GDP增长率为6.2%，农业就业人员数占总就业人数比重达50.14%。2018~2019财年，缅甸外资额预计达58亿美元。外资主要集中在工业、交通通信、电力、房地产开发、酒店和旅游业、畜牧和水产业等领域。

在中国、泰国和越南人口年龄结构金字塔已呈现纺锤形状态下，这些国家劳动年龄人口数量的下降、老年人口数量的增多、抚养比的上升和国民收入增长缓慢等各种压力导致人口生存压力加大。尤其是在现代人口平均预期寿命越来越长的情况下，这些国家在经济尚未进入发达阶段就已提前进入人口老龄化阶段，未富先老状态下所面临的养老问题亟待解决。但对于老挝、柬埔寨与缅甸3国来说，人口增长过快也不见得是好事。2010年，老挝、柬埔寨的人口增长率分别为1.76%、1.54%，2018年分别为1.55%、1.49%，依然处在较高的人口增长水平，但上述两国在2010年的人均GDP排名分别在世界第145位、150位，2018年人均GDP世界排名依然分别在133位、154位。尽管老挝、柬埔寨的经济增长率快于人口增长率，但如果两国长期呈现人口增长过快的态势，庞大的人口总数将带来较大的人口压力，导致人均GDP减少，人民生活得不到有效改善。

2. 人口挤压效应

在当前全球经济一体化环境下，国与国之间的开放程度越来越高，那需要思考高人口密度是否会给毗邻国带来人口挤压效应，如果确实存在这种效应，按照压力向度从强到弱依序释放，澜湄合作国家中给毗邻国带来人口挤压效应的国家可能为中国、越南、泰国，而老挝、缅甸和柬埔寨由于人口密度较低，暂时还不会形成有效的人口挤压效应。在人口密度方面，中国、泰国的人口增长速率已减缓，生育水平降至更替水平以下已有一段时期，且该趋势将持续到21世纪中叶以后，由于人口自然增长引致的人口密度提高将会随人口转变的最终完成而走到尽头。但老挝、柬埔寨及越南的人口增长率依然较高，尤其是老挝和柬埔寨，其总和生育率在10年前还都高达5个以上，当前两国总和生育率也都超过2.1的更替水平，人口密度仍会继续走高。除了越南人口密度已经达到较高程度外，澜湄合作其他国家的人口密度在可预知的未来，尚不会形成较大的人口挤压态势。

3. 人口均衡发展问题

澜湄合作各国已经在不同时期开始了各自的人口转变历程，从人口转变的实现程度来看，中国、越南和泰国基本处于同一水平，达到了低位均衡。按照"人口视窗"（population window）① 观点，中国、越南和泰国依然处于人口红利阶段。从目前人口发展态势来看，中国、越南和泰国也因人口转变的逐步成熟而先行达到人口峰值规模。而对于未来经济发展形势的判断，这些国家基于财富、资本和现代产业的高度集聚而成为跨境人口和劳动力的集聚地，会产生显著的人力资本富集效应。不过，人口情势具有复杂性和不确定性，中国、越南和泰国3国的人口城市化水平还不算高，上述3国2010年的城市化率还低于世界同期平均水平，城市比率最高的中国（49.23%）也低于世界平均水平（51.65%）。2018年，6国中仅中国超出世界平均值不到4个百分点，而泰国还低于世界平均值5个百分点以上，未来这些国家都面临较为沉重的乡-城劳动力转移压力，推动劳务输出与促进人口均衡发展均为各国的战略和政策取向。

可以预见，澜湄合作国家间人口迁移流动，不会像物质、信息、技术等生产要素的国际流动一样便利与通畅，将更多受相互间的国际关系构架、国内发展趋势与政策的约束，包括诸如政治、文化以至于民族、宗教，以及特殊领域和事态，如艾滋病、毒品等的限制和影响。"文化冲突"是国际人口流动的重要限制因素，新现实主义理论的主要代表人物吉尔平认为："在过去，土地与资本是最具有民族主义、感性色彩的生产要素，而今在发达国家，劳动力（劳动）已经成为三重生产要素中最具倾向民族

---

① "人口视窗"是人口转变所带来的积极人口年龄结构的积极效应，包括低扶养比、高储蓄率、高劳动资源储备等，由此形成的人口经济活力将有助于推动"大湄公河次区域"国家间良性的人口效应的形成。

主义和保护主义的了"①。与"物流"的开放性相悖，国际人口流动存在日趋收紧的政策动向，而且也越来越成为国际经济合作的瓶颈。

4. 人口效率与经济发展

人口效率指人口在人口-社会复合系统、人口-资源-环境系统等复杂系统中的有效性。一种人口运行的状态要满足人类发展所需要的社会运行的人口要求，也要满足经济活动的生产性和效率性要求，以及构成人口与自然环境与生态的和谐系统的内在需求。人口是由各种差异性很大的群体构成的类总体，其本身无法存在于自洽的系统结构中，不能自我设定，需要在历史的、具体的、复杂的人类生存系统中被定义和解释，因此，人口效率必然是满足于赋予其意义和价值的人类系统的需求。人口效率有两个极端的表达，即人口过剩与人口不足，但是这两种情况必须在上述所提示的复杂性、复合性、多重性与动态变动中考量。

城市化作为人类社会发展的必经阶段，是社会进步的一个标志。近年来，全世界对城市化有了更为积极的认识，并将其视为不发达国家谋求发展的必要条件、促进经济增长的有效手段。在广大发展中国家当前的发展目标中，城市化更被公认为是解决当前有效需求不足、实现农村剩余劳动力有效转移、提高农业劳动生产率的重要且有效的手段。澜湄合作各国同样需要提高人口效率，如何进一步提高域内国家的人口效率，可以采取以下手段：一是扩大城市的吸纳能力，即增加城市所能吸纳外来人口的数量。二是城市对所吸纳人口的利用效率，即解决城市的持续吸纳就业人口的能力。三是成本承担，即城市为吸纳外来人口所要在基础建设、生活服务、城市资源等方面承担的成本，以及为城市发展付出成本所进行的有效行为。

（二）区域人口发展战略展望

当前，澜湄合作各国日益重视经济合作、区域合作与地区发展，而且其人口转变也已不同程度地趋向于低出生率和低死亡率。伴随着各国彼此依赖程度的加深，人口转变的多样化有益于各国的人口和产业的转化，这

---

① 白金喜、孔德威：《全球化时代的劳动力流动》，《经济论坛》2003年第11期。

就预示着地缘彼此相邻的国家更迫切需要互补性的合作与援助，这需要依据"相利共生"① 理论的合作思想来加快人口和产业的转化。对于双边援助来说，最初就是以"共存"为基本特征的。这种援助是由 A 国给予 B 国，涉及金融、技术和劳务等方面的资源，也就是说，这样的援助是排外的。由援助所产生的经济与社会方面的作用也局限在受援国，而且这一作用也大都体现为暂时的，并且援助国对其援助所产生的影响不承担任何责任。在推动援助与合作，引导次区域发展的共同策略、实施方法上，援助国和受援国并没有任何共同的利益，因此有必要提出用"相利共生"的合作新思想取代"共存"② 的想法。

"相利共生"是指有不同价值观的人类群体能够相互独立地共存于一个社会之中，"相利共生"是一种既竞争又合作的关系，通过互助活动不仅使各方获得成功，而且也将使全地区获得繁荣与发展。

人口与经济发展的不利因素和有利因素将同时存在，在澜湄合作国家间彼此相利共生的合作过程中可能是不平衡的，但它有利于全地区的平衡发展与人民生活水平的提高。这就需要各国政府及全社会在区域竞争中，彼此取长补短，在获取优势资源的基础上谋求全区域的和平发展。

---

① 〔日〕黑田寿男：《东亚人口转变与发展战略》，《国际政治研究》1995 年第 2 期。
② "共存"是指不同文化、民族、宗教和价值观的人群互不干扰、和平地生活在一起。

第六章

澜湄合作国家人口转变与经济协调发展研究

前面章节分别对澜湄合作国家的人口转变前史、人口转变阶段划分、各国经济社会发展状况及主要特征,以及2000年以来的人口变动与经济发展状况进行了统计性描述分析,以此对澜湄合作国家的人口与经济两大系统获得了较为全面的、相对准确的判断、了解和认识,为进一步深入分析澜湄合作国家人口转变对经济社会发展的影响奠定了基础。由于各国人口转变阶段不同、经济社会发展水平与发展阶段也存在较大差异,本章节在构建人口与经济发展的耦合协调度和人口效率两大评价指标体系基础上,分别对澜湄合作国家现阶段人口系统与经济系统的协调程度、相互影响机制等方面进行综合评价,为实现澜湄合作机制下各国人口与经济社会的协调、稳定发展提供理论依据。

第一节 人口与经济发展耦合协调研究

一 指标体系构建

(一)人口与经济耦合协调度的内涵

耦合关系是指两个或两个以上事物或系统之间存在的相互作用、相互影响的关系,而耦合度则是对系统间这种关联程度的度量,能反映各系统间相互作用程度大小,但不能反映各系统的水平。引入耦合协调度模型,既可以反映各系统是否具有较好的水平,又可以反映系统间的相互作用关系。由于人口系统如人口规模、人口素质、人口迁移等变动对区域经济发展有着重要影响,而区域经济发展如国民收入、产业结构、贸易发展等要素也会影响人口系统的发展与变动,两者共同作用、相互影响,最后耦合成人口-经济系统。本节分别选取了人口和经济相关指标组成的人口系统与经济系统,以此来测算澜湄合作国家人口与经济的耦合协调度。

另外,熵值法是用来测算某个指标离散程度的一种数学方法。假如离散程度越大,则表明该指标对综合评价的影响越大。作为一种客观赋权法,它在一定程度上可避免德尔菲法、层次分析法等主观赋权法带来的主观因素偏差,使分析结果更加合理可信,该方法在地理学研究中已得到广泛应用。[①] 因此,本节运用熵值法和耦合协调度模型对2017年澜湄合作国家人口与经济的耦合协调互动关系进行评价分析。

(二) 指标体系的构建

根据评价指标选取的全面性、科学性和可操作性等原则,在借鉴以往相关研究成果的基础上,结合本章研究内容的需要,从人口系统与经济系统的内在联系出发,选取2017年人口变动的11项指标和经济发展的12项指标来反映澜湄合作国家人口与经济耦合协调发展状况。由于人口总量、GDP总量和贸易额三个指标的数据过大会影响计算的精确性,因此对原始数据进行对数化处理。为避免指标赋权的主观因素影响,这里采用熵值法确定各系统内指标的权重。具体数据处理和操作如下。

1. 数据的标准化处理

在人口现代化评价指标体系中涉及三大类指标:正向指标,数值越大越好,比如平均预期寿命、平均受教育年限、人口城镇化率;负向指标,数值越小越好,比如死亡率、婴儿死亡率;适度指标,数值在某一范围内最佳,如总和生育率、性别比。

首先,需要对负向指标和适度指标进行趋同化处理。

---

① 欧向军、甄峰、秦永东等:《区域城市化水平综合测度及其理想动力分析——以江苏省为例》,《地理研究》2008年第5期。

负向指标处理方法: $\quad X'_{ij} = -X_{ij}$ 式(1)

其中,X'_{ij}为趋同化处理过的值,X_{ij}为指标的原始值。

适度指标的处理方法: $\quad X'_{ij} = -|X_{ij} - K|$ 式(2)

其中,X'_{ij}为趋同化处理过的值,X_{ij}为指标的原始值,K为适度指标的适度值。

其次,由于每个指标单位各不相同,须进行无量纲化处理即标准化处理,从而使其具有可比性。

公式为: $\quad X''_{ij} = \dfrac{X'_{ij} - X_{j\min}}{X_{j\max} - X_{j\min}}$ 式(3)

其中,X''_{ij}为标准化处理过的值,X'_{ij}为趋同化处理过的值,$X_{j\min}$和$X_{j\max}$分别代表数据在相应年限期间第j项指标的最小值和最大值。

最后,标准化处理的结果可能会出现"0"值,为了使数据处理有意义,参考以往的研究成果,借鉴函数连续性的性质,对零值以外的数据重新赋值一个正的最小量,即每个数据加零以外的最小值,最后纳入计算过程。

2. 计算第 j 项指标的熵值

$$P_{ij} = \dfrac{X''_{ij}}{\sum_{i=1}^{n} X''_{ij}} \quad \text{式(4)}$$

$$E_j = -\dfrac{1}{\ln n} \sum_{i=1}^{n} P_{ij} \ln P_{ij} \quad \text{式(5)}$$

其中,式(4)、式(5)中 n 为指标个数(即 6 个国家),P_{ij}为第 j 项指标的特征比重,E_j为第 j 项指标的信息熵值。

3. 计算指标的权重

$$W_j = \dfrac{1 - E_j}{\sum_{j=1}^{n}(1 - E_j)} \quad \text{式(6)}$$

式(6)中,W_j即为各指标的权重。根据澜湄合作国家人口系统和经济系统的相关数据，通过以上公式计算，最终建立 2010 年和 2017 年人口与经济耦合关系体系以及各指标的权重（见表 6-1）。

表 6-1　2010 年、2017 年澜湄合作国家人口与经济耦合关系指标体系及其权重

耦合系统	指标/单位	权重	
		2010 年	2017 年
人口系统	人口密度	0.0572461	0.0625284
	人口总量	0.0607422	0.0631136
	人口自然增长率	0.1529963	0.0721575
	人口老龄化（65 岁及以上人口占总人口比重）	0.0897088	0.0890472
	总抚养比	0.0437390	0.0676185
	出生预期寿命	0.1214871	0.1969804
	高等教育入学率	0.2628730	0.1394547
	平均受教育年限	0.1233934	0.1848894
	非农就业比重	0.0427308	0.0411581
	人口净迁移率	0.0158929	0.0793803
	城市化率	0.0291905	0.0566320
经济系统	人均 GNI（用购买力评价 PPP 后的美元值）	0.0807553	0.0740209
	GDP 总量	0.0857092	0.1136192
	人均 GDP	0.1596996	0.1917857
	GDP 增长率	0.0694787	0.0092206
	就业率	0.0886397	0.1037209
	就业人口效率（2011 年不变价计算）	0.0588712	0.0608786
	非农产业比重	0.1435377	0.0831723
	贸易额（万美元）	0.0585750	0.0783009
	货物和服务出口占 GDP 比重	0.0226354	0.1211583
	高新技术产品占出口产品比重	0.1677145	0.0363273
	外国直接投资净流入占 GDP 的比重	0.0450162	0.1122332
	GDP 单位能源能耗（2011 年不变价计算）	0.0193674	0.0155620

数据来源：由于涉及的国家较多，各个国家间存在统计差异，故所用数据均来自世界银行数据库，确保数据统计口径的一致性和可比性。

4. 计算人口与经济两大系统的综合得分

$$S_i = \sum_{j=1}^{n} W_j X''_{ij} \qquad 式(7)$$

式（7）中，S_i 为计算年份内，各子系统的综合得分。根据已选取的澜湄合作国家的人口子系统和经济子系统的指标，可以分别计算出2010年和2017年各国的人口与经济系统的综合得分。

二　各国耦合协调度分析

（一）耦合度模型

借鉴以往研究成果，在耦合概念和耦合系数模型的基础上，构建人口与经济系统耦合度函数，该函数可以表示为：

$$C_{ne} = \sqrt{(S_p \times S_e)/(S_p + S_e)^2} \qquad 式(8)$$

式（8）中，耦合度值 C_{ne} 界于 0~1，S_p 表示人口系统综合得分，S_e 表示经济系统综合得分。当 C_{ne} 趋于1时，耦合度最大，系统之间或系统内部要素之间达到良性共振耦合，系统将趋于新的有序结构；当 C_{ne} 等于0时，耦合度极小，系统之间或系统内部要素之间处于无关状态，系统将向无序发展。

借鉴以往研究成果，并根据 C_{ne} 值的大小，将耦合过程分为较低水平耦合、拮抗、磨合、高水平耦合四个阶段（见表6-2）。在不同耦合阶段，人口系统与经济系统之间的相互关系作用强度不同：在较低水平耦合阶段，人口系统中的各因素对经济发展的影响比较小，甚至可能出现抑制作用，而经济系统的各因素对提高人口质量、优化人口结构的促进作用也不显著；在拮抗阶段，人口系统与经济系统之间相互促进作用逐渐显现，但作用力并不强，仍然存在一定的负面因素，当负面因素占主导地位时，有可能会跌至低水平耦合阶段；在磨合阶段，人口系统与经济系统间相互作用明显增强，人口发展开始促进经济水平的提高，而经济的发展也反过来促进人口发展，两者开始进入良性耦合阶段；在高水平耦合阶段，人口系统与经济系统之间的作用力十分强大，人口与经济发展相得益彰、互相促进。

表 6-2　人口子系统与经济子系统耦合阶段划分

阶段	较低水平耦合	拮抗	磨合	高水平耦合
C_{ne} 值	$0 < C_{ne} \leq 0.3$	$0.3 < C_{ne} \leq 0.5$	$0.5 < C_{ne} \leq 0.8$	$0.8 < C_{ne} \leq 1$

说明：根据相关文献资料整理汇总所得。

（二）协调度模型

构建人口与区域经济协调度模型，某时刻人口系统与经济系统之间的协调意味着它们之间的相对离差较小，即离差系数 C_v 越小，人口系统与经济系统越协调，协调度模型可以表示为：

$$C_v = \left[\frac{S_p - S_e}{\frac{1}{2}(S_p + S_e)} \right]^2 = 4\left[1 - \frac{4 \times S_p \times S_e}{(S_p + S_e)^2} \right] \quad 式(9)$$

式（9）中 S_p 和 S_e 的含义同式（8），因为 $0 \leq S_p \leq 1$，$0 \leq S_e \leq 1$，所以当 C_v 最小时，即 $\frac{4 \times S_p \times S_e}{(S_p + S_e)^2}$ 越趋向于无穷大，为方便区域之间的比较，定义协调度为：

$$C_t = \sqrt{(G_t \times T_t)} \quad 式(10)$$

其中，

$$G_t = \left[\frac{4 \times S_p \times S_e}{(S_p + S_e)^2} \right]^2, \quad T_t = S_p^\alpha \times S_e^\beta \quad 式(11)$$

式（10）中，协调度 C_t 是反映人口系统 S_p 和经济系统 S_e 协调发展水平的综合性指标，它揭示出人口与经济系统在 t 时刻的协调程度和发展水平。式（11）中，T_t 为人口与经济综合调和指数，它反映人口与经济的整体协同效应或贡献；α 和 β 为待定权数，且 $\alpha + \beta = 1$。在人口与经济耦合系统中，一般预期协调水平不低于 0.6，因此，设定如下协调度等级（见表 6-3）。

表 6-3　人口与经济耦合协调度的协调类型及判别标准

类型	协调等级	协调度
衰退失调型 $0<C_t\leq0.4$	$0<C_t\leq0.1$	极度失调
	$0.1<C_t\leq0.2$	高度失调
	$0.2<C_t\leq0.3$	中度失调
	$0.3<C_t\leq0.4$	轻度失调
过渡型 $0.4<C_t\leq0.6$	$0.4<C_t\leq0.5$	濒临失调
	$0.5<C_t\leq0.6$	勉强协调
协调发展型 $0.6<C_t\leq1$	$0.6<C_t\leq0.7$	中等协调
	$0.7<C_t\leq0.8$	良好协调
	$0.8<C_t\leq1$	优质协调

说明：表中判别标准参照刘耀彬于 2013 年主编的《人口、资源与环境经济学模型与案例分析》第 192 页相关内容。

三　结果分析

利用 2010 年、2017 年澜湄合作国家相关统计数据，经数据标准化处理，并采用熵值法得到各指标权重，分别计算各国人口发展水平与经济发展水平，最后得到各国的人口与经济发展耦合协调度。

（一）人口系统与经济系统综合得分

根据标准化处理数据，利用熵值法确定澜湄合作国家人口系统与经济系统各评价指标的权重，最终得到各国的人口系统与经济系统的发展水平（见表 6-4）。

表 6-4　2010 年、2017 年澜湄合作国家人口系统与经济系统综合得分

年份	系统	中国	柬埔寨	老挝	缅甸	泰国	越南
2010	人口系统	0.18732	0.11912	0.11567	0.09016	0.28398	0.20374
	经济系统	0.30940	0.08128	0.09949	0.06658	0.30045	0.14279
2017	人口系统	0.27402	0.09960	0.08468	0.09701	0.24188	0.25577
	经济系统	0.59779	0.13935	0.11245	0.07082	0.23161	0.18640

资料来源：根据以上所列公式计算所得。

首先，2010年，澜湄合作国家人口系统数据差异较大。泰国和越南得分均在0.2以上，缅甸的得分最低，仅为0.09016，中国、柬埔寨和老挝的得分在0.1~0.2。同期的经济系统得分两极化趋势十分明显，经济发展水平较高的中国和泰国得分超过0.3，经济相对落后的柬埔寨、老挝和缅甸尚不足0.1，越南位居中间，计算结果与分析的各国经济发展状况结论一致。结合表6-1中人口系统与经济系统的指标权重看，该时期人口素质指标对人口系统的影响作用较强，权重均超过了0.1，尤其高等教育入学率的权重达到0.2628730。另外，人口自然增长率也对人口系统的发展产生了较强影响，权重达0.1529963。人口迁移变动指标对人口系统的影响最小。同时，在经济系统中，人均GDP、非农产业发展和高新技术产品出口等指标对经济的影响较为明显，所占权重均超过0.1。经济系统的发展受多方面因素的综合影响。

其次，2017年，澜湄合作国家的人口系统差异仍然十分显著，中国、泰国和越南的人口系统取得了较快的良性发展，人口系统得分均超过0.2，柬埔寨、老挝和缅甸该指标的得分均低于0.1。2017年，人口自然增长率的权重已降至0.0721575，影响作用逐渐降低，人口素质指标仍具有较高的贡献率，人口迁移变动的影响作用略有上涨。因此，柬埔寨、老挝和缅甸较高的人口自然增长率已不具备发展优势，结果也印证了前面针对各国人口转变阶段的分析，缅甸、柬埔寨和老挝人口年龄结构相对较年轻，劳动力市场资源充沛，但人口红利未充分得到释放，人口经济效益产出低下，人口素质偏低成为阻碍人口发展水平提高的重要因素。同时，经济系统的差距显著扩大，中国经济系统得分已达到0.59779，泰国次之，柬埔寨、老挝和越南得分低于0.2，缅甸经济系统得分尚不足0.1。其中，人均GDP的权重接近0.2，对经济系统发展起着关键性作用，进出口贸易对经济的贡献率也在显著提高，特别是外国直接投资的权重超过0.1，因此，提高人均GDP、加强进出口贸易和积极参与国际投资，是现阶段澜湄合作国家经济发展的重要方向，也印证了开展澜湄合作的重要性。

最后，综合比较澜湄合作国家2010年和2017年的人口与经济系统发展水平。一方面，次区域内仅中国和越南人口系统的得分分别提高了0.0867和0.05203个单位值，其他澜湄合作国家均有不同程度的下降。说明随着人口增长率的贡献率不断减弱，人口结构性问题逐渐凸显，人口素质要素已成为制约柬埔寨、老挝和缅甸等国人口发展的重要因素，大力发展教育事业应是重中之重。另一方面，在经济系统比较中，仅泰国得分下降了 0.06884 个单位值，这与泰国人均国内生产总值增长速度放缓直接相关。其他澜湄合作国家经济系统得分均有不同程度的提高，各国经济发展势头相对较好，尤其中国较 2010 年提高了 0.28839 个单位值，国民收入水平的提高直接影响了经济系统的得分。综合来看，一般人口系统得分相对较高的国家，经济系统得分也较高，说明澜湄合作国家的人口系统与经济系统发展关联性较高，中国、泰国和越南人口与经济系统得分均排在前三位。

（二）人口与经济耦合协调度结果

根据评价结果（见表 6-5），2017 年较 2010 年，澜湄合作国家耦合阶段和协调度类型均未发生根本性变化：一方面，澜湄合作国家均处于拮抗阶段。2010 年除了中国的耦合度为 0.484663，其他澜湄合作国家的耦合度均在 0.49 以上，2017 年中国耦合度进一步下降至 0.464242，其他国家基本保持稳定。中国人口与经济耦合度偏低的原因，主要在于人口系统与经济系统互动强度较低，人口变动对经济发展的促进作用和经济发展对人口素质的带动作用不是很显著，影响人口与经济发展的因素更为多样和复杂。同时也应该看到，柬埔寨、老挝和缅甸等国虽耦合度较高，但人口系统与经济系统得分均偏低，是低水平的耦合，人口与经济系统互动较强，作用关系较为敏感，经济系统的波动可能直接影响人口变动。

表 6-5　2010 年、2017 年澜湄合作国家人口经济耦合协调度

年份	国别	耦合度数值	耦合阶段	协调度数值	协调度	协调度类型
2010	中国	0.484663	拮抗	0.468249	濒临失调	过渡型
	柬埔寨	0.491007		0.305265	轻度失调	衰退失调型
	老挝	0.498584		0.326143	轻度失调	衰退失调型
	缅甸	0.494310		0.273619	中度失调	衰退失调型
	泰国	0.499801		0.540142	勉强协调	过渡型
	越南	0.492204		0.403373	濒临失调	过渡型

续表

年份	国别	耦合度数值	耦合阶段	协调度数值	协调度	协调度类型
2017	中国	0.464242	拮抗	0.569175	勉强协调	过渡型
	柬埔寨	0.493032		0.336085	轻度失调	衰退失调型
	老挝	0.495015		0.307722	轻度失调	衰退失调型
	缅甸	0.493874		0.282620	中度失调	衰退失调型
	泰国	0.499882		0.486336	濒临失调	过渡型
	越南	0.493809		0.458624	濒临失调	过渡型

说明：根据文中公式和数据计算所得。

另一方面，澜湄合作国家人口与经济协调度主要分为两大类。一是中国、泰国和越南，均处于过渡型，这三国人口系统与经济系统得分相对高于其他国家。2017年较2010年，除了泰国协调度下降0.053806个单位值外，中国和越南均有较大幅度提高，尤其中国从濒临失调逐渐调整为勉强协调，人口与经济系统均有不同程度的提升，但人口均衡发展速度低于经济发展水平，人口与经济的均衡、协调发展成为当前中国人口发展战略的核心要义。泰国2017年人口系统与经济系统发展速度相对放缓，人口与经济虽耦合度较高，但协调性有待提高。二是柬埔寨、老挝和缅甸，均处于衰退失调型阶段，尤其缅甸一直处于中度失调阶段，人口因素与经济发展之间高度不协调、不匹配，人口变动对经济发展的制约作用十分明显，经济发展对人口因素的带动作用较弱，人口系统与经济系统的协同性较差。由于柬埔寨、老挝和缅甸的人口系统与经济系统的发展均相对滞后，且人口与经济耦合度较高，稍有不慎，极有可能造成更大的失调，届时人口优势无法凸显，经济发展与人口素质提升等将面临更大挑战。

综合来看，现阶段澜湄合作国家的人口自然变动已逐渐趋于稳定，人口社会变动和迁移变动的影响逐渐加强，尤其劳动数量逐渐达到峰值后，相应人口素质的提升却较为滞后，所提供的人力资源无法满足市场与经济结构调整的需要，这对经济发展水平的提高形成一定程度的掣肘。一方面，劳动力资源的转移和充分就业需要市场提供大量的就业岗位，另一方面，市场所需要的是人才资源，但部分国家现阶段却无法提供高技能人才，从而对产业结构调整、进出口贸易和投资等发展提出了更大挑战。应该说，必须合理地解决制约人口与经济耦合协调发展的消极因素，通过采取一系列措施进行人口系统和经济系统的调整和不断提升，加强人口与经济的良性互动，以实现人口与经济较高水平的耦合协调发展。

第二节 澜湄合作国家人口效率比较

一 指标体系构建

（一）人口效率的内涵

目前，关于人口效率的研究尚处于探索阶段，对于测算和评估不同时期、不同社会生产方式下，人口与社会、人口与经济、人口与资源环境的互动过程中，人口因素与经济增长的有效互动，即人口效率的高低，尚缺乏相关文献予以支持，相关评价方法和指标选取可参考性较低。根据前面针对澜湄合作国家人口与经济发展状况的分析，各国的人口与经济发展均处于整体的转型阶段，人口与经济的发展已不应仅局限于追求人口规模效应，而应更多关注经济适度人口，即人口变动与经济发展的相互作用下，人口经济效益的最大化。提高人口效率是有效应对人口老龄化、人口红利无法充分释放等人口经济发展困境的关键性举措。

同时，上一节对澜湄合作国家的人口与经济耦合协调发展状况进行了综合评价，本节尝试构建人口效率评价指标体系，既可以进一步量化人口变动与经济发展的产出效益，又可以从劳动人口数量、经济产出、劳动效率各层面分析人口变量与经济增长的互动程度。

（二）指标体系的构建

在相关指标的选取和评价体系的构建方面，本节借鉴以往人口与经济发展的研究成果，尝试性地采用相关人口与经济指标对澜湄合作国家的人口效率进行测算，涉及的2010年、2017年原始数据均来自世界银行数据库，主要有就业人口、就业人口增长率、GDP总量、人口增长率、GDP增长率等，构成三个评价指标，分别为人口产值弹性系数、劳动生产效率以及就业弹性系数。然后对三个指标进行无量纲化处理，最后综合评价和比较分析2010年、2017年澜湄合作国家的人口效率。

1. 指标体系构建

根据相关数据，本节分别构建人口产值弹性系数、劳动生产效率以及就业弹性系数三个评价指标。分别如下：

$$E_o = D_i' / P_i' \qquad 式(12)$$

其中，E_o 为人口产值弹性系数，$D_i' = (D_i - D_{i-1})/D_{i-1}$ 为第 i 年的GDP增长率，$P_i' = (P_i - P_{i-1})/P_{i-1}$ 为第 i 年的人口增长率。

$$E_e = \ln D_i / \ln P_e \qquad 式(13)$$

其中，E_e 为劳动生产效率，由于就业人口 P_e 和GDP总量 D_i 数据过大会影响计算的精确性，因此对原始数据进行对数化处理。

$$E_j = P_e' / D_i' \qquad 式(14)$$

其中，E_j 为就业弹性系数，$P_e' = (P_e - P_{e-1})/P_{e-1}$ 为第 i 年的就业人口增长率，D_i' 同上，为GDP增长率。

因此，从人口规模、劳动力规模变动与经济发展的相关关系出发，基于以上指标构建人口效率综合评价指标体系。由于人口产值弹性系数、劳动生产效率以及就业弹性系数均是反映人口与经济发展状况的相关指标，能在一定程度上说明澜湄合作国家的人口效率。由于很难界定哪个指标对人口效率的测量更为准确，因此本书用三个指标的平均水平来代表人口效率的总体状况，公式如下：

$$E = \frac{E_o + E_e + E_j}{3} \qquad 式(15)$$

其中，E 代表一国的人口效率。

2. 指标标准化处理

由于人口效率评价系统中各指标单位不同，存在量纲的影响，需对人口产值弹性系数进行无量纲化（即标准化）处理，然后与劳动生产效率、就业弹性系数进行比较分析。由于人口产值弹性系数是反映人口与经济的正相关关系，要求指标值越大越好，因此，进行如下处理：

$$E'_o = \begin{cases} 0 & E_o < 4 \\ \dfrac{E_o - 4}{50 - 4} & 4 < E_o < 50 \\ 1 & E_o > 50 \end{cases} \qquad 式（16）$$

其中，E'_o 为人口产值弹性系数的标准化处理结果，E_o 代表含量纲值，由于人口产值弹性系数是 GDP 增长率与人口增长率的比值，即人口增长 1 单位带动的 GDP 的增长量，随着经济发展水平的提升，它对人力资本的依赖度逐渐降低，经过测算，中等收入国家和高收入国家现阶段的人口产值弹性系数平均值均大于 4，结合以往研究成果和澜湄合作国家的平均水平，将指标的下限值定为 4，指标的上限值定为 50，然后根据式（16）可以对人口产值弹性系数进行无量纲化处理。

二 结果分析

根据式（12）至式（16）的计算公式，分别计算澜湄合作国家和世界平均的人口效率各指标值大小，结合世界平均水平以及澜湄合作国家的各指标的平均值，在借鉴以往相关研究经验的基础上确定指标的上下限值区间，然后分别对澜湄合作国家的各指标进行无量纲化处理，最终得到如下结果（见表6-6）。

表6-6 2010年、2017年澜湄合作国家人口效率及相关指标

国别	2010年				2017年			
	E'_o	E_e	E_j	E	E'_o	E_e	E_j	E
中国	0.78359	0.85714	-0.00497	0.54525	0.27569	0.68458	-0.01028	0.31666
柬埔寨	0.02629	0.90395	0.26311	0.39779	0.06390	0.68927	0.17115	0.30811
老挝	0.22809	0.88145	0.06629	0.39194	0.01059	0.65778	0.24634	0.30490
缅甸	0.44357	0.89064	0.00290	0.44571	0.14146	0.69526	0.05642	0.29771

续表

国别	2010 年				2017 年			
	E'_o	E_e	E_j	E	E'_o	E_e	E_j	E
泰国	0.85067	0.83971	0.03348	0.57462	0.82127	0.65794	-0.01817	0.48701
越南	0.10935	0.88766	0.15171	0.38291	0.10462	0.69291	0.12091	0.30614

说明：表中 E'_o 表示人口产值弹性系数；E_e 表示劳动生产效率；E_j 表示就业弹性系数；E 表示人口效率。

资料来源：根据式（12）至式（16）相关公式计算所得。

（一）相关指标统计结果

首先，从人口产值弹性系数来看。虽然人口增长并不必然地带来经济增长，但人口规模变动对经济增长的影响程度是人口经济学历来探讨的核心问题。2017 年较 2010 年，除了柬埔寨该系数有较小幅度的增长外，其他澜湄合作国家人口产值弹性系数均呈现不同程度的下降，该变化符合人口增长率与经济增长速度放缓的发展趋势。尤其是中国，2017 年与 2010 年相比该系数下降了 0.5079 个单位值。根据 2017 年澜湄合作国家的人口产值弹性系数判断，最高的泰国达到 0.82127，比该系数次高的中国高出了 0.54558 个单位值，说明现阶段泰国人口增长对经济发展具有相当大的促进作用，而柬埔寨和老挝的人口产值弹性系数尚不足 0.1，说明这两国的人口增长对经济发展的带动作用较弱，越南和缅甸的人口产值弹性系数同样处于相对较低的水平。

其次，从劳动生产效率来看。劳动生产效率是用来反映单位就业人口创造产值的能力指标，由社会生产力发展水平所决定。2010 年，澜湄合作国家劳动生产效率基本在 0.8~0.9。其中，柬埔寨的劳动生产效率最高，泰国最低，而中国该值仅高于泰国，这主要是由于中国的就业人口总量十分庞大，同时产生的经济总效益相对不高。2017 年，澜湄合作国家劳动生产效率较 2010 年均出现不同程度的下跌，基本保持在 0.6~0.7，尤其中国就业人口增长率连续为负，就业人口总量趋于减少的同时，GDP 增长率也逐年放缓，这说明劳动生产效率提升有限。而柬埔寨、老挝和越南的就业率高达 75% 以上，但带来的产出效益却较低，故劳动生产效率均呈现下降态势。可见，澜湄合作国家的劳动生产效率差距不大，且整体发展水平有待提高。

最后，从就业弹性系数看。就业弹性系数是GDP增长1个百分点带动就业增长的百分点。若就业弹性系数为正，表示经济增长对就业增长的促进作用大，该系数越大，说明吸收劳动力的能力就越强，反之则越弱。在澜湄合作国家中，2010年，仅中国的就业弹性系数为负，说明中国正处于经济结构调整中，即使中国经济保持高增长，也没有对就业产生较强的拉动作用，从而也说明该时期中国就业结构性矛盾较为突出。域内国家该值最高的是柬埔寨，其次是越南，说明这两国的经济增长对就业的带动作用最大。另外泰国、缅甸、老挝该值相对较低，说明经济增长对就业的带动作用较小。到2017年，泰国的就业弹性系数（-0.01817）也由正转负，说明现阶段中国、泰国两国的经济增长对就业的拉动作用十分微弱，也说明两国原有的经济结构在逐渐脱离劳动密集型产业进入资本密集型产业，投入相同资金所带来的劳动就业的增长比过去减少，无法吸纳和解决更多市场中劳动人口的就业问题。应该说，这与两国产业结构调整与转型、产业发展不足以及经济增长速度放缓有着直接的关联性。相反，其他澜湄合作国家的就业弹性系数均为正，2017年较2010年，老挝和缅甸的就业弹性系数分别提高了0.18005个和0.05352个单位值，说明这两国的经济增长有利于促进就业，每单位GDP增长能相应带动一定数量的人口就业，而越南、柬埔寨则有较小幅度的下降。

（二）人口效率计算结果

根据表6-6，在各指标的基础上，分别得到2010年和2017年澜湄合作国家人口效率的综合指数。2010年，合作国家中人口效率由高至低排序依次为泰国、中国、缅甸、柬埔寨、老挝和越南。其中，泰国和中国的人口效率均超过了0.5，其余澜湄国家人口效率差别较小。泰国的人口效率分别比中国、越南高出0.02937个、0.19171个单位值。缅甸属于第二梯队，该值超过了0.4。老挝、柬埔寨为第三梯队。2010年越南的人口效率最低，仅为0.38291。2017年，人口效率由高至低依次为泰国、中国、柬埔寨、越南、老挝和缅甸，人口效率最高的泰国比中国高出0.17035个单位值，比最低的缅甸高出 0.1893 个单位。

同时，比较 2010 年和 2017 年澜湄合作国家的人口效率可发现，2017 年各国的人口效率均有不同程度的下降，这也符合现阶段次区域人口增长与经济增长速度逐渐放缓的趋势。当前各国正是人口与经济结构发生重要调整的关键时期，尤其是中国，人口总量优势带来的人口红利趋于结束，人口素质红利尚未显现，高素质人才队伍尤为短缺，导致整体人口效率在下降。柬埔寨、越南和老挝的人口效率指数均在 0.3~0.31，差距相对较小，上述国家的经济增长与增加就业，仍是解决经济社会发展的重要议题。缅甸的人口效率指数仅为 0.29771，是域内国家最低的，说明缅甸在现有的经济发展水平下，人口增长尤其是就业人口的增长对经济发展的贡献率较低，虽然人口劳动参与率水平较高，但低素质人口对经济价值的贡献也较低，需要努力提高人口综合能力。

第三节 研究结论

一 人口与经济耦合协调研究相关结论

根据 2010 年、2017 年澜湄合作国家人口与经济耦合协调度的分析结果，为了更直观地比较各国人口与经济发展状态、人口与经济耦合发展状况，特绘制图 6-1，并得到如下结论。

第一，澜湄合作国家人口与经济耦合度的国别差异较小，且短期内未发生根本性改变，均处于拮抗期，说明各国人口系统与经济系统存在较强的关联和互动作用。人口变动对经济发展存在或促进、或阻碍的作用，经济发展对人口发展水平的提升同样具有相关影响，一般来说，人口发展水平和人口素质较低的国家，经济发展水平、人口效率自然也较低。第二，澜湄合作国家人口与经济协调度差异较大，中国、泰国和越南人口因素与经济因素相互作用力强，协调发展程度相对较高，人口规模的变动、人口素质的提高以及人口迁移等要素的推动，对经济发展水平的提高作用较为显著；而柬埔寨、老挝和缅甸现有的人口与经济发展协调性较低，人口变动对经济发展的贡献率较低，经济发展对人口因素的提升作用也同样不显著。

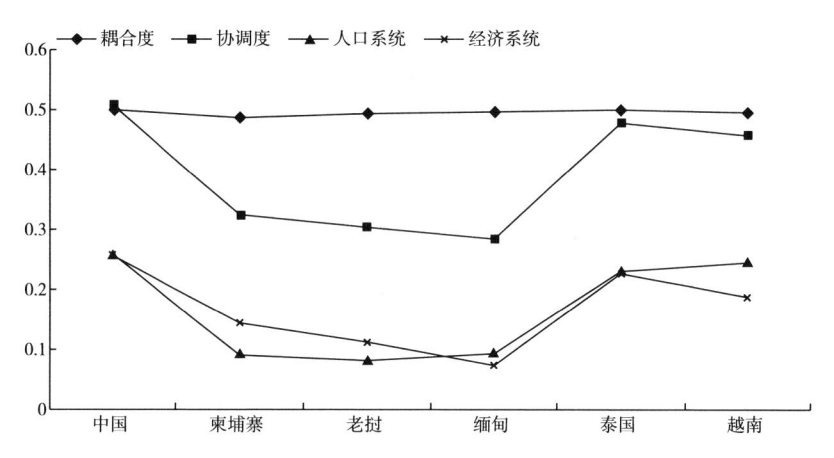

图 6-1　2017 年澜湄合作国家人口与经济耦合协调度

说明：根据表 6-5 和表 6-6 相关数据绘制。

二　人口效率比较分析结论

根据以上 2010 年、2017 年澜湄合作国家人口与经济耦合协调度以及人口效率分析结果，可以得到如下结论：

第一，由于人口效率指标选取有限，主要集中在人口与经济增长的动态数据上，导致人口效率变动相对较大，但这能在一定程度上反映出澜湄合作国家人口与经济发展水平的高低。泰国和中国的人口效率相对较高，但随着就业人口增长率不断下降，经济发展对就业人口的吸纳和带动作用有限，必须在调整人口结构、提高人口素质的同时，加强经济结构的转型升级与优化。越南的人口与经济发展潜力较大，可以提高就业率以更好地促进越南经济社会发展。而柬埔寨、老挝和缅甸的人口效率评价指标基本印证了前一部分的研究结论，须提高上述国家的就业人口的劳动生产效率，实现人口因素与经济增长的高效互动。

第二，实现人口与经济的相互协调与发展任重而道远。澜湄合作国家人口变动与经济发展相互影响、相互作用，但两者相互促进、协调发展的能力还有待提高。在促进人口自身不断发展，尤其是人口素质提升的同时，应加强经济结构的转型升级，扶持优势产业发展，促进产业结构调整和劳动力资源转移，减少就业人口的结构性矛盾，提高人口效率，促进对外贸易发展，提高国民收入水平，实现经济持续稳定增长。同时，这也是提高澜湄次区域整体发展水平，增强次区域合作活力和区域影响力，实现次区域人口与经济协调发展的重要基础。

第七章

"一带一路"倡议框架下澜湄合作国家人口经济发展路径

通过以上章节对澜湄合作国家人口转变、经济发展、人口与经济协调发展、人口效率的比较研究，以及针对澜湄国家一体化进程的分析后可以看到：经济活动必须与人口变动、人口转变发展阶段以及人口发展规律相适应，人口转变对澜湄合作国家间的经济发展、贸易合作、安全格局、科技合作、文明交流与生态建设等方面有着至关重要的作用，支持着澜湄次区域的经济发展和深入合作。

第一节 人口转变对澜湄合作国家经济发展的支持条件

人口是经济社会发展的基本要素，人的一切活动都会对社会经济产生重要的影响。人口规模、人口素质、人口结构、生育与死亡、人口迁移变动和就业状况等因素，直接或间接地影响着区域或国家的经济社会发展，经济活动必须与人口变动规律相适应。同时，区域或国家的经济发展水平也影响人口发展战略的制定和实施，决定着人口发展水平的提高程度和速度，经济活动的调整在一定程度上也制约着人口变动的方向和速度。因此，探讨人口与经济的协调发展是十分重要的课题。通过以上章节对澜湄合作国家人口转变及阶段判断、经济发展状况、各国人口与经济耦合发展状况等方面的综合研究，可以看到：人口转变进程的快慢、人口变动对澜湄合作国家间的经济发展、贸易往来等有着至关重要的作用,支持着澜湄次区域的经济发展和深入合作。

一 人口素质已成为影响区域人口与经济发展的关键因素

(一) 人口素质普遍偏低,制约人类发展水平的提升

澜湄合作国家人口素质差异较大,且整体水平偏低。一方面,柬埔寨、老挝和缅甸的人口平均预期寿命较中国和泰国少了将近10岁,婴儿死亡率高20~40个千分点。柬埔寨、老挝和缅甸等经济发展相对落后的国家,在医疗卫生、妇幼保健、基础教育以及公共基础设施建设方面存在一定的滞后性,严重限制了人口素质的提升。另一方面,科学文化素质的高低直接决定着国家的命运与长远发展,澜湄合作国家平均受教育年限仅达到了九年初等教育的较低水平,除中国和泰国的高等教育入学率超过了同期世界平均值外,柬埔寨、老挝、缅甸和越南四国依然处在较低的水平。在上述两方面的共同作用下,澜湄合作国家人口综合素质的提升任重而道远。

同时,多维度衡量澜湄合作国家的人类发展水平,在性别平等、贫困、自杀以及互联网使用等方面,澜湄合作国家亦存在较大的差异,除了中国和泰国外,柬埔寨、老挝、缅甸和越南的整体发展水平比较低,人口的基本权益和发展需求未能得到有效保障,制约了参与经济建设的主动性与积极性。可见,澜湄合作国家人口素质发展现状已成为制约区域经济发展、提高人类生活水平、影响区域命运共同体建设进程的关键因素。

(二) 在人口与经济协调发展过程中,高人口素质作用逐渐凸显

在前面有关域内各国人口与经济协调发展的研究中,人口素质指标如出生预期寿命、高等教育入学率和平均受教育年限3项指标所占权重,始终高于人口规模、人口结构、人口迁移等指标,已成为影响人口与经济协调发展的关键因素,这也再一次印证了柬埔寨、老挝、缅甸和越南等国的人口与经济发展的不匹配性,这些国家虽然人口年龄结构都比较年轻、劳

动力资源也十分丰富，但人口红利未充分实现且有效释放，人口产出效率较低导致经济社会总产值增长缓慢。由此可见，促进区域内人口素质的整体提升，可以在较大程度上提高区域人口与经济协调发展能力，推动人口系统与经济系统的良性互动与循环。

二　人口年龄结构是影响经济发展的重要因素

（一）"老龄化"和"少子化"问题逐渐凸显

根据不同年龄结构的人口分布整体情况，澜湄合作国家基本呈现以下两大发展趋势：一是少儿人口比重呈不断下降趋势；二是老年人口比重呈不断增长趋势。换言之，澜湄合作国家存在不同程度的"少子化"和"老龄化"并存问题，即"底部人口"少子化与"顶部人口"老龄化现象在域内6国中均可能出现，并且在今后相当长的一段时期内，这两大趋势将逐年加重。其中，中国和泰国已处于严重"少子化"时期，并伴随着日益严重的人口"老龄化"压力，双重的人口结构变动势必对两国经济社会的发展带来一系列连锁效应。另外，柬埔寨、老挝、缅甸和越南4国，虽然仍处于人口转变阶段，属成年型社会，预计在21世纪中叶之前，4国的少儿人口比重仍保持在合理范围内，但"老龄化"问题依旧不可避免，预计在2040年之前，澜湄合作国家将全部步入老龄化社会。

从目前来看，人口年龄结构指标对人口系统将保持持续的影响力，尤其人口老龄化的权重稳定在0.089左右，对国家社会保障制度、基础设施建设、储蓄与消费、投资与贸易等方面都具有较大影响。可以说，在"少子化"和"老龄化"的双重压力下，如何有效抵消因人口结构变动给经济发展带来的冲击，避免可能引发的严重社会危机，是域内国家值得重点关注的问题。

（二）劳动力资源充沛，但"人口红利"未得到有效开发

澜湄合作国家2018年15~64岁劳动年龄人口比重均超过60%，特别是中国、泰国和越南当前的劳动力资源十分丰富，3国劳动年龄人口比重

均为 70% 左右。根据预测结果，2050 年柬埔寨、老挝和缅甸的劳动年龄人口比重仍保持在 60%~70%。可见，在较长时期内澜湄合作国家整体劳动力资源丰富，社会经济发展后备人力资源十分充足。同时，柬埔寨、老挝和缅甸还尚未进入老龄化社会，社会抚养负担相对较轻，有着较长时间的人口红利期，但这些国家的基础教育建设相对落后，人口素质与人口效率普遍较低，产业与就业结构不匹配，人力资源丰富不等于人才资源富裕，尤其是高素质人才资源在域内各国都是短缺的，加上社会保障措施不够完善，诸多因素严重制约了人口红利的有效开发。以上这些状况客观上造成了对人力资源的浪费和闲置，若不及时调整和改革人力资源市场配置，在较高生育率的作用下，市场与社会发展势必会承受较大的人口压力，出现结构性失业与摩擦性失业同时并存的状况，从而影响社会经济和人口长远发展。

三 人口就业状况与经济发展紧密相关

(一) 就业人口分布不合理，农业人口亟待转出

根据相关数据和资料分析，澜湄合作国家基本为传统农业国家，三次产业发展呈现极大的不协调性，导致各国三次产业就业人口分布很不合理。比较 2010 年和 2018 年的发展状况可以看出，各国的产业结构与就业结构调整虽在不断推进中，但除了中国和柬埔寨就业结构实现了"三、二、一"模式外，其他国家未发生根本性变革，尤其老挝、缅甸和越南，其农业就业人口比重在 2018 年仍超过 40%，老挝更是高达 61%。上述国家虽然有大量富余的农业人口从事农业生产，但创造的农业增加值仅占 GDP 的极少部分，比如老挝 2/3 的农业就业人口仅创造了全国全年不到 1/5 的经济价值。可见，农业就业人口的"非农化转移"依然是各国尤其是老挝、缅甸、越南与柬埔寨 4 国的重中之重。另外，由于澜湄合作国家的工业发展相对缓慢，且该产业对就业人口的从业要求也相对较高，吸纳的就业人口有限，因此，未来发展中，服务业将成为接受转出农业人口的主要领域。

（二）就业结构与产业发展存在偏差，导致人力资源的浪费

在各国经济发展趋于减速或平稳的时期，转变经济增长方式、优化产业结构成为促进经济发展的重要环节。根据对产业结构偏离度的测算结果，澜湄合作国家农业的产业偏离度虽逐渐好转，但老挝和缅甸等国仍存在较大规模的农业剩余劳动力亟待转出，而工业产业内部劳动力缺口普遍较大，只有服务业发展最为迅速，吸纳就业人口的能力也较强。比如柬埔寨在2010~2017年间，实现了17%的农业富余人口转移至服务业，极大地解决了该国农村剩余劳动力的转出压力，提高了人力资源的利用效率。现阶段，中国和柬埔寨的服务业已出现了一定程度的人员饱和，为此，寻求第三产业内新兴行业新的增长点，以及加快第二产业结构的调整是提高其人力资源利用率的有效路径。

四 人口迁移变动对区域经济发展的促进尚待释放

（一）国际和区域间的人口迁移有待提高

根据世界银行相关数据分析，澜湄合作国家的人口国际迁移量所占比重相对较少，但人口迁移指标对人口发展的影响有所提升。除了泰国外，现阶段其他澜湄合作国家均属于净迁出国家。基于各国的社会经济、文化传统以及资源禀赋等差异，适当的国际人口迁移流动，有助于社会资源的合理流动，不仅能实现资源、技术、商品贸易等经济领域的开放发展，也能实现外资、高新技术人才和高级管理人才的引进，既可以为区域创新发展、科技发展注入新的活力与资本，也能为本国的经济发展带来更多的机遇和挑战。

（二）国内人口迁移较为频繁，城市化水平较低

城市化是社会经济发展的必然结果。澜湄合作各国农业产业比重相对过高，导致城市化水平普遍偏低，2018年，仅中国和泰国的城市化率超过了50%，柬埔寨、老挝、缅甸和越南的城市化率仅达到30%左右，最低的柬埔

寨仅 1/5 的人口居住在城市。同时，除了中国，其他澜湄合作国家城市人口聚集度过高。一方面，在城市化水平较低的情况下，大城市人口的过度集中，势必带来"城市病"，引发城市发展隐患且阻碍经济发展。另一方面，大中小城市发展不均衡，大城市对周边城市的辐射和带动作用较弱，造成区域间的发展不平衡。另外，虽然城市化水平不高，但各国国内人口流动与迁移较为频繁。同时，域内国家国际间人口流动还存在诸多制度障碍，导致流动率不高，不利于开发人口要素合理流动带来的技能流、资金流等促进经济发展的有效动因，也不利于域内国家间的协作与共同发展。

五 人口与经济发展水平差异大，人口效率有待提高

（一）人口与经济发展耦合协调度有待加强

通过对澜湄合作国家人口与经济耦合协调发展研究，不难看出：域内6国的人口与经济尚未实现较高水平的耦合协调发展，且国别间的差异较大，经济发展状况相对较好的中国和泰国，人口与经济发展的协调度相对较高，越南紧随其后，而柬埔寨、老挝和缅甸等经济社会发展相对落后的国家，人口与经济耦合协调发展水平较低。可以明确的是，虽然人口系统与经济系统之间存在一定的互动作用，但相互贡献率不太显著。说明澜湄合作国家在社会发展、区域合作等方面，应该兼顾人口发展与经济发展，及时调整人口与经济发展过程中不协调、不匹配的因素，提高人口与经济发展的协同性，实现二者的相互促进，共同发展。

（二）人口效率存在较大的国别差异

通过对人口效率评价指标的综合测算，也基本印证了前面相关研究结论，澜湄合作国家人口与经济发展存在较强的相互关联性，人口因素尤其是劳动力资源优势，对经济发展的促进作用显著，而经济发展水平，尤其是产业与就业结构对人口优势的发挥至关重要。澜湄合作国家中，中等偏上收入国家的人口效率略高于中等偏下收入国家。产业结构与就业结构的不断完善，就业人口劳动生产效率的不断提高，能够直接提升人口效率，

这也是澜湄合作国家应对"老龄化"和"少子化"问题的有效途径。

第二节 促进澜湄合作国家人口与经济发展可行性路径

随着澜湄合作的不断深入，澜湄合作国家的人口与经济交往日益密切，合作领域不断扩展，为促进澜湄次区域人口、经济、社会和文化水平的整体提升提供了更多的可能性和创造力。基于以上对澜湄合作国家的人口与经济发展状况的分析，结合澜湄合作国家天然的地理优势和资源禀赋，依托"一带一路"倡议与建设的大好前景，从人口经济学角度出发，我们为促进澜湄合作国家人口与经济发展路径提出以下可行性建议。

一 促进人口与经济耦合协调发展，不断提升人口效率

（一）提高人口发展水平，实现人口要素对经济发展的促进作用

澜湄合作国家的人口与经济发展状况不尽相同，人口规模、人口结构、人口质量和人口迁移的变动与经济发展密不可分，现阶段各国人口与经济系统耦合度均处于拮抗期，相互影响、相互促进的联动机制较为明显。但2017年柬埔寨、老挝和缅甸的人口系统综合得分低于0.1，人口发展水平严重落后于中国和泰国，人口要素对经济发展的拉动作用较弱，人口与经济发展存在一定程度的失调。其中，人口素质的重要影响日益凸显。澜湄合作国家应制定符合本国国情的人口发展战略，从各国人口转变阶段、人口变动趋势与经济发展、生态环境承受力、资源能源供给等方面的相互制约关系出发，根据自身特点以寻求与经济协调发展相适应的最优适度人口。由于各国的国情不一样，经济发展程度不一致，人口素质状况以及劳动效率等指标也不尽相同，从适度控制人口规模出发，加大医疗、教育和社会保障等方面的投入，不断提高人口质量、调节人口结构，促进人口发展水平的稳步提高，更好地支撑各国快速推进的工业化和现代化发展。

（二）逐步改善经济发展状况，提升人口效率

澜湄合作国家人口与经济发展的协调度差异性较大，中国、泰国和越南人口与经济发展的互动性较强，但柬埔寨、老挝和缅甸现有的人口与经济发展协调度较低，经济社会发展对人口效率的提升作用不显著，二者的相互贡献率较低，甚至有些国家过度的人口增长对经济发展产生一定的阻碍作用。但澜湄合作国家拥有丰富的人力资源总量，能源资源和社会环境优势明显，产能、经贸合作潜力巨大，经济相对落后的国家改善经济发展状况的动力充分，各国应推进人口发展战略与经济发展战略的协同和互动，充分考虑人口对经济发展的联动效应，实现人口与经济发展的正向耦合效应，积极推动经济结构调整和转型升级，有效利用丰富的劳动力资源，大力培育与开发高技能人才，提高就业人口生产效率，推动人口效率的不断提升。

二 尽快提高人口素质，充分利用人口红利期

（一）促进区域人口素质提升，收获人口红利

亚洲开发银行曾提出重视教育是应对劳动力老龄化的一个关键的解决方法。澜湄合作国家应不断提高人口素质教育、技术教育、终身教育质量，提升相关医疗和公共服务水平，提高劳动力人口综合素质，提高劳动生产效率，抵御劳动力资源短缺带来的供需矛盾。老挝、缅甸和柬埔寨等国应积极借鉴泰国教育模式，大力发展公立和私立高等教育，积极创办开放式大学、职业院校，使更多年轻人获得接受高等教育与职业培训的机会。建立相应的教育发展计划，增加教育经费投入，逐步提高劳动年龄人口受教育水平，注重劳动力人口职业技术能力更新与综合素质水平的提高。

同时，加强高等教育、技术培训的国际交流与合作。人才培养和技术培训也要坚持"引进来"和"走出去"相结合的开发战略，既要吸引区域内经济发展较好的国家，如中国和泰国的优秀人才，也要加强相应奖励制

度,鼓励高学历、高技术人才迈出国门,学习先进的生产技术、科研成果和管理技能。例如,云南民族大学设立的中国-东盟教育培训中心,已先后在瑞丽、麻栗坡、勐腊、临沧边境经济合作区等地建立了7个培训基地,培养和培训了柬埔寨、老挝、缅甸、泰国、越南等湄公河5国来华务工人员11800余人,为澜湄次区域经济社会转型提供了所需的高素质应用型人才。澜湄合作各国也可以建立更多类似的培训基地与人才训练基地,培养更多符合市场所需人才。在不断深入推进产业与就业结构快速调整的同时,提高劳动力素质,把人口数量优势转化为人才优势,保障人口红利的充分实现,促进国民经济持续稳定发展。

(二)加强区域文化交流与合作,实现人才资源共享

澜湄合作机制建立以来,中国与缅甸、泰国、老挝等国家相继举办了一系列人文领域的合作与民间交流,国家领导人、部门负责人、艺术家、学者以及青年学生等各层次代表互访互动频繁。自2019年"澜湄周"活动开启以来,中国政府牵头在云南、贵州、广西、四川和上海等省市,先后举办了一系列合作项目研讨会,签署了多项战略合作协议,在铁路交通、桥梁建设、大数据应用、农作物栽培、国际教育交流、卫生医疗合作等方面均达成了战略共识。澜湄合作国家应继续保持这种友好往来,增强彼此了解和政治互信,争取实现人才资源在区域内的共享与良好区域人文环境的打造。

一方面,优化劳务输出机制,均衡区域内人力资源分布。比如越南人口总量相对较大,而柬埔寨的人口年龄结构相对年轻,可以借鉴菲律宾发展模式加大域内各国劳务输出,有效解决农业转出人口的再就业问题,加快人员更频繁的互动往来。另一方面,拓宽人才流动与人才信息共享渠道。目前来看,中国和越南的人口环境相对封闭,人口国际迁移流动数量与频次相对较少,现有人口国际迁移主要集中在旅游领域。各国应逐渐适当开放区域人员交流和往来规定,消除制度障碍。在"一带一路"倡议下,通过技术移民、教育移民等方式,吸引适合本国产业发展的高精尖人才流入,为本国技术创新、科学研究、教师素质提升等注入新动力。

同时,随着澜湄合作的不断深入,各国外商投资企业不断增加,在基

础设施建设、能源资源开发等重大合作项目相继推出的同时,还需重点加强技术型、创新型与研发型人才的短期交流与合作。

三 适应人口与经济系统的结构性变动,积极应对多重挑战

(一)有效应对"老龄化"和"少子化"挑战,抵御人口结构变动风险

中国和泰国经济发展水平虽略好于澜湄合作其他国家,但与发达国家相比,仍存在较大的差距,人均 GDP 尚未达到世界平均水平,但两国 2018 年的老龄化人口已分别达到 11.19% 和 11.83%,而且两国人口老龄化速度还在不断加快,随之而来的养老医疗、劳动力数量减少等问题不断显现,对宏观经济稳定发展、社会保障制度的统筹和完善带来了巨大挑战。同时,两国少儿人口比重已降至 17% 左右,处于严重少子化时期,两国应根据本国国情,有针对性地加强人口发展战略研究,鼓励育龄人口自主、理性生育,稳定生育率,保持适度人口增长并实现人口均衡发展,同时,还应重点加强教育、医疗和社会公共事业改革,实现人口从"量"向"质"的转变。

在"老龄化"和"少子化"的双重压力下,中泰两国应加快社会保障制度改革进程,可以借鉴新加坡等亚洲发达国家的成功经验与相关发展模式,争取实现社会保障制度覆盖范围的全民化、资金来源多元化,以及缴费水平的不断提高、功能的不断完善,有效抵御人口结构变动带来的社会经济风险。同时,柬埔寨、老挝、缅甸以及即将进入老龄化社会的越南,面对未来可能出现的人口结构性问题,应未雨绸缪,借鉴其他相关国家的发展经验,积极完善社会保障制度,以万全的准备应对人口结构变动可能带来的风险。

(二)继续深入推进产业与就业结构调整,提高生产效率

澜湄合作国家拥有独特的人口社会环境,自然资源储备丰富,基础设施建设较为薄弱,产业发展与就业结构调整和升级仍在不断推进中。

一方面，域内国家应继续深化调整各国产业与就业结构，加快第二、第三产业发展，逐步转移农业剩余人口，增加工业和服务业就业人口比重。比如泰国，作为传统农业国，是世界上天然橡胶的最大出口国。同时，泰国依托其独特的自然人文景观，大力发展旅游业，成功举办了22届泰国国际旅游展，已成为东南亚地区最大规模的出境旅游展览之一，为澜湄合作国家旅游业的发展提供了交流的平台。而缅甸、老挝和柬埔寨的翡翠、玉石、柚木、花梨木等名贵宝石和木材在国际市场享有极高声誉，上述国家应合理开发和利用各类资源，扶持制造业和加工业发展，提高初级产品附加值，促进物流运输、批发零售等第三产业的协调发展。

另一方面，根据外资投资方向，大力发展优势产业。由于各国产业结构、资源禀赋存在差异，所以国外直接投资方向有所区别。越南、缅甸、柬埔寨和老挝等国自加入世界贸易组织以来，持续得到了美国、日本、俄罗斯和欧盟国家的政策优惠和经济扶持，各国正处于发展双边贸易、吸引外资的大好时期，应紧抓发展机遇。比如越南拥有丰富的矿藏资源，合理开发已探明能源类、金属类矿产资源，并加强与澜湄次区域内国家以及国际市场中发达国家的资源整合，促进越南第二产业的发展。另外，越南、缅甸和柬埔寨优越的地理位置造就了各国丰富的渔业资源，其产品主要出口中国、泰国等东亚、东南亚国家，可以有针对性地加大第一产业基础设施建设，加大鱼类等初级产品的加工生产，逐步提高其出口产业附加值。

四 调整进出口贸易结构，加强区域经贸合作

（一）调整进出口贸易结构，提高出口贸易附加值

澜湄合作国家在资源禀赋、贸易往来等方面具有高度的互补性和互通性。针对中国和缅甸进出口贸易发展相对缓慢的现状，在产业结构调整和优化基础上，应相应调整两国的进出口贸易结构，提高进出口贸易份额。柬埔寨、越南、老挝和泰国等外向型经济体应不断改善货物和服务出口类

型，增加高附加值、高科技含量产品的出口。借助"一带一路"倡议和澜湄合作专项基金支持，各国应不遗余力地推进区域内贸易谈判，加强贸易合作，逐渐消除贸易壁垒，实现双多边贸易合作深度发展。中国历来对泰国、柬埔寨、老挝和缅甸等国的原材料、工业品和农产品等进口需求旺盛，加快澜湄合作国家的进出口贸易合作，可以更好地促进区域内进出口贸易的深度发展和有效融合。

另外，进出口贸易结构调整应紧跟国际市场变化，适时、高效地推动本国货物质量和服务水平的提高。柬埔寨、越南、泰国等国家的进出口贸易比重相对较高，但出口产品主要集中在低附加值的初级加工农产品、能源和原料等方面，缺乏机电、化工、航空航天等高附加值产品。同时，部分澜湄合作国家自身在高新技术产业研发和使用方面尚存较大不足，需要技术领先的国家予以扶持。2018年1月初，中国航天科技集团有限公司与柬埔寨皇家集团签署"亲王一号"通信卫星项目框架协议，中国将通过在轨交付形式，如期向柬方交付一颗通信卫星，并提供与此相关的售后产品和服务。这样，就可以极大地提升柬埔寨通信基础设施水平，使其畅享互联网时代的诸多便利。

（二）大力推进区域经贸合作，建立跨境产业链

澜湄合作国家间具有产能合作、互通经济的良好基础，发展潜力巨大，各方应积极开展电力、陆路航运、汽车加工、冶金建材、轻工编织、信息通信、工程机械以及农业等领域的集群合作，鼓励区域内企业在投资、工程、技术、服务、贸易等领域的合作。大力推进区域经济合作，建立跨境产业链，实现双多边贸易合作深度拓展，鼓励建设跨境经济合作区试点，推进跨境经济合作，完善合作框架、工作机制和制度性安排。成立相应的商务理事会、中小企业服务联盟等机构和组织，推动区域经济合作顺利开展。

同时，定期举办国际贸易展销会、博览会和招商会，搭建中小企业交流合作平台。针对跨境电子商务的发展，应积极培育上下游产业链条，加强澜湄合作国家间贸易促进活动。中越凭祥-同登跨境经济合作区、中国龙邦-越南茶岭跨境经济合作区、中国东兴-越南芒街跨境经济合作区，以

及中印缅经济走廊等跨境经济合作区先后投入运作，将更好地带动边境口岸发展，逐步形成各国优势互补、良性互动的产业集聚区。2019年11月，在云南昆明举办的澜湄合作博览会，首次植入了"国际化人才"要素，依托东南亚南亚跨境人才服务平台，举办以国际化人才交流互动、实现跨境就业创业、国际化人才孵化培养为主题的东南亚南亚海外工作节。[①] 自2016年起一年一届的澜湄合作博览会，是主动融入和服务各国发展战略的大会，也是澜湄次区域国家合作形式的一种创新，既推动了产业合作与项目对接，进一步扩大了博览会的平台效应，为各国商务交流创造了更多机遇，也为提升区域政治互信、深化各领域互利合作、促进区域民主改善和经济发展、实现区域长期稳定发展打下良好基础。

五 借助互联网技术和物联网产业发展机遇，推动多领域合作

2011~2018年全球经济发展呈现明显的低迷状态，人均GDP年增长率基本保持在1.5%左右的缓慢增长，2018年出现了小幅上升，达1.9%，全球债务水平持续提高、国际贸易交往放缓、投资金融活动乏力等特征仍普遍存在。全球各国尤其是亚洲新兴经济体迫切需要寻求新的经济增长点以继续保持较高的经济增长率，产业结构优化调整也迫在眉睫。物联网产业[②]的兴起和发展无疑为各国国民经济的持续发展注入了一剂强心针，提供了新的发展机遇。中国"十三五"规划纲要中提出，要积极推进云计算和物联网发展。随着以智能服务为核心的智能交通、智能电网、智能医疗、智能家居、智能工业等物联网重点应用的局部展开，物联网计算进一步打破了互联网时代的时空限制，丰富了物质资源在生产加工、分配、交换和消费等领域的流转形式，推动了大数据时代的技术进步并改变了信息资源分享方式。

澜湄合作国家在资源能源、基础设施以及经贸合作方面具有互补性，

---

① 昆明市人民政府：《2019澜湄合作博览会11月21日在昆举办》，http://www.km.gov.cn/c/2019-08-26/3096907.shtml。
② 物联网产业依靠互联网将物品联系在一起，其运作由互联网决定，依赖电子商务系统的标准化运行模式，实现物品通过网络有序的互联，可以提高物品的快速流通，推动社会经济快速健全发展。

这为物联网产业在区域内的发展提供了可能性，借助这种新兴产业发展的动力，可以实现澜湄合作国家在多领域的互通合作。2018年1月16日，"东盟头条"电子信息平台正式上线运营，通过"中国互联网技术+各国信息提供"的方式，以智能手机为载体，为中国和东盟各国用户提供以综合新闻为主的个性化资讯内容，加快了热点事件、新闻信息在国别间的流通速度，能有效实现信息互通，澜湄合作各国在此过程中能普遍受益。2018年2月初，"中国北斗+导航+遥感时空信息服务'一带一路'"论坛在老挝召开，标志着区域联网成功。可见，澜湄合作国家在技术和信息领域的深度合作，使互联网产业跨区域运营和物联网产业在次区域内的深入发展成为可能。

六 整合区域发展资源，提高城市化水平

根据2018年澜湄合作国家城市化发展状况，柬埔寨、缅甸、老挝和越南的城市化率分别为：23.388%、30.579%、35.004%、35.919%，柬埔寨全国仅不到1/4的人口居住在城市，该国农村人口众多，公共医疗卫生、教育和就业问题得不到有效解决，另外3国的城市化水平也不高。提高城市化水平，不仅需要人口结构完善、科学技术发展、产业优化升级、就业渠道畅通、城乡人口迁移流动等一系列因素共同作用，还需要国家加强基础设施建设、完善社会保障机制、合理规划城乡发展战略，以及保持经济的可持续发展。各国只有坚持内外因相结合的发展策略，全面整合本国人口、资源和社会环境各要素资源，走具有本国特色的、科学合理的城市化发展路径，同时依托区域交流与合作大平台，紧抓发展机遇，才能更科学地推进城市化进程。

"一带一路"倡议和澜湄合作机制为澜湄合作相关国家，尤其是柬埔寨、老挝、缅甸和越南等城市化水平相对较低的国家，提供了一次前所未有的发展机遇和便利条件。这些国家应大力整合国内外发展资源，合理规划城市布局，分散大城市的人口集聚压力，改善城市人口居住环境，提高人们生活水平，逐渐降低人类活动对城市环境的压力。同时，发挥大城市的区域带动作用，推动区域经济、政治和文化水平的整体提升。

七 继续深化在水资源领域的交流与合作

澜湄合作机制建立的初衷即"同饮一江水,命运紧相连",水资源开发利用和保护、水能资源开发对于澜湄流域可持续发展具有十分重要的意义,澜湄合作国家历来十分注重在水资源领域的务实合作。2015年底,受强厄尔尼诺现象影响,澜湄合作各国均遭遇了不同程度的旱灾。中国在克服自身困难的同时,通过中方境内景洪水电站对下游实施应急补水,有效地缓解了下游国家的生产生活用水压力。

在澜湄合作机制下,流域国家应不断加强水资源管理、灾害应对等方面的沟通协调和务实合作,更好地惠及沿岸各国人民。一方面,重点做好水资源可持续利用的制度设计,达成水资源保护政策共识,定期举办水务相关论坛,打造特色新型农业机制,推进澜湄水资源合作中心建设。另一方面,加快促进水利技术合作与交流,借助"澜湄周"活动,开展地下水监测和水资源可持续利用的培训与交流,开展澜沧江-湄公河流域自然资源保护和合理开发的联合研究,组织实施相关示范项目,早日建立应对次区域紧急洪旱灾害信息共享的沟通渠道,不断提升澜湄合作国家水资源管理整体能力。

八 共同打造澜湄流域经济发展带

2018年初通过的《金边宣言》明确指出澜湄合作机制已从培育期发展到成长期。《澜沧江-湄公河合作五年行动计划(2018~2022)》将全面对接"一带一路"倡议、《东盟互联互通总体规划2025》等澜湄次区域合作机制愿景,未来各国在共商、共建和共享的基础上,将进一步加强在优先领域的合作和发展,扩展合作领域,优化合作模式,合力打造澜湄流域经济发展带。同时,各国应加速推进区域全面经济伙伴关系协定(RCEP)的全面实施,尤其是目前还未进入该协定门槛里的缅甸,应全速推进相关行动的落地与实施。澜湄流域经济发展带对维护多边贸易体制、促进澜湄各国经济发展、深化澜湄区域经济一体化有着重要的意义。

澜湄合作机制的不断完善、合作领域的不断拓展，加深了各成员国间的往来互通。随着澜湄合作国家各自人口系统和经济系统的变动，国别间的差异性不断涌现，同时也面临着不断变化的新发展要求，要实现各成员国间的人口与经济资源的高效整合和合理调配，必须加强对人口与经济社会环境的认知和研究。基于澜湄合作国家现实的人口与经济发展状况，探讨人口变动与经济发展相互作用机制，有助于科学合理地建立符合区域特征和发展需求的合作机制和战略目标，对不断深入研究澜湄合作国家经济一体化建设，构建澜湄国家命运共同体有着长远的现实意义。

第八章

澜湄合作国家一体化进程与实践

第一节　澜湄合作国家一体化目标选择[①]

澜湄合作是新时期中国与湄公河国家进行次区域合作的一个成功典范。在短短5年时间内，建立了多层级、宽领域的合作机制体系，形成了"高效务实、项目为本、民生优先"的澜湄合作模式。各方发扬了"推土机"精神，取得了较为丰硕的成果。澜湄合作机制从一开始便得到了东盟国家的大力支持，也成为中国与东盟升级合作的重要组成部分。

澜湄合作机制形成以来，成果成效显著，在次区域合作中的影响日渐扩大，成为中国与周边国家构建命运共同体的重要典范。全面总结澜湄合作所取得重大进展的成功经验，分析未来发展可能面临的主要问题，对进一步深化澜湄合作具有重要意义。

一　澜湄合作机制建立与进展

澜湄合作机制是中国与周边国家进行次区域合作发展最为迅速、最具有成效的机制之一。2016年3月23日，为落实第17次中国-东盟领导人

[①] 刘卿：《澜湄合作进展与未来发展方向》，2018年5月30日，https：//mp.weixin.qq.com/s?_biz=MzUzNzg1MzUzNQ%3D%3D&idx=1&mid=2247483685&scene=45&sn=77060ce0285aeddcd1f8f8f0f92ec882。

会议提出的澜湄合作倡议，中国与湄公河 5 国在中国海南省举行了首次领导人会议，并发表了《三亚宣言》，共同建立了澜湄合作机制。2018 年 1 月 10 日，在该机制成立两周年之际，6 国领导人举行第二次会议，全面总结了合作经验，并对未来发展进行了全面规划，标志着该合作从培育期迈向成长期。5 年来，中国与湄公河国家在平等互信基础上，脚踏实地推进彼此的合作，在机制建设、项目推进、金融合作、人员往来等方面均取得了显著成绩，形成了"高效务实、项目为本、民生优先"的澜湄合作模式，培育了"平等相待、真诚互助、亲如一家"的澜湄文化。

（一）澜湄合作机制全面形成

澜湄合作在成立之初即设立"3+5 合作框架"，"3"即 3 大支柱，分别为政治安全、经济和可持续发展、社会人文，"5"即 5 个优先领域，分别为互联互通、产能合作、跨境经济合作、水资源合作、农业和减贫合作。5 年多来，在六方共同商讨和共同努力下，澜湄合作形成了多层次、宽领域的合作机制，建立了领导会议、外长会议、高官会议、优先领域联合工作组会议四个层级机制，形成"领导人引领、全方位覆盖、各部门参与"的澜湄合作格局。在"3+5 合作框架"的基础上，澜湄合作积极拓展其他新的合作领域，将"3+5 合作框架"进一步发展为"3+5+X 合作框架"。各国均建立了澜湄合作秘书处或协调机构，增加各国跨部门之间的横向联系以及成员国之间的协调能力。同时，还成立了 3 个辅助机构，包括澜湄水资源合作中心、澜湄环境合作中心和全球湄公河研究中心，3 个中心已进行了实质运作，分别在各自领域发挥着牵引与导向作用。

（二）早期收获项目释放示范效应

澜湄合作第一次领导人会议确定了 45 个早期收获项目，覆盖了五大优先领域，包括水资源管理、生态和环境保护、风险评估、减贫、防灾、疾病防治、旅游、能力建设等项目，涉及民生领域的方方面面。所有项目均为开放的多边合作项目，由各国分别提出和牵头，其中，中国提出和牵头的有 20 个、柬埔寨有 5 个、老挝有 10 个、缅甸有 2 个、泰国有 5 个、越南有 3 个。各个早期收获项目均已全部按计划推进，其中多数已完成或取得了实质性进展。在第二次外长会议上，中方又提出了 13 项倡议，也同样得到了各方的积极响应和快速落实。此后，各国又陆续提出和实施了百余个新的合作项目。各领域合作取得了丰硕成果，释放良好的示范效应，带动了次区域其他项目的落地。比如在跨境经济合作方面，中国、老挝、越南等都在竞相推进"跨境特别经济区"建设，"中缅经济走廊"的提案与建设也取得了重要进展。第一批合作项目取得了超预期的成绩和效果，使得各国积极性进一步提高，因此第二次领导人会议又确认了《澜湄合作第二批项目清单》，进一步提升了域内各国的合作水平。

（三）金融支持迅速到位

在首次澜湄合作领导人会议上，中方提出 5 年内提供 3 亿美元合作专项基金，支持成员国中小型合作项目的开展。目前，专项基金已全面启动，为 132 个合作项目提供了支持。中方设立的 100 亿元优惠贷款已落实近 2/3，优惠出口买方信贷也在有效实施。[①] 中方设立第一批 50 亿美元国际产能和装备制造合作专项贷款，优先推进成熟项目的融资进程。截至 2017 年 11 月底，第一批专项贷款已完成授信承诺 52.5 亿美元，超额完成 50 亿美元授信评审计划，兑现中方对外有关承诺。专项贷款支持了柬埔寨暹粒新机场、越南永新火电站、老挝万象电力环网、泰国开泰银行转贷等 11 个项目，有力地推动了澜湄地区电力、交通、产业园区等领域建设。此外，专项贷款目前还储备 23 个项目，储备意向融资额达 280 亿美元，为后续进一步深化澜湄合作机制奠定基础。[②]

同时，为实现跨境投资便利化，成员国加强金融政策对接，强化金融支持，创新融通机制。比如，在瑞丽开放试验区，成立首个中缅货币兑换中心，推出了"瑞丽指数"，并设立了中国首个在缅甸的非现金跨境支付服务点，这一举措填补了中国在缅甸无跨境结算服务点的空白。这些措施为跨境投资与贸易结算开辟了新途径。2018 年第一季度，仅云南一省对缅

[①] 《澜湄合作专项基金柬埔寨首批项目签约》，新华网，2017 年 12 月 21 日，http://www.xinhuanet.com/2017-12/21/c_1122148989.htm。

[②] 《国开行设立第二批 50 亿美元，国际产能和装备制造合作专项贷款支持澜湄合作》，新华网，2018 年 1 月 12 日，http://www.xinhuanet.com/money/2018-01/12/c1122252465.htm。

甸贸易额就高达18.5亿美元,同比增长28.3%,其中,出口7.3亿美元,同比上升23.8%;进口11.2亿美元,同比上升31.4%。截至2018年4月30日,中方在缅投资金额达199.41亿美元,占海外对缅甸总投资的26.37%。有数据显示,2016年人民币中缅跨境结算达到158亿元,同比增长45.63%。[①] 缅甸央行在2019年1月宣布,正式将人民币纳为官方结算货币。随着中缅边境贸易往来愈加频繁,人民币在北缅边贸结算中的比例已达99%。在2017~2018财年,中缅边贸额为67.54亿美元,占缅甸边贸总额的79.79%。

(四)合作行动计划出台

澜湄合作机制已从早期的"探索合作"发展到了现在的"规划合作",这是一次从成长期步入成熟期的重要标志之一。该机制从成立之初的一个倡议、一个构想,继而过渡到具体行动方案,各国强化合作共识,将合作内化于心,从区域整体发展角度制定了多项发展规划,实现了上下游协调联动,各领域互促互动,各国间协作共进。

仅经过1年时间,澜湄合作6国经过工作组层面的反复磋商、高官会议的研讨、外长会议的定稿,各方齐心协力,共同编制并适时提出了第一个《澜湄合作五年行动计划:2018~2022》(以下简称"计划"),并在2018年1月在柬埔寨召开的第二次领导人会议期间发布。该计划作为澜湄合作6国未来5年工作的指导性文件,在合作机制的基本原则、机制架构、务实合作、支撑体系等方面制定了明确的行为准则,为澜沧江-湄公河流域的可持续发展规划了蓝图,勾勒出了次区域共同繁荣的美好愿景。[②] 该文件对更好地促进次区域国家间的共同合作发展具有积极的作用。比如根据该行动计划,中国与澜湄流域国家在森林资源保护和利用、林产品贸易、边境森林火灾联防、野生动植物保护、林业管理和科研能力建设等方面重点加强合作。由国家林业局申报、亚太森林组织实施的"澜沧江-湄公河次区域森林生态系统综合管理规划与示范项目"也已列入了《澜湄合

---

① "边城瑞丽:因扩大开放而更加美",瑞丽市官网,2017年12月4日,http://www.ruili.gov.cn/jrrl/rlzk/content-162-2660-1.html。
② "澜沧江—湄公河合作五年行动计划(2018~2022)",《人民日报》2018年1月11日。

作第二批项目清单》，由国家林业局组织申报的第一批澜湄合作基金项目也已获批准。2018年，中国国家林业局东盟林业研究中心、国家林业局林业管理干部学院和西南林业大学，与澜湄流域国家在油茶良种选育、社区林业扶贫和木材贸易发展培训等方面开展合作。[①]

总之，中方与湄公河5国在医疗卫生、教育、扶贫、农业等民生领域开展了广泛的合作。这对于推进"一带一路"倡议在中南半岛落地生根、打造周边命运共同体具有十分重要的意义。

二 合作驱动要素

澜湄合作作为中国-东盟关系中最为活跃的组成部分，其成功合作，是中国与湄公河国家次区域合作跃上新台阶的重要标志。澜湄合作进展如此迅速，与其强劲的内生动力密切相关，它从一开始便得到了东盟的认可和支持，是区域经济一体化发展的必然结果，是建立亚洲命运共同体的重要推动力量。

（一）东盟的支持为次区域合作注入动力

澜湄合作是中国-东盟关系新纽带，旨在促进澜沧江-湄公河流域经济社会发展，增进各国人民福祉，缩小本区域国家发展差距，支持东盟共同体建设，并推动落实《联合国2030年可持续发展议程》，促进南南合作。[②] 澜湄次区域合作的设想，最先是由泰国在2012年提出来的，中国给予了积极回应。此后，中国-东盟领导人会议上多次确认将支持澜湄合作机制。2014年11月，第17次中国-东盟领导人会议主席声明第十九项指出："我们支持中国与湄公河流域国家开展更紧密的次区域合作。我们欢迎泰国提出的澜沧江-湄公河次区域可持续发展倡议，该倡议将有助于缩小东盟国家间的发展差距。我们欢迎中国和湄公河次区域国家探索建立相关对话与

[①] 廖菁：《〈澜湄合作五年行动计划〉发布》，中国科技网，http://stdaily.com/zhuanti01/lyzx/2018-01/16/content_623396.shtml。

[②] 《澜沧江—湄公河合作首次领导人会议三亚宣言》，中国政府网，2016年3月24日，http://www.gov.cn/xinwen/2016-03/24/content5057018.htm。

合作机制的可能性。"① 2016年9月，第19次中国-东盟领导人会议联合声明第十三项指出："我们欢迎澜沧江-湄公河合作首次领导人会议于2016年3月23日在中国三亚成功举行。我们也欢迎在现有湄公河次区域合作机制，如澜湄合作、大湄公河次区域经济合作、东盟-湄公河流域开发合作及其他相关次区域合作框架下加强合作，以支持缩小地区发展差距。"②

澜湄合作确定"3+5+X合作框架"中的"3"，与东盟一体化倡议中确立的政治安全、经济及社会文化三大支柱互为补充，其中的"5"也与东盟共同体建设的优先领域相互吻合，比如澜湄互联互通与《东盟互联互通总体规划2025》实现兼容。澜湄合作框架与中国-东盟"2+7合作框架"③ 全面对接。中国-东盟宽领域、深层次、高水平的制度性合作，为澜湄合作提供了重要保障和制度基础，注入了新的活力。

（二）市场机制驱动经济合作升级

澜湄合作是中国与湄公河5国在共同协商基础上进行彼此认同的跨国经济合作，通过利用彼此之间生产要素禀赋促进区域贸易和投资。各方发挥自身优势，弥补本国不足，实现各国产业综合竞争力的提高。

澜湄合作6国之前在经济合作中就有着深厚的积累与坚实的基础，建立机制化合作自然水到渠成。经过长期的经济合作，中国与湄公河国家彼此间经济相互依赖性、互补性进一步加深。目前，湄公河沿线国家中除了老挝以外，其他国家的第一大贸易伙伴和第一大进口来源国均是中国；而中国则是老挝的第二大贸易伙伴和第三大进口来源国。从出口看，中国是缅甸的第一大出口市场，是老挝和泰国的第二大出口市场，是越南的第三大出口市场以及柬埔寨的第六大出口市场。若将湄公河5国作为一个整体，

---

① 《第十七次中国—东盟领导人会议主席声明》，外交部网站，2014年12月1日，http://www.fmprc.gov.cn/web/wjb_673085/zzjg_673183/yzs_673193/dqzz_673197/dnygjlm_673199/zywj_673211/t1215662.shtml。
② 《第19次中国—东盟领导人会议暨中国—东盟建立对话关系25周年纪念峰会联合声明》，外交部网站，2016年9月8日，http://www.fmprc.gov.cn/web/wjb_673085/zzjg_673183/yzs_673193/dqzz_673197/dnygjlm_673199/zywj_673211/t1395707.shtml。
③ "2"指两点政治共识，包括深化战略互信，拓展睦邻友好；聚焦经济发展，扩大互利共赢。"7"指政治、经贸、互联互通、金融、海上、安全、人文七个重点合作领域。

该地区是中国的第五大贸易伙伴。从投资存量来看,目前中国是柬埔寨、老挝和缅甸最大的外资来源国,越南的第八大外资来源国;从投资流量看,2017年以来中国是泰国第三大外资来源国。中国的投资对湄公河国家经济增长越来越重要。①

澜湄次区域经贸合作需要换档升级,提升在全球价值链中的地位。自2002年11月中国与东盟签署了《中国与东盟全面经济合作框架协议》后,中国与湄公河国家经贸合作进入快车道。2010年1月,中国-东盟自由贸易区正式启动,中国与湄公河国家经贸合作机制化水平达到一个较高层次。2015年1月,中国-东盟自由贸易区在越南、缅甸、老挝和柬埔寨等国实现"零关税",次区域内的关税已降到了非常低的水平。随着削减关税的边际效应降低,提升合作水平成为日益突出的问题,次区域合作需要拓展新的空间。澜湄国家均为发展中国家,许多成员资源禀赋和产业结构近似,在全球生产网络中处于低端位置,许多产品在国际市场上面临直接的竞争。随着国际分工沿着产业链条的不断深化,次区域各国间迫切需要加强合作,减少竞争,促进互补,共同提升在全球价值链中地位。②

逆全球化与反自由贸易思潮的兴起,倒逼次区域各国携手共同应对。近几年来,逆全球化思潮、反自由贸易声浪四起,"黑天鹅"事件频发,贸易保护主义在全球蔓延。世界贸易组织(WTO)框架下的谈判停滞,全球自由贸易体系经历艰难时期。湄公河国家处在经济发展起飞阶段,市场有限,外向型经济特点尤其突出,最先感受到逆全球化的冲击。这些国家需要加强区域和次区域合作,释放经济活力,实现共赢。除了推动中国-东盟快速达成贸易升级版外,还应积极利用相互之间山水相连、文化相通的人文和地理特点,通过建立合作机制来推动域内生产要素快速、高效流动,确保贸易和投资制度化进程,为区域经济可持续增长注入强劲动力。

---

① 中华人民共和国商务部:《以经贸合作擦亮澜湄合作"金字招牌"》,人民网,2017年12月16日,http://finance.people.com.cn/n1/2017/1216/c1004-29711130.html。
② 卢光盛、金珍:《"澜湄合作机制"建设:原因、困难与路径?》,《战略决策研究》2016年第3期。

三 机制发展问题与方向

经过5年多的发展,澜湄合作已有了坚实的发展基础,为未来合作与经济稳步提升提供了重要保障。正如其他机制一样,澜湄合作也存在自身问题,需要在不断克服困难中前行。总体来看,次区域合作未来发展需要面对以下两大问题。

(一) 机制发展主要问题

1. 机制赋权

新机制在建立之初一般发展动力会比较强劲,但要想保持持久力,则需进一步赋权。湄委会、大湄公河次区域经济合作经验表明,次区域机制活力取决于各国授权的程度。各国让渡权力的程度决定了次区域组织的合作深度和广度。

首先,未来澜湄合作向纵深推进和合作领域的进一步拓宽,需要各国共同寻找利益公约数,给予这一新机制明确的政治身份。

其次,澜湄合作作为一个次区域合作组织,需要在发展中不断实现自我完善,通过制定决议、法律文件等相关形式,把合作目标、程序、原则、成果以及应用等固化下来,在区域合作中不断提高自身声望,扩大影响力。

最后,澜湄合作需要以实际行动和实际效果支持东盟一体化发展,帮助东盟各国缩小发展差距,这就需要以更开放、更透明的姿态与东盟保持密切沟通。

整体来看,澜湄各国未来的可持续发展与进一步深化合作,机制赋权应该是澜湄合作国家取得成功与否的重要影响因素。

2. 能力建设

由于澜湄各国在政体、法律制度上均有所不同,政治运行体系也不一样。一些国家中的议会权力比较大,重大议题、重大工程建设等均需要经过议会的批准。有部分国家市场经济比较成熟,而部分国家仍处于由计划经济向市场经济转轨的时期,这些国家的国内相关法律法规尚不完善,各国行政效率参差不齐。鉴于各国治理模式不同，彼此还需要时间适应和磨合。有的议题和项目可能走得快，而有的却只能慢慢推进。

由于区域内各国发展阶段不同，对所遇到的问题的关注度和信息掌握度也不同，对一些专业领域和技术性问题，尤其是高科技、新兴领域中的研究能力和处理能力，还存在较大差距或者各有所长。比如在水资源开发、农业科学灌溉、土壤综合治理等方面，中国的经验很丰富，能力较强；在经济建设、城市管理、环境治理等方面，泰国也拥有一定的优势；有5400多万青壮年劳动力、人口年龄中位数仅31岁的越南，其劳动力生产效率是域内国家中最接近中国平均水平的国家，而且该国就业人员的普通工资只有中国的1/3。所以，越南的人口结构非常优质，越南的人口红利是其作为发展外向型经济以及加工制造业的重要优势与法宝。而老挝、柬埔寨、缅甸三国则存在明显的短板。

3. 内外协调

区域内现已存在各种合作机制，除了湄委会、大湄公河次区域经济合作外，还包括东盟-湄公河开发合作、美国启动的湄公河下游行动计划、日本-湄公河国家领导人对话、印度发起的恒河-湄公河流域合作、韩国湄公河国家外长会议等，这些机制分由不同国家或不同国际组织主导，既有合作，也存在竞争。域内各国对美、日、印等国参与湄公河次区域合作的态度表现不一。一些国家认为，域外国家的介入容易导致区域内部事务国际化，使合作机制更加复杂，有可能导致参与次区域合作各方出现分化；而一些国家则认为，域外国家的介入可以帮助其发展经济，还可以发挥"平衡器"作用。无论如何，澜湄合作需与各种次区域机制进行综合协调，减少域内外国家之间的相互猜忌及机制之间的不良竞争。

（二）发展方向主要问题

澜湄合作是新时期也是"一带一路"倡议提出以来，中国与湄公河沿线国家进行次区域合作的一个成功典范。为确保澜湄合作国家的可持续发展和强劲的发展动力，未来的澜湄合作要在进一步完善体制机制建设基础上，推动澜湄合作与次区域其他机制优势互补、相互促进，以打造澜湄流域经济合作发展带为重点，开展科技创新、产能与环保、民生发展与生态等领域的合作，为次区域经济社会发展作出更大贡献。

1. 完善体制机制建设

健全的机制是促进次区域合作深入推进的制度保障。首先，执行机制是次区域各国实现合作的必要条件，没有具体的制度性的执行机制，势必会导致合作各国的意向落空或受阻，阻碍合作目标的顺利实现。其次，加强协调。在机制初创阶段，各国各部门之间关注点不同，对合作有一个磨合过程，这就需要各成员国重点加强各机制的协调协作。最后，由国际秘书处统一协调指挥。各国澜湄秘书处或协调机构刚建立，统筹能力不一。未来各国需要让渡部分权利给共同的合作体，在加强澜湄合作内部能力建设的基础上，整合各国秘书处或协调机构，搭建统一的执行机构，建立国际秘书处。国际秘书处具备行政能力，担负统一协调功能，将澜湄流域视为一个整体，规划次区域的整体发展，根据各国授权制定保障次区域合作的法律法规。[①]

2. 六大具体发展方向

2018年12月17日，国务委员兼外长王毅在老挝琅勃拉邦出席澜沧江-湄公河合作第四次外长会后，提出了澜湄6国应一致加强合作，并提出了具体的发展方向。

一是共同打造澜湄流域经济发展带。6国要以澜沧江-湄公河黄金水道为依托，以产业发展重镇和重大基础设施为枢纽，辐射带动整个流域腹地发展，推动全流域经济提质、增效、升级。二是强化产能合作，推动澜湄合作从"又快又好"向"更高质量"提升。探讨建立产能合作联盟、设立合作基金、推动建设产能合作园区，构建更完善的次区域产业链和价值链。三是加强创新合作，实现跨越式发展。各国应分享新技术、新业态、新模式，提高数字基础设施和创新能力，提升网络联通水平，加快跨境电商发展，让老百姓更快捷、更便利、更实惠地买到其他国家的商品。四是坚持以民生为本，使澜湄合作更接地气。在教育、减贫、医疗卫生、大坝安全等领域实施一批新项目，让更多民众受益。五是深化环保合作。共同实施"绿色澜湄计划"，在环境治理、生物多样性与环境保护等方面开展

---

① 刘卿：《澜湄合作进展与未来发展方向》，《国际问题研究》2018年第2期。

务实合作，实现绿色循环低碳发展。六是坚持开放包容。澜湄合作愿与次区域其他机制加强交流，相互补充，协调发展。中方愿同日本、韩国、新加坡等国在湄公河次区域开展三方或四方合作，共同促进次区域发展。

归纳起来，就是要建设产能澜湄、创新澜湄、民生澜湄、绿色澜湄和开放澜湄。为实现这些目标，中国同意持续打造"3+5+X合作框架"，加强6国地方合作，使澜湄合作更深入、更高效。王毅强调，澜湄6国几年前播下的合作种子，不仅破土而出、生根发芽，而且茁壮成长、日新月异。我们要继续发扬"澜湄精神"，保持"澜湄速度"，释放"澜湄活力"，推动澜湄合作不断迈上新台阶，让合作得人心、结硕果，让民众有盼头、有甜头。① 总之，澜湄合作应成为中国与东盟升级合作、成为"一带一路"建设的重要组成部分。

3. 加强多层次横向联系

澜湄合作机制是中国-东盟合作的重要组成部分，需要与中国-东盟"10+1"合作建立联系制度，加强沟通与协调。澜湄合作与其他次区域组织是一种相互补充、相互促进的关系，互不排斥，作为协作性伙伴，共同为次区域发展构建一种多层次、各具特色的治理结构。通过与大湄公河次区域经济合作（GMS）、湄公河委员会（简称为湄委会，MRC）等构建伙伴关系，有效协调彼此之间的关系，避免功能上的重叠，减少重复工作，使决策和行动更加合理和科学。

澜湄合作是一种具有开放性和包容性的合作，在机制完善步入正轨之后，视情况可吸收其他国家和区域组织为观察员，协调域内外国家和区域组织之间的关系。通过建立对话关系加强与域内外非政府组织合作，比如，举办"澜湄人口合作论坛""澜湄水资源合作论坛""澜湄环境合作论坛""澜湄能源合作论坛""澜湄科技合作论坛""澜湄教育合作论坛""澜湄旅游合作论坛"等各类论坛，交流澜湄各国合作信息，宣介合作进程。

4. 加强制度创新，注入可持续动力

当前，湄公河流域有两个正在运行的重要小多边机制，即湄委会和大湄公河次区域经济合作，这两个机制自成立以来，对推进澜湄国家地区合

---

① 中华人民共和国中央人民政府网：《王毅谈澜湄合作未来发展六大方向》，http://www.gov.cn/xinwen/2018-12/17/content_5349688.htm。

作起到了先导与引领作用,但随着合作的逐步推进与时间的推移,其制约因素也日益凸显,比如工作效率较低、能力缺失,这些合作机制的不健全不仅使得深化合作缺乏重要的制度保障,也容易被认为该区域力不从心的合作会很快瓦解,现迫切需要创新治理模式,实现澜湄区域合作中政治、经济和环境利益的最优化。

另外,澜湄合作还需要与各种次区域机制进行协调,比如与东盟-湄公河开发合作、日本-湄公河国家领导人对话、美国启动的湄公河下游行动计划、韩国湄公河国家外长会议、印度发起的恒河-湄公河流域合作等次区域机制的协调合作,以减少域内外国家之间的相互猜忌及机制之间的不良竞争。

创新金融机制,增强造血功能,加强金融政策对接,加快促进跨境投资便利化。制定落实澜湄合作五年发展规划的具体详细细则,落实具体计划中的稳步推进项目,阶段性实现发展目标等发展方式都是不错的选择。在深化现有合作的基础上,逐步拓展新的合作领域。加强全流域整体规划,充分利用各方自身优势,建立各具特色的产业集群,打造澜湄流域经济发展带,增强在全球供应链中的竞争地位。[①]

第二节　澜湄合作国家一体化政策与实践

2016 年 3 月 23 日,澜沧江-湄公河合作首次领导人会议在海南三亚举行,李克强总理与湄公河 5 国领导人共同宣布了这一新型合作机制的诞生。2018 年 1 月 10 日,第二次领导人会议将首次领导人会议举办的那一周确定为澜湄周。6 国举办了青年交流、合作成果展、文化表演、智库论坛、企业峰会、电视专题片展演等一系列精彩纷呈的活动,共同庆祝澜湄合作启动两周年,充分展现了澜湄合作的独特魅力和丰富成果。

澜沧江-湄公河绵延万里,起源自巍峨的唐古拉山,沿青藏高原奔腾而下,一路积溪聚流,穿越云贵高原的崇山峻岭,奔腾在辽阔的中南半

---

① 刘卿:《澜湄合作进展与未来发展方向》,《国际问题研究》2018 年第 2 期。

岛，哺育了流域亿万民众。同饮一江水，命运紧相连。这条母亲河把中国和湄公河5国紧密联系在一起，澜湄合作应运而生，开启了6国求合作、谋发展的新篇章。

澜湄合作启动5年多来，6国心往一处想，劲往一处使，创造了令人瞩目的澜湄模式，共同打造了"领导人引领、全方位覆盖、各部门参与"的澜湄格局，创造了"天天有进展、月月有成果、年年上台阶"的澜湄速度，培育了"平等相待、真诚互助、亲如一家"的澜湄文化。澜湄合作已当之无愧地成为次区域最具活力、最具发展潜力的新机制之一。

一 构筑澜湄合作新框架

澜湄合作是流域6国共同创建的合作新平台，扎根于传统友谊当中，建立在共同利益之上，顺应时代潮流，合乎民心民意。6国建立了包括领导人会议、外长会、高官会和各领域工作组会在内的合作机制，确立了"3+5合作框架"，即以政治安全、经济和可持续发展、社会人文为三大支柱，优先在互联互通、产能、跨境经济、水资源以及农业和减贫领域开展合作。第二次领导人会议将其升级为"3+5+X合作框架"，进一步拓展了合作领域。2018年以来，6国外交部均成立了澜湄合作国家秘书处或协调机构，各个优先领域联合工作组全部建立。澜湄水资源合作中心、环境合作中心和全球湄公河研究中心已投入运作。多层次、宽领域的合作机制为务实合作提供了强有力的支撑。

二 打造协调发展新格局

澜湄合作国家一致同意推进澜湄合作与"一带一路"倡议、《东盟互联互通总体规划2025》、《联合国2030年可持续发展议程》，进行发展战略对接，打造澜湄流域经济发展带，建设澜湄国家命运共同体。6国已开展了20余个大型基础设施和工业化项目，实施了上百个惠及民生的中小型合作项目，为流域经济社会发展做出重要贡献。中老铁路、中泰铁路相继开工，老挝南欧江流域梯级水电站项目一期投产发电，柬埔寨暹粒新机场开工在即。国务院总理李克强在出席澜沧江-湄公河合作第二次领导人会议上指出：澜湄合作就像新型火车头，把中国与湄公河5国之间的合作带入"高铁时代"。据初步统计，2017年，中国同湄公河5国的贸易额超过2200亿美元，同比增长16%；中国累计对5国投资超过420亿美元，2017年投资额比上一年增长20%以上；累计签署承包工程合同总额超过1400亿美元。截至2017年，中国与5国新增航线330多条，2017年人员往来3000万人次。6国形成全方位合作、协调发展的新格局。澜湄合作已成为本地区最具活力、最富成果的合作机制之一，将为地区经济社会发展提供更有力的支持和更广阔的舞台。中方愿与湄公河国家一道，全面梳理总结澜湄合作的进展，在新的起点上谋划好合作未来，打造澜湄流域经济发展带，建设澜湄国家命运共同体，为本地区和平与发展注入强劲动力。①

三 擘画区域一体化新蓝图

澜湄合作诞生于中国-东盟框架下，是中国-东盟合作的重要组成部分，有利于充实中国-东盟合作的内涵，打造更高水平的战略伙伴关系。澜湄合作从政治、经济和社会人文三大领域全面对接东盟共同体建设，助力东盟缩小发展差距，培育增长新动力。众人拾柴火焰高，澜湄合作不是要"另起炉灶"，而是要"把炉火烧得更旺"。作为次区域合作的后来者，澜湄合作秉持开放包容、合作共赢精神，同其他机制取长补短、相互促进、协调发展，形成次区域百花齐放、共同繁荣的局面。2018年3月，以"发挥25年合作成效，建设可持续、一体化和繁荣的GMS"为主题的，大湄公河次区域经济合作第六次领导人会议在越南河内举行，中方积极参与，会议通过了《2018~2022河内行动计划》和《2022区域投资框架》等。

中国作为大湄公河次区域经济合作框架内（GMS）的重要成员国，一直以来扮演着重要的角色，在以习近平同志为核心的党中央坚强领导下，

---

① 李克强：《2017年中国与湄公河五国贸易总额达2200亿美元》，证券时报网，http://www.stcn.com。

中国站到了新的历史起点上,中国特色社会主义进入了波澜壮阔的新时代,中国特色大国外交开启了气势磅礴的新征程。中国共产党始终把为人类做出新的更大贡献作为自己的使命。中国将坚持走和平发展道路,积极促进"一带一路"国际合作,推动建设新型国际关系,构建人类命运共同体。

(一)澜湄合作将成为"一带一路"进程中次区域合作典范

湄公河流域地处"一带"和"一路"交叉地带,具备独特的地理优势。湄公河国家同中国在工业、基础设施、农业等方面优势互补,是天然的合作伙伴。中国将秉持平等合作、开放包容、互学互鉴、互利共赢的丝路精神,坚持共商、共建、共享原则,把中国的发展同湄公河国家的发展有机地结合起来,深化政策沟通、设施联通、贸易畅通、资金融通和民心相通,加强基础设施的"硬联通"以及政策、规则、标准与文化发展的"软联通",缩小彼此间的差距,增添发展动力,分享合作红利。

(二)澜湄合作将成为推动建设新型国际关系的生动实践

澜湄合作的核心是合作共赢。中国将积极践行亲诚惠容理念和与邻为善、以邻为伴的周边外交方针,坚持义利相兼、以义为先的正确义利观,致力于做湄公河国家同舟共济的可靠伙伴。政治上,互尊互信、平等协商,坚持国家不分大小、强弱、贫富一律平等,充分照顾彼此舒适度,树立大小国家和谐共处的典范;经济上,互利互惠、优势互补,始终把发展作为优先方向,致力于把经济互补性转化为发展互助力,打造发展中国家携手合作、共谋发展的样板;文化上,互学互鉴、求同存异,尊重文化多样化,以文明互鉴超越文明冲突、文明共存超越文明优越,实现澜湄流域文化发展振兴。

(三)澜湄合作将成为构建人类命运共同体的先行版

周边国家的安稳与持续发展,是一国进步繁荣之基,中国与周边国家同呼吸、共命运。周边好,中国才能发展好;中国发展好,周边会发展得更好。中国经济已由高速增长阶段转向高质量发展阶段,创新驱动作用显著增强，消费结构、产业结构加快升级，衍生出巨大的市场、增长、投资与合作机遇。澜湄合作体现了中国将自身发展融入周边发展、以自身发展带动周边发展的理念和胸怀，展现了中国作为区域合作引领者、地区和平发展守望者的大国担当，将为次区域治理贡献中国智慧、中国方案，为人类命运共同体建设注入源头活水。

2019年10月28~31日中国共产党第十九届中央委员会第四次全体会议在北京召开。2019年，是中华人民共和国成立70周年，是决胜全面建成小康社会第一个百年奋斗目标关键之年，也是澜湄合作从培育期迈向成长期的关键一年。中国在以习近平同志为核心的党中央坚强领导下，以党的十九大精神为指引，打造区域合作新模式，建设发展繁荣新高地，拓展合作共赢新疆域，把中华民族伟大复兴的中国梦同湄公河国家发展振兴的梦想紧密联系在一起，推动实现惠及流域所有民众的"澜湄梦"。对澜湄合作未来发展有以下几点建议。

第一，积极推进能源交通等重大基础设施项目，多措并举、点面兼顾。例如，在传统交通基础设施建设方面，除了铁路、公路、港口，也要充分发挥水运的作用，积极推动澜沧江-湄公河航道改造升级，实现投资少、效益高的发展；重视信息技术发展的革命性作用，加快通信等基础设施的升级建设。这对于发展中国家利用现代科技促进经济社会发展、缩小与发达国家的"数字鸿沟"具有特殊重要的作用。中国近些年在这方面有着跨越式的发展，完全可以与周边邻国分享发展经验。又如，不论是电力，还是交通建设，都应充分考虑配套设施及体系建设，在重大工程建设同时，全面规划、系统推进输电线、城乡电网、农村公路建设，从而发挥广泛的溢出效应，更好地惠及广大民众，这对于老挝、柬埔寨和缅甸等传统农业的国家来说尤为重要。

第二，绿水青山就是金山银山，在发展经济的同时，一定要同步做好生态环境的保护与开发。中国在这方面也有一些成功的经验，当然也有过失败的教训。域内国家在进行生态环境建设与发展时，应多方吸取经验。比如在与东盟合作中，老挝南立水电站的建立，不仅为老挝发展提供了清洁可再生能源，而且通过水电站建设，妥善照顾了周边农民、渔民的利益，建设了新的公路，促进了老挝农业、渔业发展。但个别中国企业在投资开发时也确实存在对生态环境等保护重视不足的问题。在工业发展、矿业开发、城乡建设进程中，要遵循严格、高标准的生态环保标准，加强政府监管，号召企业家切实承担起责任，鼓励广大民众充分参与，打好可持续发展的坚实基础。

第三，发挥好市场配置资源的决定性作用和更好地发挥政府的作用。充分发挥企业在澜湄合作主体作用的同时，还应重点加强政策沟通、创造良好合作环境与充分发挥政府机构作用。深化各国在发展战略、金融合作、通关、检验检疫、口岸建设、出入境等方面的协调与合作。为企业合作、人文交流提供更便捷、更高效的服务。比如近些年来，交通基础设施建设跟不上导致运力不足，通关能力、检验能力等发展滞后，在中老、中缅边境口岸有时出现几千辆大卡车排队通关的现象，双边企业、运输车主强烈希望可以加强政府机构的沟通与合作，创造更优化的贸易与市场环境。应该说，中国-东盟全方位的合作升级正在积极推进，同样，澜湄合作应在大好的发展机遇下，在贸易投资自由化、便利化等方面进一步实现更好发展。

第四，多边双边合作并举，务实积极推动。澜湄合作是与现有大湄公河次区域经济合作、东盟湄公河区域合作并行不悖、相辅相成的，也是由本地区国家主导的、更加开放的、新的合作机制。在该机制下，可以通过灵活多样的方式开展合作。比如2013年12月，在昆明召开了首次孟中印缅经济走廊政府间会议。当时各方就达成共识，在共商孟中印缅经济走廊合作的同时，各方可以积极开展双边的合作。2018年11月19日，中国外交部部长王毅在缅甸访问期间就表示，中方愿根据缅甸国家发展规划和实际需要，与缅方共同探讨建设北起中国云南，经中缅边境南下至曼德勒，然后再分别向东延伸到仰光新城、向西延伸到皎漂经济特区的"人字形"中缅经济走廊，形成三端支撑、三足鼎立的大合作格局。类似这种双边合作不仅有利于合作国，同时也有利于深化澜湄合作机制。灵活务实、多措并举等多元发展方式，是域内国家应积极倡导与推进的。

第五，深化人文合作，加强民心相通。澜湄合作的宗旨是造福人民，该宗旨成功实施的基础在于人民的参与。目前，合作国家在教育、科技等领域的人文合作已稳步开展，医疗健康合作正积极开拓。比如2012年2

月，中国国家发改委与老挝新闻文化旅游部在北京签署了"关于在老挝合作建设老挝数字电视广播网"的谅解备忘录。2015 年，老挝首都万象的12 万户市民中，地面数字用户达 6 万户，全国地面数字用户超过 10 万户，受益人群超过 50 万人，有 54 套数字电视节目。澜湄合作丰富了人民的文化生活、加强了文化交流，成为中老合作的成功典范。旅游合作方面，更是机遇众多。近年来，中国出境旅游人次连年增长，东盟就是热点目的区域。比如，无论作为首次"国人出境游第一站"，还是反复多次深度游目的地，泰国都是作为上佳之选的目的国。2018 年中国赴泰旅游人数突破了1054 万人，2019 年预计超过 1100 万人次；中国赴越南、柬埔寨旅游人数也在不断增长，到老挝、缅甸旅游人数也快速增长。这些不仅可以增加就业、促进经济社会发展，更能加强彼此间文化交流互鉴，增进人民友谊。

整体来看，澜湄地区有着良好的经济发展与合作的基础，领土争端、恐怖袭击等区域风险也相对较小，中国与湄公河国家的合作进程受其他因素影响出现中断、逆转的可能性也非常小。为此，从历史、地缘、战略、经济、文化、政治等维度来说，相较于中国周边其他区域，澜湄合作区域是中国深化区域合作和构建人类命运共同体中，最有基础、最有条件并且是最有可能取得实质性成效的区域。可以说，澜湄国家命运共同体是人类命运共同体的先行先试样板，具有十分突出的探索和实践价值。澜湄国家命运共同体建设，将为人类命运共同体建设起到示范作用，提供实践经验，进一步夯实人类命运共同体建设的实践基础。[①]

（四）澜湄国家命运共同体具体建设步骤

澜湄国家命运共同体需综合、借鉴相关理念和合作构想，打通多个合作框架的逻辑关联，立足澜湄国家的发展基础和现实需求，挖掘澜湄国家的发展潜力，切实引领和指导澜湄国家命运共同体建设。澜湄国家命运共同体应该有一个科学的、多维度的和可行的目标。在构建澜湄国家命运共同体的过程中，要有计划、分阶段地组织建设与实施相关行动计划。

一是启动实施阶段，澜湄国家应充分磋商并正式签署澜湄国家命运共

---

① 卢光盛、别梦婕：《澜湄国家命运共同体：理想与现实之间》，《当代世界》2018 年第 1 期。

同体建设的相关行动计划,结合澜湄合作行动计划,制定各成员国在具体领域和项目上的责任分工及时间表,开始前期调查研究工作,组成专门工作组细化具体行动方案,并启动具体实施工作,进而展开全面实施,取得早期收获。

二是 2030 年前后为基本建成阶段。在全面推进澜湄国家命运共同体建设各个领域和具体项目实施的基础上,中国与湄公河国家基本建成澜湄国家命运共同体,并继续深化澜湄国家间的协商合作。

三是 2050 年前后为完全建成阶段。中国与湄公河国家形成真正同呼吸、共命运的命运共同体,并总结相关的建设经验,为亚洲命运共同体乃至人类命运共同体建设提供示范作用,起到带动效应。[1]

---

[1] 卢光盛、别梦婕:《澜湄国家命运共同体:理想与现实之间》,《当代世界》2018 年第 1 期。

第九章

国内外相关研究综述

第一节 人口转变理论研究综述

人类文明的进程始终伴随着人口转变，近代以来世界各国的人口变化表现出巨大差异，究其原因是由于世界各国处于人口转变的不同阶段，各国发展时期与阶段不同步，其人口转变期亦不相同。人口转变作为人类由农业社会向工业社会迈进的社会转型的一个组成部分，与工业化和现代化有着紧密的联系。在人口研究的历史上，人口转变的重要性高于其他任何一种人口现象，人口研究也因人口转变理论在第二次世界大战后变得活跃。人口转变理论是以对欧洲国家在社会经济转变的同时发生的死亡率和生育率由高水平向低水平转变的经历的描述与概括为开端的，它经历了历史上许多人口学家对其的论述与修订。自马尔萨斯（Thomas Robert Malthus）和大卫·李嘉图（David Ricardo）时代以来，经济学家们一直在探讨的人口与经济的关系是一种因果或者说是互利的关系。人口转变理论常常将人口变化的复杂过程表达得过于简单，而关于它对当前发展中国家（甚至发达国家的人口历史）的适用性则引起了大量的争论（陈卫、黄小燕，1999）。

人口转变理论是现代西方人口理论的重要组成部分之一，是一种随着社会经济条件的发展、以人口发展过程及其演变的主要阶段为研究对象的人口理论。有学者将人口转变理论的发展大致划分为经典人口转变理论和现代人口转变理论两个阶段，如学者陈卫和黄小燕（1999）、王艳（2008）

等；从古典人口转变理论和新古典人口转变理论、古典人口转变和现代人口转变两个层面进行比较分析的有李建民等（2000）。现代人口转变理论研究大致又分为两个时期，第一个时期是 20 世纪 60~80 年代，学者对经典人口转变理论的补充和修改；第二个时期是 20 世纪 80 年代至今，尤其进入 21 世纪以来，学者对第二次人口转变理论的提出和完善，以及把制度等因素纳入人口转变的研究视野之中。

一 经典人口转变理论

经典人口转变理论是以 1909 年阿道夫·兰德里（Adolphe Landry）对欧洲人口变化过程的描述为根据，经沃伦·汤普森（W. S. Thompson）延伸与发展之后，由弗兰克·诺特斯坦（Frank Notestein）在 1945 年引进"转变"一词而逐步完善。兰德里于 1909 年发表了题为《人口的三种主要理论》的论文，提出了与经济发展相适应的人口发展阶段或社会秩序，即原始阶段、中期阶段和现代阶段。1934 年，他又出版了《人口革命》一书，他在书中进一步系统地论述了其人口转变思想，特别是人口转变的三个主要阶段，并且把这种人口转变称为"人口革命"，意指这种转变包含着质的变化（Landry，1982）。兰德里认为，描述和理解从一种高生育率、高死亡率的人口体系向一种低生育率、低死亡率的人口体系的长期变化是人口理论的一项中心任务。其描述的转变模式分为三个阶段：第一阶段，以自然生育率为特征，即经济因素对生育率没有限制作用，人口增长由死亡率波动所决定。第二阶段，为了努力维持已经取得的生活水平，人们开始限制婚姻——晚婚或不婚。虽然这两个阶段展示的人口模式都是均衡模式，但不排除某些时期生育率提高、死亡率下降带来的人口增长。第三阶段，与过去相比有了根本性突破：不断追求更高的生活水平导致夫妇减少其婚内生育率，人口均衡不复存在，而"人口减少"成为一种实际可能。美国人口学家汤普森基于对欧洲人口发展过程的研究，探讨了人口转变问题。他于 1930 年出版了《人口问题》一书，系统地论述了其有关人口转变的观点。他将世界各国的人口增长模式划分为三类：第一类包括北欧、西欧和美国，这些国家和地区的自然增长率从很高水平降到了很低水平，而且已处于静止并开始出现人口下降趋势；第二类包括意大利、西班牙和中欧一些国家和地区，这些国家将保持稳定的或是逐渐提升的人口增长率；第三类指世界其他国家和地区，这些国家和地区很少看到对出生或死亡进行控制的情况。由于缺乏对出生或死亡的自愿控制，这类国家和地区（当时占世界人口70%~75%）的人口增长将继续主要由其增加生存手段的机会来决定（李竞能，2004）。

1945年，即汤普森的图书出版15年之后，诺特斯坦又对汤普森著作中的某些思想给予了极大关注，并将汤普森划分的三类增长模式分别命名为早期下降（incipient decline）、转变增长（transitional growth）和高增长潜力（high growth potential），而"人口转变"（demographic transition）这一术语也随之诞生。诺特斯坦将空间上的三类模式拼接为时间上依次发生的转变阶段，正是一个国家从高出生率、高死亡率走向低出生率、低死亡率（即从潜在的高增长潜力走向早期下降）的时期，也是人口快速增长（即转变增长）的时期（李竞能，2004：330）。

诺特斯坦和汤普森的模式比布莱克模式简单些，因为他们主要考察发展中国家和地区的人口转变而没有专门考察高位静止阶段，对减退阶段也没有予以分析，仅将布莱克模式的早期扩张、后期扩张和低位静止三个阶段加以重新划分。他们将早期扩张的前期称为高增长时期，将早期扩张的后期和后期扩张的前期称为过渡阶段，将后期扩张的后期和低位静止的前期称为低增长阶段（Notestein，1950）。诺特斯坦在1945年使用了"转变"一词，逐步发展完善了人口转变理论。

就历史阶段论的传统模式而言，布莱克的"五段式"是很具有代表性的。他将人口转变过程划分为五个阶段：高位静止（high stationary），死亡率和出生率在高水平上达到均衡，人口增长处于静止状态；早期扩张（early expanding），出生率不变，死亡率开始下降，人口增长逐渐加速；后期扩张（late expanding），死亡率继续下降并处于低水平，出生率也开始下降，人口增长至最快而后减速；低位静止（low stationary），死亡率和出生率在低水平上重新达到均衡，人口增长再次处于静止状态；减退（diminishing），出生率继续下降并开始低于死亡率水平，人口增长呈绝对减少状况（Blacker，1947）。

在 20 世纪 50 年代之前，人口转变只能说是一种对人口变化的描述，不是一种理论。每个经历着人口变化的国家都表现出人口转变的一些共同特点，似乎表明了人口转变是一种普遍的人口增长规律。从诺特斯坦之后，人口转变模型在普林斯顿学派的研究中得到了积极应用和修正。面对二战后人口快速增长的态势，人口学家们从人口转变角度进行了大量研究，形成了各国为什么经历人口转变以及怎样经历的理论解释，总的来看都是从现代化的概念引申出来的。

经典人口转变理论认为，随着工业化的不断发展，农业、运输业、制造业和医疗卫生方面的技术进步带来了人类生活水平的提高和健康状况的改善，死亡率出现下降趋势。人类寿命增加是工业化的第一个人口学效应，它实现了人类在千万年中一直努力但从未实现的梦想。由于人们都盼望着长寿，而且这主要是一个生理与技术问题，因此降低死亡率并不困难；但降低生育率更多受制度性因素影响，又主要是一个文化心理问题，因此比降低死亡率要困难得多。生育率下降往往滞后于死亡率下降，一方面是因为社会需要花时间去认识和适应死亡率确已降低的事实，另一方面是因为有利于高生育率的社会经济机制也需要花时间去适应和调整成与低死亡率相一致的低生育率的新观念。生育率只有在全面工业化和现代化带来的一系列累积的、相互加强的效应下才会出现下降，这些效应主要包括存活水平的提高，个人主义文化的增长，消费愿望的上升，大量出现在城市的社会流动，诸多由家庭承担的功能转移到了工厂、学校，城市生活方式下养育孩子的高成本等。一旦生育率出现下降，其下降速度总是快于死亡率，最终导致人口要么停止增长，要么增长十分缓慢，而进一步的结果是老年人口及其比例大幅增长。

根据这种人口转变过程，世界各国大致可以被划分为三大类。第一类是已经经历了三个阶段到达低位均衡的欧洲国家及若干东亚国家。从人口增长角度看，这类国家的人口将面临"早期下降"。第二类是处于人口革命早期阶段的国家，它们正在发生或正经历着人口转变。在这类国家中，其现代化力量还没有充分发挥作用，虽然死亡率下降了，但传统的高出生率继续存在，故这类国家依然还处在人口转变过程中。第三类是尚未进入人口转变轨道的国家。这类国家目前的人口增长量较少，是因为其高死亡率抵消了其高生育率，但它们代表着"高增长潜力"，一旦出现经济发展和现代化，人口转变就会发生。

到了20世纪60年代，随着对第三世界国家人口转变的研究和西方人口转变新分析的涌现，经典人口转变理论受到了大量质疑与挑战。人口转变的经典解释基本上是一种演绎逻辑，人口学家们度量了出生率和死亡率的变化后，明确得出结论：在传统社会，生育率和死亡率都高；在现代社会，生育率和死亡率都低。两者之间即是人口转变（Weeks, 1989）。事实上，人口转变的经典理论只有在高生育率社会与低生育率社会相比时才是一个令人满意的模型。传统农业社会中最典型的是高出生率，而现代工业社会倾向于低出生率，但其中教育制度、家庭结构、死亡率和生育率的变化等并没有得到经典理论很好的解释，也没有被很好地总结和概括。甚至人口学家们也已经注意到，作为一般的历史描述，人口转变的经典理论与欧洲历史发展实践严重不符，其经验准确性和使用价值受到广泛质疑。虽然人口转变理论在联合国和世界银行的人口预测中以及在对过去和现在生育行为的学术研究中继续发挥作用，但自1984年以来，"人口转变理论"这一术语在专业性文献的标题中的使用率实际上已经大幅下降，"人口转变"和"生育率转变"这些术语的使用率在20世纪80年代末也出现了下降。也就是说，经典人口转变理论至少在以下几个方面受到了挑战。

第一，人口转变理论解释转变时期的人口行为似乎是民族中心主义的（Weeks, 1989），它完全依赖于"适应于甲者的也适应于乙者"这个观点。换言之，人口转变既然发生在发达国家，那么为什么不能发生在不发达国家呢？只要发生工业化和现代化，就会发生人口转变。具体地说，生育率下降是工业化和现代化的直接后果，只要发生了工业化和现代化，即使生育率没有随死亡率的下降而下降，也是无需担忧的，"因为发展是最好的避孕"。

第二，人口转变理论只说明了发展能导致生育率下降，但没有提出发展到多大程度才能导致生育率下降。

第三，人口转变理论没有说明为什么死亡率会率先下降，也没有说明生育率的下降会比死亡率的下降滞后多久。或者说，人口转变理论没有解释不同国家的死亡率和生育率的下降时间与速度之间的关系的多样性。

第四，人口转变理论没有说明为什么人口转变在有的国家发生得晚，但转变速度更快。或者说，没有说明人口转变的差异与其在历史上发生的时间是否有关系。

第五，人口转变理论只考虑到死亡率和生育率的变化对人口趋势的影响，却排斥了现代社会中不断增强的人口迁移变量对人口趋势的显著影响。另外，人口转变理论没有注意到死亡率和生育率的转变所造成的人口年龄结构的转变，进而影响人口社会经济结构的转变。

人口转变理论中的三个转变阶段及其人口学特征被诸多历史和现实事实所质疑，而它对生育率下降到低水平后的人口转变，即发达国家的后人口转变阶段几乎没有论述与认识。20世纪90年代以来，国内外有关低生育率的研究将人口转变理论推向深入研究的阶段（邬沧萍、穆光宗，1994）。

人口转变理论虽然有缺点和局限，但也没有其他理论能够取而代之。就一般趋势而言，人口转变理论总是正确的，而且世界各国中不存在真正的例外。人口转变理论可以被用来提出新问题和新的研究方向，它成为将人口变化过程与"外界变量"联系起来的强有力的工具。20世纪50年代以来出现了许多关于生育率的社会经济理论，它们都试图通过解释现代化与生育率下降之间的联系来改进人口转变理论。

教育被认为是对世俗化态度的一种改变，尤其是大众教育倾向于强调现代化和改变世俗观念。教育有利于促进新的思想、观念与信息的快速传播，因此，当一个地区接受了限制生育的观念，那么大众会快速开展对此观念的实践活动，这或许可以解释为什么欧洲社会生育率的下降是在一个较短的时期里完成的。然而，欧洲社会中一些社会经济发展相似的地区并没有同时经历生育率下降，而另一些社会经济发展相似性少的地区却经历了几乎相同的生育率下降。研究资料显示，能解释这一现象的是文化因素。也就是说，具有相似文化的地区（如相同的语言、共同的族群背景、相似的生活方式等）比那些文化相似性少的地区更有可能经历共同的生育率下降过程。语言障碍、社会经济不平等性、人们之间的社会距离等是典型的阻碍新观念和新态度传播的文化因素。

戴维斯（Kingsley Davis，1963）曾试图改善人口转变理论，并提出了人口变化与反应理论（Theory of Demographic Change and Response），他试图解决的基本问题就是人口转变理论的中心问题：死亡率下降怎样能（在什么条件下）导致生育率下降？为此，戴维斯向人们询问：当死亡率下降后，个人会发生什么？多数人回答：有更多的孩子存活到了成年，给家庭资源带来了更大的压力，人们必须重新组织他们的生活以减轻这一压力，即人们对人口变化做出反应。但这种反应只是一种个人表现，是人们只按照能取得收益的目标做出的反应，并没有考虑政府的想法。

戴维斯认为，这些反应是由人们所能实现的手段来决定的。例如，非人口学性质的反应是通过更努力地工作，如延长工作时间、干第二份工作等来增加收入或者以此来获得更多的资源。如果还不够，那么某些家庭成员（主要是未婚子女）就可能会做出"迁移"这种最容易产生的反应。孩子多的农村家庭则往往把子女送到城里去寻找多种机会资源。而发展到下一代，人们做出的反应往往是避免组成曾给他们父母带来困难的大家庭，也就是说，为了预期的个人发展或维持社会地位，人们会限制生育子女的数量。这些人口学的反应主要包括独身比例上升、婚龄提高、实施避孕、流产和绝育。

戴维斯的分析将个人的日常生活与社会中发生的种种人口变化联系起来，揭示出发生反应的动机是经济机会面前自我发展的愿望。但戴维斯没有指明引起一种反应所需的发展水平，也不能预测发生何种反应。

临界值假说（Threshold Hypothesis）试图将人口转变与社会变化和经济发展联系起来，目的在于探寻生育率下降的现代化临界点。根据这一假说，生育率开始处于高水平，不断改善的社会经济条件对生育率的影响往往很小，当经济和社会发展达到一定水平后，生育率可能会出现明显的下降，直至它稳定在一个较低的水平上。

临界值假说可以表述为三个简单的命题。从时间趋势看，生育率变化将依次经历高生育率时期、生育率下降时期和低生育率时期三个阶段，生育率下降与死亡率下降，价值观念、行为准则和社会经济制度的变化相联系。当一个或多个有关的变量达到一定的临界值时，就会引发生育率下降，不断加速的生育率下降应该持续至少1年，才能看出始末生育率的显著差距。

然而，定义引发生育率下降的现代化临界值比较困难。人口学家们曾试图给存在文化差异的不同地区定义出区域性临界值，也考虑过根据整个世界文化环境的变迁而定义出移动性临界值（Coale，1973）。不过研究证明，这样的临界值若仅考虑经济发展的相对水平是不够的，因为生育率的变动与经济发展之间不存在单一的相关性，但若考虑非经济变量，则又难以量化制度、传统、文化、习俗等变量（邬沧萍、穆光宗，1994）。

将人口转变理论的基本命题"生育率转变与现代化进程之间存在着一定的因果关系"作为出发点进行的许多研究，对了解现代化因素影响生育率转变程度与途径有很大贡献，但这些研究将现代化与生育率转变的关系用简单的线性模型或确定的数学统计模型来描述，不能揭示现代化与生育率转变之间的联系机制和途径，得出的结论难免过于具有原则性。

戴维斯和布莱克认为，现代化并不直接对生育率起作用，必须通过一些直接影响生育率的中间变量来间接作用于生育率。根据生育率过程的三个阶段——性交、受孕和妊娠，他们提出了一系列中间变量因素，社会经济的变化只能通过这些因素对生育率产生影响。例如，生育率研究中的一个普遍结论是：教育程度越高的妇女越倾向于少生。但教育并不能直接影响生育率，确切地说，应该是受教育的妇女更倾向于晚婚或避孕。因此，在考察发展如何影响生育率时，必须要考虑中间变量。然而，邦加茨（John Bongarrts）注意到，不是所有的中间变量在解释生育率水平时都同样重要。他对这些变量的经验分析表明，生育率的变化主要归因于生育的四个主要"直接"因素——结婚、避孕、哺乳和人工流产。邦加茨把总和生育率表达为总和生育潜力的一个函数，受婚姻比例、避孕比例、流产率和哺乳期不孕的平均间隔这四个因素的制约。他认为，这些变量可以从既有的资料中测算得出。这样，在邦加茨模型中只需确定不多的几个中间变量，就可以估计生育率对社会经济变化所做的反应。受到人口转变理论的相关影响，二战后兴起的生育率经济分析建立在现代化过程中对生育意愿、生育行为以及生育率水平的认识之上。生育率经济分析是从家庭资源和夫妇哺育产品的成本角度来分析生育行为。夫妇的选择是"理性的"，它基于家庭资源在物质愿望和孩子之间的分配，基于家庭效用最大化的经济学法则。然而，生育率经济分析忽视了生育决策是一个个人与社会、经济与文化共同决定的复杂过程。而生育率的"财富流动"理论则试图将生育行为的经济侧面和社会侧面结合起来研究。经济发展会削弱代际间财富由孩子向父母流动的基础，同时又会在国际交往和西方化环境中逐渐使文化价值观得到改变（Caldwell，1976）。

需要指出的是，这些年代以来逐渐形成发展的、具有深远影响的生育率经济分析，实际上是在将人口转变理论不断推向深入研究的阶段。由于死亡率已稳定在低水平上，人口变化主要取决于生育率变动，因此生育率经济分析将研究重点放在生育率的经济决定因素上，这也就是人口转变理论中努力解释的生育率下降与经济现代化之间的关系问题。但无论如何，人口转变理论具有不可替代的历史地位，至今仍然是最被广泛接受的解释人口历史变化的经典理论。

从上述内容可以看出，人口转变的阶段划分并无太大差异。大多数模式之间仅有阶段间划分区别，而没有出生率和死亡率变动的曲线走向区别，因而可笼统地称为传统模式。这里借用"传统"一词，仅指已有之模式而不含其他意味。

由上可见，研究者们对人口转变过程的解释是基本一致的，但都存在共同的缺陷，即没有给出数量限界，出生率与死亡率变动的高低限界是不确定的。这一数量限界后来由寇尔（Ansley J. Coale）给出。寇尔的阶段划分综合了各家的特点，将人口转变划分为五个阶段：原始静止（primitive stationary），相当于布莱克模式的高位静止阶段；前现代（premodern），相当于诺特斯坦模式的高增长潜力阶段；转变时期（transitional），相当于诺特斯坦模式的过渡阶段；现代（modern），相当于诺特斯坦模式的低增长阶段；现代静止（modern stationary），相当于布莱克模式的低位静止阶段。

对中国人口转变的描述多采用"三段式"。"三段式"的划分是基于人口再生产类型的划分，而人口再生产类型通常被划分为三种：原始的、传统的和现代的，分别以高高低（依次代表出生率、死亡率和自然增长率）、高低高和低低低为其人口学特征（刘铮，1985）。根据该理论，人口转变会经历高高低、高低高和低低低三个阶段。如果采用此理论来描述中国人口转变，那么新中国成立以前，中国的人口转变处于高高低阶段，1949 年至 20

世纪 70 年代初为高低高阶段，70 年代初以来是向低低低阶段过渡的阶段。

可以看出，经典人口转变理论有两个特点：一是经典人口转变理论是基于欧洲国家 18 世纪和 19 世纪人口演变的历史经验和实际资料而形成的，这一时期人类在历史上首次经历人口转变。虽然经典人口转变理论者都试图展示该理论的世界普遍适用性，但该理论更多的是基于经验推论，而非实证结果。诺特斯坦将空间上的三种模式拼接为时间上依次发生的转变阶段，却忽视了空间上三种模式发生的具体社会环境和经济文化条件。对后来发展中国家的人口转变情况来说，经典人口转变理论缺乏相应的解释力。二是经典人口转变理论基本上是一种对欧洲人口在 18 世纪和 19 世纪发生了怎样变化的"描述性"理论，并没有系统地在理论上阐述人口转变过程。也就是说，经典人口转变理论是依据历史分段方法对人口转变的一种描述，缺乏对人类人口行为的微观基础的阐释。

20 世纪 60 年代以来，随着对第三世界国家人口转变的研究和西方人口转变新分析的涌现，经典人口转变理论受到了诸多的质疑和挑战。但无论如何，还没有其他理论能够取代经典人口转变理论在人口学史上的地位。其意义不仅是在理论上构建了一个人口长期发展趋势的历史分析框架，而且还被用来提出人口转变过程中的新问题和新研究方向，它已成为将人口变化过程与经济社会变迁和现代化联系起来的一种理论分析工具。

二 现代人口转变理论

对经典人口转变理论提出质疑的最重要的一项研究是由寇尔牵头的欧洲生育史项目，该项目对生育率进行考察，因为这是经典理论中问题最多的一面。研究结果发现，欧洲国家生育率下降与社会经济发展不具有完全统一的关系，出现生育率下降的欧洲国家彼此之间的社会和经济条件也存在差异，其生育率下降是在社会、经济和人口条件存在广泛差异的环境中发生的（Knodel and Van de Walle，1982）。经济发展是生育率下降的充分条件而不是必要条件。调查者发现，欧洲一些国家的许多地区在城市化水平不高、婴儿死亡率较高、工业人口比例较低的条件下就发生了出生率快速下降的现象，而资料显示，这些经历了生育率下降的地区的一个共同特点是快速传播的世俗化。世俗化是一种从传统观念和宗教教义中摆脱出来的自主态度和一种对自身幸福的责任感，虽然难以确切知道为什么会产生这种态度，但工业化和经济发展总是与世俗化相伴相生这一点是肯定的。然而，世俗化可以独立于工业化发生，而且一旦发生，常常会通过社会网络迅速传播。另一项试图改善经典人口转变理论的研究是戴维斯提出的人口变化与反应理论。戴维斯试图解决的基本问题就是人口转变理论的中心问题：死亡率下降怎样能（在什么条件下）导致生育率下降？20 世纪 60 年代末、70 年代初以来，越来越多社会、政治、经济、宗教、文化环境完全不同的国家进入了人口转变的阶段，人口转变问题又开始得到了广泛的关注，现代人口转变理论也随之兴起。现代人口转变理论的研究视野向多元化和多层次化扩展，包括基于语言、民族及地理区域特征等文化因素而建立的文化传播理论、从家庭角度研究而确立的财富流理论、妇女角色和地位与生育率转变关系理论。另外，也有一些新的学派崛起，如芝加哥学派和伊斯特林学派等（李建民，2001）。

这一时期的人口转变理论的基本观点和主要特点大体分为以下几方面：一是认为人口发展过程同社会经济发展过程有密切联系，人口转变以社会经济条件的根本性变化为前提；二是认为人口转变主要通过出生率（生育率）和死亡率的变动来实现，并且是一个含有不同阶段和不同类型的历史发展过程，即出生率和死亡率由旧均衡转变到新均衡的长期变动过程；三是认为在传统农业社会向现代工业社会演进的初期，出生率的下降滞后于死亡率的下降，二者之间存在着所谓的"时滞"现象。因此，加速社会经济现代化的进程、缩短出生率下降的"时滞"过程是人口转变的关键问题（李竞能，2004：324~328）。自 20 世纪 80 年代以来，尤其是进入 21 世纪之后，现代人口转变理论的进一步发展和分化可以概括为两个方面：一是第二次人口转变理论的提出与完善；二是制度因素开始进入人口转变理论研究者的视野。这两个研究领域使人口转变理论更贴近现实，也贴近实践。

第二次人口转变理论的提出最早始于 20 世纪 80 年代，完善于 21 世纪初，以范德卡（D. J. Van de Kaa）获得国际人口科学联盟（International Union for the Scientific Study of Population, IUSSP）授予的"2001 年度 IUSSP

桂冠奖"（IUSSP Laureate）为第二次人口转变理论成形的标志。经典人口转变理论认为，现代社会生育率降低并稳定在更替水平意味着人口转变的结束。但20世纪60年代中期，西北欧国家的生育率降至更替水平以下后，开始出现人口负增长。于是，有学者相继研究这种生育率在达到更替水平后继续下降的原因。1986年开始，欧洲学者发表了一系列文章，提出和论述欧洲第二次人口转变理论，把发生在19世纪到第二次世界大战前的欧洲人口转变称为第一次人口转变，发生在20世纪60年代后的人口转变称为第二次人口转变。他们认为，与第一次人口转变相比，第二次人口转变无论在深度、广度，还是在变化的机理方面，都有很大的不同（蒋未文，2002）。第二次人口转变理论的代表人物主要是荷兰学者范德卡和比利时学者勒萨伊（R. Lesthaeghe）。

　　第一次人口转变是从死亡率的下降造成人口变动的不平衡开始的，而第二次人口转变则是由于生育率的下降带来了人口变动新的不平衡。在"第二次人口转变期间出现了一些新的趋势，婚龄晚、同居和非婚生育现象增多，出现了除婚姻之外的更为多样的生活方式，婚姻与生育的关系被逐渐割裂开，人口也并未出现传统人口转变理论所描述的均衡以后的静止状态"（王艳，2008）。也就是说，第二次人口转变虽然导致了婚育行为模式和家庭结构类型的变化，却丰富或增加了人口转变的内涵或内容。由于生育率的持续下降，不少国家已出现"极低的生育水平"，即总和生育率在1.3个以下，甚至更低，人口出现负增长状态。这种极低的生育率是受现代社会的结构、文化和技术等方面的影响而形成的，无法维持人口再生产的平衡。正是现代社会制度在结构、文化和技术三个维度的变化，使社会及个人已经准备、愿意并能够实现第二次人口转变。

　　制度因素或制度分析逐渐纳入国内外学者的研究视野，尤其在最近10余年来更是如此。国外学者在20世纪70年代中期和80年代初才开始从制度方面分析生育率下降的原因，而国内学者基本把制度因素视为人口转变的外生性变量。这一观点仍有待商榷，因为制度因素在人口转变过程中的作用不是简单的外生性作用，有时甚至是根本性的作用。在现代社会人类的生育行为中，影响最为强烈的莫过于制度。从制度与人口的关系来看，"人"是人口的主体性和社会性，"口"是人口的规模性和统计性，人决定口，制度决定人口，人口问题在一定程度上是制度设计、安排不当的产物（穆光宗，2007：446~448）。因此，从对人口行为影响的作用机制看，也可以把制度划分为两大类：一是直接决定和影响人口行为的制度；二是间接影响人口行为的制度。前者在人类历史上至少存在过两种情况，即鼓励生育的制度和限制生育的制度。后者的作用机理更为复杂，它们是通过对人类其他行为的影响而间接作用于人们的生育行为，并且也存在着正、反两面（李建民，2001）。

从制度人口学视角来说，对人类生育行为产生影响的人口制度可分为两大类别：一是基本人口制度，具有宏观综合性和根本性，针对的是一个国家的人口总体，涉及人口行为的方方面面，是人口发展的框架目标和根本原则。这种制度的稳定性较强而灵活性较差，除非在安排上存在巨大缺陷或重大弊端，或经过长期的历史累积到了必须进行巨大调整的程度，才会发生重大的制度变迁和创新。二是具体的人口制度，如人口生育制度、人口死亡制度、人口流迁制度、人口教育制度、人口就业制度和人口保障制度等。这类制度针对的是某一特定的人口群体，在宏观综合的基本人口制度框架下，可进行灵活调整。人口制度虽具有稳定性，但总是在特定的历史条件下、针对特定的问题而设立，随着社会实践的发展，原有制度安排潜藏的不合理性会日益凸显，发展过程中遇到的新问题也需要进行新的制度设计（申鹏，2010）。

人类历史上直接鼓励生育的制度自古有之，在各国各地都具有普遍性，相比之下，直接限制生育的制度则少之又少。然而自20世纪60~70年代以来，直接限制生育的人口制度已成为包括中国在内的一些人口大国的重要制度安排。那么，如下问题就值得思考：制度是否是人口转变因素中的应有之义？制度在人口转变过程中究竟是外生性变量，还是内生性变量？综合各国的人口制度实践，笔者认为，制度在人口转变过程中的作用是内生性作用，是人口转变函数中最重要、最直接的内生性变量。

制度在人口发展过程中具有重要意义并发挥不可替代的作用。如前所述，广义的人口转变是以人口再生产类型转变、婚育行为模式转变、家庭类型与结构转变、生育观念内化与生育文化转变、死亡模式转变等一系列转变为主要内容，本身就有一个制度变迁的需求产生，即人口转变也同时反映了从"数量控制"向"注重质量"的制度变迁过程。可见,制度变迁或制度创新是在现有的社会生产和生活环境条件下,通过创设更能有效激励人口行为的新制度来实现社会的持续发展和变革创新。人口制度创新的核心内容实际上就是创新支配人口行为和相互关系的规则,其直接结果是激发人口的创造性和积极性,以制度创新减少人口量的扩张,促使不断创造新的知识和社会资源的合理配置及社会财富地涌现,最终推动社会进步。只有制度创新才能有效地激发人口活力。人口活力从何而来?只有以自由、公平和正义为最高价值的制度安排才可能使人口活力永远持续。

由以上归纳分析可以看出,现代人口转变理论与经典人口转变理论的不同之处在于,它以更广阔的视野分析现代人口转变过程,更接近于广义人口转变的实质。也就是说,现代人口转变理论力图为现代人口转变提供一种更为合理的、更具解释性的理论。

三 后人口转变理论阐释

随着越来越多的国家完成人口转变,很多国家的人口发展形态展现出与转变时期完全不同的特征,并且将成为世界人口发展的主要形态。也就是说,经典人口转变理论已经不能解释这些国家的人口发展历程及其特征,换言之,人口转变已经结束的国家的人口发展实际上已经走出了人口转变理论的视野,这就需要建立新的历史阶段的人口长期发展理论。为此,李建民、原新、王金营(2000)提出了"后人口转变理论",旨在拓展人口转变理论,建立一个涵容性更强、视野更广阔的人口长期发展理论框架。

(一)人口转变理论的理论局限性

虽然世界上已经有相当数量的国家完成了人口转变,但是目前还没有一个理论框架可以涵容转变完成以后的人口发展趋势及其特征。众所周知,人口转变理论对于人口转变结束以后的人口发展形态并没有给出明确的论述。从有关文献中可以得到的结论是:出生率和死亡率在低水平上达到均衡时,或者说,当人口再生产模式转变为"低出生率、低死亡率、低自然增长率"类型时，人口转变即告完成。如果将这一论断引申一步可以得到的结论是：出生率和死亡率在低水平上的均衡是人口转变完成以后的历史阶段的基本发展形态。但是人口转变理论在以下几个方面仍然存在着局限性。

首先，人口转变理论的重点在于人口转变过程，对后人口转变时期的人口发展趋势及特点没有进行具体的阐述，依据人口转变理论并不能确定一个人口在转变过程结束以后的具体发展走向。一些国家的经历表明，转变完成以后的人口发展形态仍然有很大不同，至少存在着低增长、零增长和负增长三种发展状态，或者这三种状态交替出现。更重要的是，人口转变理论也没有指明人口更长期的发展趋向。

其次，人口转变理论没有涉及人口转变过程与后人口转变时期在人口变动上的关系。世界上许多国家在后人口转变时期的发展特点表明，人口转变进程的特点与其后的发展状态之间存在着十分密切的联系。事实表明，先发人口转变国家与二战后出现和完成人口转变的后发人口转变国家在后人口转变时期的人口变动上有很大的差别。在人口转变过程较长、死亡率和生育率下降较为缓慢的国家（如法国、英国和瑞典等），后人口转变时期的人口变动相对平稳；而在日本、新加坡、中国等后发人口转变的国家，人口转变历时很短，死亡率和生育率下降极为迅速，这种转变过程积蓄了巨大的能量，并将导致后人口转变时期的人口发展有较大波动。

最后，人口转变理论没有关注人口年龄结构的变动对人口增长趋势的影响。无论是先发人口转变国家还是后发人口转变国家，人口老龄化程度对人口的增长变动具有越来越强的影响。例如，在人口老龄化程度较高的国家（如1950~1970年的英国、瑞典、卢森堡、法国、挪威、比利时、德国、奥地利等），其育龄妇女的总和生育率水平即使处在更替水平以上，人口的自然增长率也大都在7‰以下，有的国家甚至低于5‰。而一些后发人口转变国家，即使总和生育率已经低于更替水平，但是由于年龄结构较为年轻，自然增长率也会处于相对较高的水平上。在后人口转变时期，人口年龄结构老化成为决定人口增长变动态势最基本的要素，这是人口转变理论者们始料不及的。

鉴于人口转变理论存在上述局限性，那么一个国家完成人口转变也就意味着其后的人口发展走出了人口转变理论的视野。这就给人口学家提出了一个新的任务，即建立一个包括后人口转变阶段在内的人口长期发展理论。

（二）后人口转变理论

所谓后人口转变就是指人口转变结束以后的人口发展。给这个新的人口发展阶段做出理论上的规范，并在此基础上构建后人口转变理论，以此建立一个视野更为广阔、涵容性更强的人口长期发展理论框架，有利于对这个人类历史上最新的人口发展形态做出更系统的分析。

人类历史的人口发展过程可以被划分为三个时代，前人口转变时代、人口转变时代和后人口转变时代。这种划分实际上是由人口转变理论研究者做出的，只不过他们没有给出第三个历史时代的具体称谓。

前人口转变时代是迄今为止历史最长的人口发展时期，其人口发展的基本形态是高出生率和高死亡率，人口处于静止或缓慢增长的稳定均衡状态，人口转变理论研究者称其为原始的人口再生产类型。前人口转变时代还有两个十分重要的特点：其一是非常年轻化的人口年龄结构，其二是死亡率主宰着人口增长变动趋势。人口转变的出现打破了人口原始的稳定均衡，使人口发展进入非均衡状态：死亡率的转变使处于这个时代的人口出现了前所未有的迅速增长，生育率的转变使人口增长率高涨的势头得到遏制并转向低增长，同时也启动了人口老龄化进程。人口转变时代在人类历史上用时极为短暂，先发人口转变的国家，如法国等西欧国家，一般经历了一个到一个半世纪，而第二次世界大战后出现的后发人口转变国家，如日本、新加坡、中国等，所经历的人口转变历程却十分短暂，一般还不到半个世纪。在人口转变时代，生育率成为决定人口增长趋势变化的最重要因素，或者说生育率转变成为使人口发展重新实现均衡状态的关键条件。后人口转变时代的历史起点正是人口转变时代的历史终点。现在世界上有相当数量的国家（包括中国在内）已经进入了人口发展的第三时代，即后人口转变时代。在理论学界的视野里，可以看到或推断出后人口转变时代的两个阶段。

1. 准均衡阶段

准均衡阶段是后人口转变时代的第一个阶段，人口发展处于死亡率和生育率的低水平均衡状态。但由于人口增长要素变动影响的长期性、延时性和累积效应，这种随人口转变结束而到来的均衡并不稳定，这个阶段的人口发展仍具有十分明显的非均衡特征，主要表现在两个方面：一是人口增长出现了低增长、零增长和负增长三种状态，总体趋向仍不稳定；二是人口年龄结构的迅速老化。人口转变过程越短，这个阶段的变化和波动就越剧烈。一般来说，处于这个阶段的人口可能出现零增长，但是这种零增长并不稳定。由于生育率处于更替水平以下，所以人口不会稳定在零增长状态，必然会滑入负增长。

2. 稳定均衡阶段

这里的稳定均衡阶段与原始的人口稳定均衡不同，后人口转变时代的人口稳定均衡是在低生育率和低死亡率水平上实现的静止状态。这种状态在人类历史上还没有真正出现，只是笔者的一种推论，目的在于推断人口发展的理想状态。这种推断基于两个基本前提：第一，从长期发展来看，一个国家人口的生育率不能永远保持在更替水平之上，否则就会导致人口增长危机；第二，从长期发展来看，一个国家人口的生育率不可能永远处于更替水平以下，否则就会导致种族的消亡。那么理想的人口稳定均衡状态到底是什么样呢？在人口理论文献中可以看到三种基本理论，即适度人口理论、稳定人口理论和零增长理论。适度人口理论力图确定在特定条件和特定目标前提下的最佳人口规模，稳定人口理论提出了实现稳定或静止人口状态的条件，零增长理论则把零增长定为人口发展的目标。但是，当我们在这三种理论的基础上确定理想的人口稳定均衡状态时，会遇到以下矛盾。

矛盾一：实现了适度规模的人口不一定稳定，而稳定人口或静止人口状态下的人口规模可能是人口不足，也可能是人口过剩。

矛盾二：适度的人口规模和稳定或静止的人口规模并不意味着具有合理的人口年龄结构。

矛盾三：人口零增长既可以在人口不足的状态下出现，也可以在人口过剩的条件下出现，即使是在适度的人口规模上实现了零增长，仍然可能出现年龄结构严重不合理的情况。

因此，人口长期发展的目标应该考虑到人口规模的适度性、结构的合理性和均衡的稳定性。笔者在此提出一个"最优人口假说"，即人口发展的理想状态是在生育率更替水平条件下实现人口规模和年龄结构的稳定或静止。换言之，后人口转变时代的人口稳定均衡有两个最基本的条件：代际规模的零增长和人口规模的零增长。只有在这种稳定均衡的条件下，人口才能真正实现适度的人口规模与合理的年龄结构相统一，或可称其为最优人口。这种均衡状态的实现将是一个漫长的历史过程，但它可能是人口发展的最终趋向。

要强调的是，后人口转变时代中人口稳定均衡条件下的人口零增长与准均衡条件下出现的人口零增长在性质上是不同的，后者是在生育率低于更替水平的条件下出现的，但是这种条件下的零增长并不稳定，一方面是因为低于更替水平的生育率最终会导致人口的负增长，另一方面是一个国家或民族的人口不可能永远将生育率压在更替水平以下。只有在生育率更替水平条件下实现的人口零增长才是一种稳定的人口零增长。

（三）后人口转变时代的中国人口发展

从全国总体水平上看，中国的人口转变时代在20世纪90年代末就已基本结束，而后逐渐进入后人口转变时代的第一个发展阶段，即准均衡状态。根据预测，中国人口在整个21世纪都将处于准稳定、准均衡状态之中，这意味着中国人口处于准稳定、准均衡状态的时间要比人口转变的时间长得多。

应该指出的是，要最终实现人口稳定均衡，这个阶段的人口生育率就不能一直维持在更替水平以下，因为只要生育率低于更替水平，人口的代际规模就会处于缩减状态，而人口总量最终也将陷入持续的负增长之中，这是任何一个国家都不愿意看到的事实。因此，与人口转变时代的许多国家执行的人口控制政策不同的是，处于后人口转变时代的国家，政府基本上都转向实行鼓励生育的人口政策，一些国家如日本、法国、俄罗斯等甚至患上了"低生育率恐惧症"。

1. 后人口转变时代：中国人口格局的转型性变化

中国人口数量在经历了20世纪50年代和60年代的高速增长后，人口生育水平在 70 年代大幅下降，80 年代出现一定波动，进入 21 世纪，中国完成了传统意义上的人口转变历程，进入了低生育的后人口转变时代。人口变动正在快速转折，在人口总量和结构方面都出现了和过去人口变动完全不同的新特点。

（1）人口的总量性转折

总体来看，中国人口总量将达到峰值，慢慢实现零增长，甚至是负增长。中国人口总量在 2025~2030 年间将到达顶点，然后出现人口静止或呈现总量减少的转折性发展态势，这种态势在未来很长一段时间内很难改变。

（2）人口的结构性转折

从 2010 年开始，中国适龄劳动人口比重和总量都在下降，"人口红利"优势减弱。同时，劳动年龄人口比重下降会导致储蓄率和投资率下降，从而抑制经济增长。随着劳动年龄人口比重下降，劳动年龄人口的内部结构也在发生变化，老龄化趋势加深，年轻劳动力的数量和比重下降，加上生育率水平持续下降并维持一个相对较低的水平，就意味着未来少年儿童和新生劳动力数量将继续萎缩。

（3）人口的城乡结构转折

由于城乡之间、区域之间的人口发展不平衡和经济发展机会不平等，显著的人口迁移和城镇化发展在一定程度上构成了后人口转变时期的人口动态主轴。2018 年，中国城镇人口占总人口的比重（城镇化率）为 59.58%，"乡土中国"发展成为"城市中国"。伴随着城镇化进程的进一步推进，城乡二元结构会受到冲击并逐渐消失，在这一时期，城乡平衡、区域协调和社会内部整合等将面临更大的压力。

（4）人口老龄化趋势加快

中国 60 岁及以上的老年人口从 2000 年的 1.32 亿人增长到 2018 年的 2.49 亿人，老年人口比重从 13.31%上升到 17.9%。2010~2018 年，人口老龄化程度不断加深，预计 60 岁及以上的老年人口在 2035 年将突破 4 亿人，老年人口比重将达到 25%左右。届时，中国不仅是老龄化程度较高的国家，也是老年人口规模最大的国家。

2. 后人口转变时代：中国人口格局的转型性变化

基于中国当前人口格局的转型性变化，为促进人口与经济发展的平衡，国家人口战略和政策改革应重视以下几个转变。

（1）后人口转变时代需要构建"新计划生育"的社会公示和社会行动，需要从以行政手段控制人口增长和降低生育率为主的"计划生育"转变为重视人口健康服务和生育支持、提高家庭发展能力和福利的"新计划生育"。

（2）后人口转变时期，人口战略需要从重视劳动力数量的开发利用和汲取"人口红利"的发展战略过渡到适应人口结构的继续变化、创造"新人口红利"的发展方向。

（3）加快户籍改革等福利制度改革，在人口城镇化过程中支持推动迁移人口流动的市民化和社会融合，使形式上的城镇化逐步转变为制度上的城镇化。

（4）后人口转变时代，人口战略调整和政策改革要积极应对快速的人口老龄化趋势，并适应"年轻的老龄化社会"到"更老的老龄化社会"的变化，加快制度建设和制度改革，建立老龄化社会经济和社会形态。

中国进入后人口转变时代只是标志着中国人口发展开始了一个新阶段，没人知道这个阶段有多长，会出现哪些人口问题。传统意义上的完成人口转变并不意味着中国人口问题的结局，也不等于减轻了人口压力，更不能说人口与计划生育的使命已经结束。应该说，高生育率水平下有人口问题，低生育率水平下也有人口问题，而且低生育率水平下的人口问题更为复杂。作为目前世界上人口最多的发展中国家，中国人口的问题具有普遍性，但更具有中国的特殊性。

第二节　人口经济发展与澜湄合作的相关研究

一　人口与经济发展的国外相关研究

（一）人口数量与经济发展的关系

英国古典经济学派创始人威廉·配第（1978）最先阐明了人口和财富之间的内在关系，认为一个国家的财富生产需要一定数量的人口予以支撑，若人口数量过少，则阻碍生产技术水平和劳动生产率的提高。此后，亚当·斯密（1974）继承了威廉·配第的观点，在其发表的《国富论》中曾明确指出："就一国的繁荣而言，最明确的标志是居民人数的增长。"马尔萨斯（1992）从人口的生殖力与生产生活资料的关系出发研究人口与经济的关系，指出过多的人口会导致人均产值的降低，不利于社会经济的发展，应通过"两种抑制"来阻止人口的自然增长。英国经济学家大卫·李嘉图（1997）将斯密的经济学思想和马尔萨斯的人口原理结合起来，提出了长期动态论，认为人口与财富和社会收入之间存在一定联系，论述了在资本主义条件下机器的发明造成人口过剩的学说。

19 世纪中叶以后，随着资本主义经济的快速发展和人口的急剧增长，周期性失业、工业失业和贫困等一系列人口经济问题逐渐加剧。马克思和恩格斯在合著的《德意志意识形态》一书中首次提出了物质资料生产和人类自身生产这两种生产的概念，研究了资本主义生产方式下的人口与经济的发展关系，认为人口在相对剩余劳动形势下是财富的基本源泉，生产方式决定人口的运动、变化和发展。在社会主义生产下，人口与经济相互关系的核心是劳动人口再生产与物质资料再生产在发展过程中供求平衡问题。

埃德温·坎南在《初级政治经济学》一书中明确提出了适度人口的思想和理论，将人口增长和工农业生产率以及人均收益等联系起来，为人口经济学的研究开辟了新视角（李仲生，2013）。与其同时代的瑞典经济学家纳特·维克赛尔也主张适度人口理论，他也是第一次正式提出"适度人口"术语的学者（李仲生，2013）。他着重探讨了适度人口的规模和密度，并以一个国家的抚养能力作为判定是否存在人口过剩的标准。但是，这些早期的对适度人口的阐述只是静态的数量分析，没有基于现实的社会生产方式和生产关系来考察人口变动与经济发展的关系，缺乏一定的科学依据。第一次世界大战结束以后，资本主义国家先后经历战后恢复期和经济大危机，凯恩斯（2010）的有效需求理论和汉森（Alvin Hansen，1939）的长期停滞论等理论应运而生，为解释当时的经济状况提供了理论基础。第二次世界大战后，人口迅速膨胀和战后经济长期落后的状况引起了学界的普遍关注，以哈罗德和库兹涅茨为代表，许多学者对资本主义经济展开了长期的动态分析。

20世纪50年代，针对发展中国家的经济发展状况，部分人口经济学家采用抽象化的数理模型，将人口因素作为经济增长的内生变量，认为发展中国家的人口急剧增长与人均收入水平相结合的焦点形成贫困恶性循环。其中，美国著名人口经济学家哈维·莱宾斯坦指出，人口是经济发展的内在因素，经济发展的过程是财富与人口之间相互抗争的过程，并分析了人口增长同临界最小规模之间的相互关系，认为发展中国家必须有效控制人口增长，否则将会阻碍经济发展，陷入恶性循环的困境（姜汝祥，1992）。纳尔逊提出了"低级均衡陷阱理论"，认为经济增长促进人口增长，但人口增长速度若超过经济增长，将会导致人均收入陷入低水平均衡陷阱（王稚文、华小琴，2012）。此后，人口压力论、人口爆炸论以及增长极限论等理论相继问世，但过去几十年的发展状况表明，这些悲观的论调并不具有科学性，基于人口决定论观点，夸大人口问题和影响的严重性，会走向另一个极端（杨坚白、胡伟略，2007）。

（二）人口质量与经济发展的关系

威廉·配第（1978）较早地论述了人口素质的重要性，认为人口素质对于经济发展有重要的影响。亚当·斯密（1974）认为在生产过程中除了机器、工具、建筑物、改良的土地等有形物质起作用外，劳动者的素质也能起作用。20世纪50年代，舒尔茨（1990）明确阐述了人力资本的概念、性质、投资途径及对经济增长的作用，认为人力资本对经济增长的贡献率远高于物质资本和劳动力数量增加的贡献率，人力资本的积累是社会经济增长的源泉，也是社会进步的决定因素。贝克尔（1987）对人力资本理论进行了完善，确立了微观人力资本理论，首次使用成本-收益分析方法对人力资本投资进行分析，还从微观经济学的角度对家庭生育行为的经济决策和成本-效用进行了详细分析。此后，雅各布、丹尼森以及卢卡斯等学者均对人力资本理论进行了补充和完善，并提出了"新增长"理论，即人口质量经济理论，不但把人力资本纳入经济增长模型，还考虑了技术进步的因素，从而较为准确地反映了人力资本对经济增长的影响。

（三）人口结构与经济发展的关系

人口结构与经济发展的关系，主要包括人口性别结构、年龄结构以及区域结构等变动对经济的影响，其中最为著名的就是"人口红利"和"人口负债"理论，大卫·布鲁姆和杰里弗·威廉姆森等学者将总人口分为劳动年龄人口和被抚养年龄人口，认为"人口红利"源于人口年龄结构转变对经济增长的贡献，其表现是形成一个有利于经济发展的年龄结构。

以上是基于当时的技术水平和经济发展状况所探讨的人口因素对经济发展的影响，具有鲜明的时代性和理论启发性，为现在乃至今后的研究奠定了坚实的理论基础，提供了丰富的研究视角。但随着技术进步和生产效率的不断提高，人口与经济发展之间的关系变得越来越复杂，影响两者协调性的因素越来越多。人口变动对经济的影响性与经济对人口变动的依赖性都要求将人口与经济两大系统置于发展中国家的社会制度、资源禀赋、经济发展水平以及产业就业结构现状之上，系统探讨人口变动对经济发展的影响。

二 人口与经济发展的国内相关研究

（一）人口与经济增长

2018年，中国人口总量约占世界总人口的18.34%，人口规模十分庞大，探讨人口与经济的发展意义重大。国内学者在西方学者研究的基础上，结合中国特色的人口与经济发展问题，进行了大量的探索性研究和分析。1957年，著名经济学家马寅初在《新人口论》中指出，人口增长过快影响资金积累，他主张普遍宣传并应用节育方法控制人口。但此后由于各种原因，控制人口增长的政策措施被搁置甚至推翻，在此期间，"形成了中国最大的一次人口洪峰"（杨坚白、胡伟略，2007）。20世纪70年代末，中国实行改革开放、以经济建设为中心的政策，经济增长速度加快，与此同时，政府开始实行提倡一对夫妇只生一个孩子的人口与计划生育政策。随着政策的实施，人口生育率下降，人口增长速度放缓，逐渐完成了人口再生产类型由高出生率、高死亡率和高自然增长率向低出生率、低死亡率和低自然增长率的快速转变。在人口转变过程中，国内学者结合中国特色的发展历程，对人口与经济关系的运行方式、途径等进行了深入探讨，破解了众多的人口经济问题，为中国人口与经济的发展提供了重要的理论依据。

从人口数量、人口质量与经济增长的关系看，田雪原（1996）提出的人口经济可持续发展观点包括人口自身的发展、经济发展和人口与经济之间的可持续发展三个重要组成部分，并提出在以人为本的科学发展观指导下，将控制人口数量、提高人口素质、调整人口结构相结合，协调推进，使人口与资源、环境相适应，促进经济社会的可持续发展。张纯元（1996）提出通过市场经济的运行机制来控制人口增长的规模。胡鞍钢、邹平（2000）根据中国30个省（区、市）1979~1994年的有关数据，运用回归分析技术，计算区位条件、基础设施、资本投入、人口增长、人口质量等因素对经济增长的影响，认为人口自然增长率的降低能显著促进人均GDP的增长。但王谦和郭震威（2001）从理论基础和统计等方面对该结论提出了质疑，他们认为人口与经济的相互作用是复杂的，仅从提高人均GDP的角度出发，提出控制人口增长是不恰当的。杨坚白和胡伟略（2007）则从经济发展中的人口问题和人口发展各方面对经济的影响两个维度系统论述了人口与经济发展的关系。

从人口结构与经济增长的关系看，部分学者认为中国改革开放以来，经济的快速增长主要归因于以市场化为核心的制度环境与中国人口转变时期的高度契合，因而实现了对人口红利的充分利用（陈卫、都阳、侯东明，2007）。蔡昉（2004，2013）基于人口红利与经济增长关系的研究，论证了在高储蓄率、充足的劳动力供给和低抚养比的共同作用下，人口转变带来的额外人口红利能够促进经济的高速增长，并提出通过制度创新和政策调整，延长第一次人口红利，创造条件挖掘第二次人口红利。王金营和杨磊（2010）通过计量检验证明了蔡昉的结论，并提出在较轻的劳动负担机遇期，应通过建立一系列制度措施和积极的人口经济政策来应对持续的人口变动，使经济继续保持强有力的增长态势。车士义、陈卫等学者（2011）则利用全要素生产函数分解计算得出中国30年来人口红利对经济增长的贡献率约为 3%。若以总人口抚养比小于 50% 作为人口红利年龄结构的划分标准，根据相关预测数据，若没有其他突发性因素的冲击，中国人口变动导致的人口红利期仍将可能持续 20 年，即到 2030 年左右结束（王桂新、陈冠春，2010）。但齐明珠（2013）在考察 1991～2011 年中国实际 GDP 增长以及劳动年龄人口规模、劳动生产率及劳动力利用效率三大贡献要素增长的基础上，提出未来中国人口年龄结构和总量变化都将对经济发展带来负面影响。

新时期，中国经济正由高速增长逐渐转向高质量发展，处在转变经济发展方式、优化产业结构、转变增长动力的攻关期，国家逐渐将控制人口数量转变为稳定低生育率水平和提高人口素质，实现人口均衡发展。第七次全国人口普查结果显示：2020 年，全国省内流动人口为 2.51 亿人，过去 10 年间增长了 85.7%；跨省流动人口为 1.25 亿人，10 年间增长了 45.37%。说明省内人口流动比跨省人口流动更为活跃。针对东中部、沿海地区大城市人口密集的现状，人口迁移、人口素质与经济的协调性逐渐成为人口学的重要研究方向。李树茁和杨有社（1996）发现，中国区域社会经济发展的不平衡性与省际、省间人口净迁移有密切联系。王桂新（1996）应用空间相互作用模型，基本验证了李树茁和杨有社的观点，区域经济收入水平及经济规模对省际人口迁移存在不同程度的影响。段平忠（2011）通过研究发现，越是相对发达的地区，其经济增长单纯受人口要素流动的影响越弱；越是相对落后的地区，人口迁移对经济增长的影响越大。王金营等学者（2013，2016）提出人口活跃度指数，用以综合考察人口素质、人口流动聚集和人口年龄结构三个因素在经济发展水平中的具体作用和对要素效率的影响。逯进和郭志仪（2014）通过层次分析法研究发现，中国各省（区、市）的人口迁移与经济增长呈现稳定的正相关关系，但同时也存在耦合衰退趋势，随着深入推进经济发展方式转型，经济增长与人口迁移将出现逆向变动趋势，预计高质量人力资本迁移带动经济增长的作用将不断凸显。

以上关于人口数量、人口年龄结构和人口迁移等人口因素与经济发展的相关研究仅是人口变动与经济发展研究的一部分成果，内容更为全面、研究视角更为多样化的研究仍在不断补充和深入开展中。

（二）人口与经济协调发展

20世纪六七十年代，由于资源环境日趋恶化，人们逐渐意识到经济发展、资源环境和生活质量协调发展的重要性。诺加德等（Richard B. Norgaard，2010）提出协调发展理论，认为经济发展过程要能适应环境变化过程，主张在社会与生态系统之间运用反馈环模式，使二者实现共同发展。协调度是指对系统协同作用的度量结果，通过数学函数对系统协调程度进行测算而建立的模型。国外学者在此基础上相继建立了环境经济学、生态经济学、资源经济学等交叉学科，为解决人口、资源和环境的系统平衡奠定了重要理论基础。

在此观念的影响下，国内在经济适度人口、人口与经济可持续发展等方面的研究逐渐涌现。王学义等学者（2016）提出了区域PRED系统并进行了协调性相关研究，分别从省级层面、市级层面对人口、资源、环境和发展四个基本因子的系统协调性进行评估。由于中国区域间人口与经济发展的不均衡性十分显著，诸多学者考察并分析了中国各区域和省份的人口系统与经济系统协调发展状况，有针对性地提出了区域人口经济发展战略。

一方面，研究集中在行政区域划分下的部分省份。刘亚楠（2017）通过建立欧氏距离协调度模型对吉林省人口与经济的协调发展进行了研究，进而说明了1991~2015年吉林省人口与经济协调度在不断提高；魏代娉（2012）、武少杰（2013）以及仲晨（2013）等学者则利用主成分分析、灰色关联分析等方法对辽宁省人口与经济发展状况进行分析，揭示了在人口总量大、分布不均衡、老龄化加速等人口形势下的人口与经济协调发展路径。同时，吴燕君（2013）、单良和耿艳培（2015）、王婧（2015）、李金军（2016）等学者也运用相关模型分别对重庆、河南、甘肃、山西等省市的人口与经济协调发展进行了分析。另一方面，还有部分研究集中在热点地区或经济区域。刘新荣（2011）将东北三省的人口城乡结构和人口产业结构对经济总量的影响进行了测算与分析，针对人口红利缩减、人口老龄化加快和人力资本流失等对经济发展有重大影响的问题提出了解决建议。李国平等人（2017）运用人口-经济增长弹性、地理集中度、不一致指数、重心分析等方法探究了京津冀地区人口与经济协调发展关系。王美霞等人（2011）则利用主成分分析法分析了关中-天水经济区人口与经济综合发展水平，并在此基础上通过耦合模型对该地区人口与经济发展协调性进行了测算，认为该经济区人口和经济发展水平整体偏低，但区域内的人口与经济发展耦合协调度差异正不断缩小。

（三）人口效率研究

目前，学界关于人口效率的定义和解释较少。晏月平和吕昭河（2013）在研究中首次提出，"人口效率指人口在实现人类发展目标上的人口-社会复合系统的运行，人口生产功能与消费功能的实现，人口-资源-环境系统协调关系的形成等复杂系统中人口作用的有效性"。晏月平和王楠（2019）利用一系列人口与经济指标，综合评价了改革开放40多年来中国的人口发展与人口效率。本书也认同以上观点，认为人口效率属于人口学与经济学的交叉概念，可以用来衡量人口与经济、人口与社会的发展状况，通过构建一系列指标评价体系，量化不同时期、不同区域的人口与经济两大指标的相互作用状况，既能衡量人口变动对经济增长的影响，又能反映经济增长对人口因子的带动或制约作用，尤其在人口发展战略发生重大调整、提高人口质量、促进人口均衡发展的重要时期，提高人口效率是有效应对人口老龄化、少子化等挑战的重要手段。

三　澜湄合作的相关研究综述

澜湄合作机制自2016年正式建立，建立时间相对较短，相关研究主要集中在外交政策层面，以卢光盛为代表的学者从澜湄合作的现状及意义、发展方向、政策导向等方面探讨了构建澜湄合作国家命运共同体的发展战略和外交合作构想（卢光盛、别梦婕，2017；卢光盛、罗会琳，2018；戴永红、曾凯，2017）。同时，由于澜湄合作国家的经济发展水平相对较低，尤其柬埔寨、缅甸和老挝等国的贫困问题一直比较突出，在区域内建立国际减贫合作机制有助于推动次区域的基础设施建设、农业、旅游、贸易、人力资源等多领域的发展（罗圣荣，2017）。

目前，除中国和泰国外，澜湄合作其他各国均处于工业化和城镇化的初级阶段，经济发展对外资和外贸的依赖很大，亟须引入国际社会的资本、技术和管理经验。中国也面临着产能过剩和产业转型升级的艰巨任务，加快推进澜湄次区域产能合作和互联互通建设是实现区域内各国可持续发展和共同繁荣的共同目标（邹春萌，2017；李晨阳、杨祥章，2016）。

四　总评述

人口与经济的协调发展是人类可持续发展的关键问题。人口变动对经济发展有重要影响，而经济发展又会制约或推动人口系统的调整和变动，二者相互作用、相互影响并耦合成为人口与经济系统。关于人口变动与经济增长的国内外研究不胜枚举，且研究视角独特、方法多样，为本书的次区域人口与经济研究奠定了基础，但仅研究个别人口因子与经济发展的关系显然不够全面准确，需要根据区域特征，有针对性和选择性地丰富与补充相关指标，全面考量人口与经济发展的相互作用。

同时，通过对澜湄合作的相关文献进行梳理，可以看到针对澜湄合作国家人口与经济发展的相关研究基本是空白。一方面，澜沧江-湄公河流域沿线国家虽具有高度的地缘相关性，但各国的政治、经济、社会、文化仍存在根本性差异，在此基础上探讨人口系统与经济系统各因素发展状况相对较为复杂；另一方面，在"一带一路"倡议深入推进、国际交往日益频繁的大背景下，跨国跨境合作、区域次区域命运共同体构建成为大势，各个国家的人口变动对经济发展的影响，包括人口的自然、社会和迁移变动对收入状况、贸易投资、金融合作、基础设施建设和人员往来等方面的影响，事关澜湄合作国家命运共同体的构建，是实现深度合作的前提和基础，因此，开展澜湄合作国家的人口与经济发展的相关研究十分必要。

参考文献

[1] 蔡昉:《人口红利与中国经济可持续增长》,《甘肃社会科学》2013年第1期。

[2] 蔡昉:《人口转变、人口红利与经济增长可持续性——兼论充分就业如何促进经济增长》,《人口研究》2004年第2期。

[3] 车士义、陈卫、郭琳:《中国经济增长中的人口红利》,《人口与经济》2011年第3期。

[4] 陈卫、都阳、侯东明:《是人口红利?还是人口问题?》,《人口研究》2007年第2期。

[5] 陈卫、黄小燕:《人口转变理论述评》,《中国人口科学》1999年第5期。

[6] 陈友华:《人口红利与人口负债:数量界定、经验观察与理论思考》,《人口研究》2005年第6期。

[7] 戴永红、曾凯:《澜湄合作机制的现状评析:成效、问题与对策》,《国际论坛》2017年第4期。

[8] 单良、耿艳培:《河南省人口与经济发展的协调度分析》,《城市观察》2015年第6期。

[9] 段平忠:《中国省际间人口迁移对经济增长动态收敛的影响》,《中国人口·资源与环境》2011年第12期。

[10] 付云鹏、马树才:《中国区域人口、经济与资源环境耦合的时空特征分析》,《管理现代化》2015年第3期。

[11] 国家人口计生委人口规划与信息司:《促进人口长期均衡发展研究》,中国人口出版社,2010。

[12] 胡鞍钢、邹平：《中国发展报告：社会与发展——中国社会发展地区差距研究》，浙江人民出版社，2000。

[13] 姜汝祥：《莱宾斯坦的落后经济理论与中国贫困地区发展》，《开发研究》1992年第10期。

[14] 蒋未文：《欧洲第二次人口转变：理论及其思考》，《人口研究》2002年第3期。

[15] 金喜在、孔德威：《全球化时代的劳动力流动》，《经济论坛》2003年第11期。

[16] 李晨阳、杨祥章：《"一带一路"框架下的中国-周边互联互通》，《战略决策研究》2016年第5期。

[17] 李国平、罗心然：《京津冀地区人口与经济协调发展关系研究》，《地理科学进展》2017年第1期。

[18] 李建民：《人口转变论的古典问题和新古典问题》，《中国人口科学》2001年第6期。

[19] 李建民、原新、王金营：《持续的挑战——21世纪中国人口形势、问题与对策》，北京出版社，2000。

[20] 李金军：《新疆人口结构变化对区域经济发展的影响研究》，石河子大学硕士学位论文，2016。

[21] 李竞能：《现代西方人口理论》，复旦大学出版社，2004。

[22] 李竞能：《现阶段中国人口经济问题研究》，中国人口出版社，1999。

[23] 李树茁、杨有社：《我国的省间人口迁移与社会经济发展》，《人口与经济》1996年第5期。

[24] 李通屏等：《人口经济学》，清华大学出版社，2008。

[25] 李仲生：《发展中国家的人口增加与经济发展》，世界图书出版公司北京公司，2012。

[26] 李仲生：《欧美人口经济学说史》，世界图书出版公司北京公司，2013。

[27] 李仲生：《人口经济学》（第二版），清华大学出版社，2009。

[28] 李仲生：《人口经济学》（第三版），清华大学出版社，2013。

[29] 李仲生：《人口增长对经济发展的影响——中国人口增长的经济

效果分析》,《首都经济贸易大学学报》2001年第3期。

[30] 李仲生:《中国的人口与经济发展》,北京大学出版社,2004。

[31] 刘卿:《澜湄合作进展与未来发展方向》,《国际问题专家》2018年第2期。

[32] 刘新荣:《东北地区人口变动对经济发展的影响》,吉林大学博士学位论文,2011。

[33] 刘亚楠:《吉林省人口与经济协调发展研究》,吉林大学硕士学位论文,2017。

[34] 刘铮:《人口理论教程》,中国人民大学出版社,1985。

[35] 刘稚、徐秀良:《"一带一路"背景下澜湄合作的定位及发展》,《云南大学学报》(社会科学版)2017年第5期。

[36] 卢光盛、别梦婕:《澜湄合作机制:一个"高阶的"次区域主义》,《亚太经济》2017年第2期。

[37] 卢光盛、罗会琳:《从培育期进入成长期的澜湄合作:新意、难点和方向》,《边界与海洋研究》2018年第2期。

[38] 逯进、郭志仪:《中国省域人口迁移与经济增长耦合关系的演进》,《人口研究》2014年第6期。

[39] 罗圣荣:《澜湄次区域国际减贫合作的现状、问题与思考》,《深圳大学学报》(人文社会科学版)2017年第3期。

[40] 罗圣荣、叶国华:《澜湄命运共同体建设的意义、动因和路径选择》,《云南大学学报》(社会科学版)2017年第5期。

[41] 穆光宗:《制度人口学的理论探索》,《中国社会科学学术前沿(2006-2007)》,社会科学文献出版社,2007。

[42] 聂真真、杨胜慧、智宁:《我国人口经济的区域差异研究——基于空间分析方法》,《现代管理科学》2015年第4期。

[43] 齐明珠:《中国人口变动对经济增长影响的量化研究》,《人口与经济》2013年第6期。

[44] 申鹏:《基于中国人口实践的制度人口学研究内容探析》,《西北人口》2010年第2期。

[45] 申燕燕:《区域人口与经济协调性的测度与评价——以贵州省为

例》,《贵州师范学院学报》2013年第2期。

[46] 田雪原:《人口、经济、环境的可持续发展》,《中国社会科学》1996年第2期。

[47] 王德文、蔡昉、张学辉:《人口转变的储蓄效应和增长效应——论中国增长可持续性的人口因素》,《人口研究》2004年第4期。

[48] 王丰:《人口红利真的是取之不尽、用之不竭的吗?》,《人口研究》2007年第6期。

[49] 王桂新、陈冠春:《中国人口变动与经济增长》,《人口学刊》2010年第3期。

[50] 王桂新、魏星、沈建法:《中国省际人口迁移对区域经济发展作用关系之研究》,《复旦大学学报》(社会科学版)2005年第3期。

[51] 王桂新:《中国人口迁移与区域经济发展关系之分析》,《人口研究》1996年第6期。

[52] 王国臣:《近代东北人口增长及其对经济发展的影响》,《人口学刊》2006年第2期。

[53] 王金营、李竞博:《人口与经济增长关系的再检验——基于人口活跃度—经济模型的分析》,《中国人口科学》2016年第3期。

[54] 王金营、石贝贝、李竞博、张辉:《人口活跃因素对区域经济增长影响的研究》,《人口学刊》2013年第3期。

[55] 王金营、杨磊:《中国人口转变、人口红利与经济增长的实证》,《人口学刊》2010年第5期。

[56] 王婧:《甘肃省人口变动与经济增长的关系研究》,兰州财经大学硕士学位论文,2015。

[57] 王谦、郭震威:《人口增长对经济增长的影响分析——与胡鞍钢博士商榷》,《人口研究》2001年第1期。

[58] 王美霞、任志远、杨忍、王永明:《关中-天水经济区人口与经济发展协调性分析》,《干旱区资源与环境》2011年第1期。

[59] 王学义:《人口转变、人口政策影响经济增长的可持续性研究——基于中西方经验认识基础上的理论分析框架》,《生态经济》2007年第10期。

[60] 王学义、曾永明、周炎炎、王晟哲：《区域人口学研究》，西南财经大学出版社，2016。

[61] 王艳：《经典人口转变理论的再探索》，《西北人口》2008年第4期。

[62] 王颖、倪超：《OECD国家人口转变与经济增长的关系研究》，《人口资源与环境》2013年第5期。

[63] 王稚文、华小琴：《低水平均衡陷阱与临界最小努力理论模型探析》，《西北成人教育学报》2012年第3期。

[64] 魏代娉：《辽宁省人口与经济发展的协调性研究》，辽宁师范大学硕士学位论文，2012。

[65] 邬沧萍、穆光宗：《低生育研究——人口转变论的补充和发展》，《中国社会科学》1995年第1期。

[66] 吴燕君：《重庆人口与经济发展的协调度研究》，贵州财经大学硕士学位论文，2013。

[67] 武少杰：《人口变动对经济发展的影响——以辽宁省为例》，辽宁师范大学硕士学位论文，2013。

[68] 晏月平、吕昭河：《"金砖五国"人口转变与人口效率的比较分析》，《人口研究》2013年第6期。

[69] 晏月平、王楠：《改革开放四十年中国人口发展与人口效率研究》，《山东大学学报（哲学社会科学版）》2019年第5期。

[70] 杨坚白、胡伟略：《人口经济论》，社会科学文献出版社，2007。

[71] 杨茜：《OECD国家人口变动与经济增长方式转变的定量分析》，河北大学硕士学位论文，2014。

[72] 于学军：《人口变动、扩大内需与经济增长》，《人口研究》2009年第5期。

[73] 翟振武：《城镇化发展中的经济与人口》，中国人口出版社，2014。

[74] 张纯元：《建立符合市场经济运行机制的人口增长控制模式》，《人口与经济》1996年第6期。

[75] 仲晨：《辽宁省人口结构变化对经济增长的影响研究》，辽宁大学硕士学位论文，2013。

［76］邹春萌：《"一带一路"背景下中国与湄公河国家产能合作：制约因素与发展途径》，《云南大学学报（社会科学版）》2017年第4期。

［77］〔美〕贝克尔：《人类行为的经济分析》，王世宇、陈琪译，上海人民出版社，1996。

［78］〔美〕加里·S.贝克尔：《人力资本》，梁小民译，北京大学出版社，1987。

［79］〔日〕平野健一郎：《人口的国际流动和国际关系理论》，汪婉译，《国外社会科学》1997年第2期。

［80］〔美〕西奥多·W·舒尔茨：《论人力资本投资》，北京经济学院出版社，1990。

［81］〔美〕西奥多·舒尔茨：《人力投资-人口质量经济学》，贾湛、施伟等译，华夏出版社，1990。

［82］〔英〕大卫·李嘉图：《政治经济学及赋税原理》，郭大力、王亚南译，商务印书馆，1997。

［83］〔英〕凯恩斯：《就业、利息和货币通论》，李欣全译，南海出版公司，2010。

［84］〔英〕马尔萨斯：《人口原理》，朱泱、胡企林、朱和中译，商务印书馆，1992。

［85］〔英〕威廉·配第：《政治算数》，陈冬野译，商务印书馆，1978。

［86］〔英〕亚当·斯密：《国民财富的性质和原因的研究》（上卷），郭大力等译，商务印书馆，1974。

［87］〔美〕朱利安·L.西蒙：《人口增长经济学》，彭松建等译，北京大学出版社，1977。

［88］Alfred Sauvy. General Theory of Population. New York：Basic Books，1968.

［89］AlvinHansen. Economic Progress and Declining Population Growth. The American Economic Review，1939，Vol. 29（1）：1-15.

［90］Bizien，Y.. Population and Economic Development. London：Prager Publishers，1979.

［91］Blacker，C. P.. Stagesin Population Growth，Eugenics Review，1947.

[92] Chong-Bum An, Seung-Hoon Jeon. Demographic Change and Economic Growth: An Inverted-U Shape Relationship. Economics Letters, 2006 (92): 447-454.

[93] Coale, A. J. The Demographic Transition Reconsidered. Presented at Congress de l'IUSSP, 1973: 65-72.

[94] David Bloom, David Canning, Jaypee Sevilla. The Demographic Dividend: A New Perspective on the Economic Consequences of Population Change. RAND Publications, 2003.

[95] David E. Bloom, Jeffrey G. Willianson. Demographic Transition and Economic Miracles in Emerging Asia. The Word Bank Economic Review, 1998 (3): 419-455.

[96] D. E. Bloom, J. E. Finlay. Demographic Change and Economic Growth in Asia. GDA Working Paper 41, 2008.

[97] Donghan Cai. An Economic Growth Model with Endogenous Carrying Capacity and Demographic Transition. Mathematical and Computer Mode- lling, 2012 (55): 432-441.

[98] Giorgos Kallis, Richard B. Norgard. Coevolutionary Ecological Economics. Ecological Economics, 2010 (69): 690-699.

[99] Heijdra B. J & Ligthart, J. E.. The Macroeconomic Dynamics of Demo-graphic Shocks. Macroeconomic Dynamics, 2006 (10): 349-355.

[100] John C. Caldwell. Fertility and the Household Economy in Nigeria. Journal of Comparative Family Studies, 1976, Vol. 7 (2): 193-253.

[101] John R. Weeks. Population: An Introduction to Concepts and Issues, 4th Edition, Belmont, CA: Wadsworth Publish Company, 1989.

[102] Kingsley Davis. The Theory of Change and Response in Modern Demographic History. Population Index, 1963 (29): 345-366.

[103] Knodel John, Etienne Van de Walle. Fertility Decline. 3. European Transition. New York: Free Press, 1982.

[104] Knodel John, Etienne Van de Walle. Lessons from the Past: Policy Implications of Historical Fertility Studies. Population and Development Review,

1979, Vol. 5 (2): 217-245.

[105] Landry A., La Révolution Démographique. Paris: INED Press, 1982.

[106] Notestein, F. W.. The Population of the World in the Year 2000, Journal of the American statistical Association, 1950.

[107] Sinding Steven W.. Population, Poverty and Economic Development. Philosophical Transactions of the Royal Society, 2009, Vol. 364 (1532): 3023-3030.

[108] Wang Feng, Andrew Mason. Demographic Dividend and Prospects for Economic Development in China. University Nations Expert Group Meeting on Social and Economic Implication of Changing Population Age Structures, 2005.

后 记

2014年11月，李克强总理在第17次中国-东盟领导人会议上，倡议建立澜沧江-湄公河合作机制，该倡议得到了湄公河国家的共同响应。2015年，中国、柬埔寨、老挝、缅甸、泰国和越南六国共同发布了《澜湄合作概念文件》，正式开启了澜湄合作的新进程。2016年3月澜湄合作首次领导人会议在中国海南三亚召开，使澜湄合作机制提升到领导人层面，得到了区域内外的极大关注。自2016年澜湄合作机制建立以来，该区域在政治安全、经济和可持续发展、社会人文三大支柱方面实现了全面协调发展，澜湄合作国家优先在互联互通、产能、跨境经济、水资源、农业和减贫等领域开展了深入具体的合作，并取得了显著成果。在全球经济增速放缓、经济结构调整的大环境下，人口系统也在经历着不同程度的转变。澜湄合作是独具特色的次区域合作机制，是根据澜湄合作国家共同需求量身定制的新型区域合作机制，研究其人口转变与经济社会发展，具有多重重要的现实意义。

第一，该机制是澜沧江-湄公河全流域沿岸各国共同参与、共同谋划的多领域合作机制，是六国自己的俱乐部与合作广场。澜湄合作国家文化相近、山水相连、地理相邻、因水结缘，湄公河国家与中国是共饮一江水的天然命运共同体。各国在推进跨境经济合作、投资贸易、水资源合作以及旅游、教育、文化等人文交流方面，具有得天独厚的、不可替代的优势。

第二，该机制是由6个发展中国家组成并共同携手打造的新型次区域合作平台，已经成为这一区域中最具活力、最富有建设性成果的合作机制，该机制也是探索和推进南南合作的有效平台，更是世界上首个率先响应联合国发展峰会通过的《2015年后发展议程》的具体行动机制。澜湄合作将是南南成功合作的新典范，为推动广大发展中国家的进一步合作提供了现实基础。

第三，该机制是促进澜湄6国民心相通的重要保证。无论从顶层设计、机制建设、各领域务实合作到民间交流，澜湄合作都呈现出多层次、全方位、高质量的发展态势。同时，澜湄合作的三大重点领域与东盟共同体建设的三大支柱完全契合，与其他区域的合作机制相互补充、相互促进、相互吸取经验，这将强有力地推动中国-东盟命运共同体建设，促进区域一体化进程，同时也为中国-东盟合作增添新的发展内涵。

第四，澜湄合作建立在相互理解、平等协商、团结互助、互利共赢的基础上，通过各国之间的互鉴、互往、互学和互谅，加强澜湄区域间的和平稳定，缩小发展差距。该合作机制在面临国际环境深刻变化的前提下，合作各国携手应对挑战、共谋发展、重在务实。该合作机制将是区域内最扎实、最具体、最顺民意与最接地气的发展合作机制，也将给澜湄合作国家民众带来实实在在的利益，进一步推进合作区域大力发展民生和社会事业。

澜湄合作是基于特殊的地缘优势、广泛且良好的合作基础上应运而生的新型次区域合作机制，并与"一带一路"建设发展有着紧密的互动关联性。澜湄合作是"一带一路"建设的重要平台、东盟命运共同体建设的重要一环，同时"一带一路"也为澜湄合作提供了重要的契机和广阔空间。

人口、经济和社会环境的变革直接影响着区域合作的深入开展与持续发展，研究澜湄合作国家人口与经济的发展状况和影响机制，对继续深化双边与多边合作、增进政治互信、加强经贸合作具有十分重要的现实意义。人口是经济社会发展的基本要素，人的一切活动都会对社会生产产生影响，人口规模、人口素质、人口结构、人口迁移变动和就业状况等要素直接或间接地影响着某个地区或国家的经济社会发展，经济活动需要在一定程度上适应人口变动的规律。同时，区域或国家的经济发展水平会影响人口发展战略的制定和实施，决定着人口发展水平提高的程度和速度，经济活动的调整在一定程度上也制约着人口变动的方向和速度。基于人口经济学、经济社会学等研究视角，本书首先对澜湄合作国家人口转变前史、人口转变阶段以及各国人口变动和经济发展状况进行了描述性分析；其次，根据世界银行的相关数据，利用熵值法构建了人口与经济发展的评价指标体系，运用人口与经济发展耦合协调度和人口效率两大指标，综合评价了澜湄合作各国的人口与经济发展状况；最后，通过详细分析相关数据与资料，总结归纳了澜湄合作国家的人口与经济发展状况和典型特征。

本书研究认为，随着"一带一路"建设发展的持续推进，澜湄合作国家作为其中重要的发展区域，只有结合科学的人口发展规律、经济变动规律、有效的社会制度与完善的信息共享机制，在清楚认识到澜湄合作国家人口效率相对偏低已成为现阶段影响该区域人口与经济发展的重要因素前提下，应积极促进区域内国家的相互合作，从而实现共同发展；同时，澜湄合作国家在贸易结构、产业结构与就业结构调整过程中，一定程度上还没有对当地经济社会发展起到更有效促进与带动，针对当前存在的典型问题，本书提出在"一带一路"建设框架实现的方略下，应从人口与经济发展视角，多层面、多层次地促进该区域人口与经济协调发展。

本书在写作与出版过程中得到了云南省社会科学界联合会和云南大学创新团队建设项目的大力支持，得到了云南大学发展研究院博士生导师吕昭河、罗淳等老师们的悉心指导；博士研究生李昀东、硕士研究生黄美璇、郑伊然、饶晋铭等同学在文献资料搜集、数据统计分析等方面做了大量富有成效的工作；社会科学文献出版社编辑为本书的写作与修改，提出了诸多有益的建议，为书稿的完善、修订与出版给予了鼎力支持与大力帮助，在此一并致以最诚挚的谢意。

由于研究水平有限，资料获得也有限，目前对问题的研究还有诸多不尽如人意之处，研究的理论价值、理论支持、实践意义与相关对策也有些地方不如人所愿，甚至可能还有某些错误之处，也在此诚恳地期待读者提出宝贵的批评意见与指正建议，以便及时纠正并在未来研究中获得新的进展、新的进步与质的提高。"澜湄合作"国家的人口与经济发展问题是一个需要多方协作共同谋划发展的问题，是这一区域实践性很强的局域性问题，不仅有较强的地域特征、民族问题特征，还包括经济贸易、人口与经济发展以及各区域相关体制与制度特征。5年来，中国与湄公河流域5国通力协作、共同努力，促进了该区域人文安全、经济和社会各方的全面发展，各项合作从培育初期加速迈入了成长期。澜湄合作这一全新合作机制在于发展、在于地区和平、在于应对澜湄国家不断涌现出的发展需求。通过澜湄合作框架的建设与具体实施，一要缩小湄公河流域国家间的发展差距，二要加快东盟命运共同体的建设与发展进程，把精力重点集中在互联互通、产能合作、跨境经济合作、水资源合作、农业及减贫合作等五大优先领域，提高全域人民的生活水平，增强教育、旅游、健康、信息技术领域的建设，促进佛教合作交流，保护文化财富，促进该次区域的可持续发展。

图书在版编目(CIP)数据

澜湄合作国家人口转变与经济发展研究/晏月平,王楠著. -- 北京：社会科学文献出版社,2022.6
(云南省哲学社会科学创新团队成果文库)
ISBN 978-7-5201-9688-8

Ⅰ.①澜… Ⅱ.①晏… ②王… Ⅲ.①人口经济学-研究-东南亚②经济发展-研究-东南亚 Ⅳ.
①C924.330.4②F133.04

中国版本图书馆 CIP 数据核字(2022)第 015235 号

云南省哲学社会科学创新团队成果文库
澜湄合作国家人口转变与经济发展研究

著　　者 / 晏月平　王　楠

出 版 人 / 王利民
责任编辑 / 范　迎
责任印制 / 王京美

出　　版 / 社会科学文献出版社·人文分社(010)59367215
　　　　　　地址：北京市北三环中路甲 29 号院华龙大厦　邮编：100029
　　　　　　网址：www.ssap.com.cn

发　　行 / 社会科学文献出版社 (010) 59367028
印　　装 / 唐山玺诚印务有限公司

规　　格 / 开　本：787mm×1092mm　1/16
　　　　　　印　张：18.5　字　数：292 千字
版　　次 / 2022 年 6 月第 1 版　2022 年 6 月第 1 次印刷
书　　号 / ISBN 978-7-5201-9688-8
定　　价 / 168.00 元

读者服务电话：4008918866

版权所有 翻印必究